应用型高等院校经管类规划教材

市场营销学

主编 罗丽琼 江 晓 副主编 刘 颖 廖银燕

WUHAN UNIVERSITY PRESS
武汉大学出版社

图书在版编目(CIP)数据

市场营销学/罗丽琼,江晓主编．—武汉:武汉大学出版社,2018.2
应用型高等院校经管类规划教材
ISBN 978-7-307-19969-9

Ⅰ.市…　Ⅱ.①罗…　②江…　Ⅲ.市场营销学—高等学校—教材
Ⅳ.F713.50

中国版本图书馆 CIP 数据核字(2017)第 325495 号

责任编辑:林　莉　沈继侠　　责任校对:李孟潇　　整体设计:韩闻锦

出版发行:**武汉大学出版社**　(430072　武昌　珞珈山)
(电子邮件:cbs22@ whu. edu. cn 网址:www. wdp. com. cn)
印刷:武汉鑫佳捷印务有限公司
开本:787 × 1092　1/16　印张:17　字数:390 千字　插页:1
版次:2018 年 2 月第 1 版　2018 年 2 月第 1 次印刷
ISBN 978-7-307-19969-9　定价:39.00 元

前　言

面对全球经济和知识经济时代的全面挑战，市场营销学已成为各大高校的必修课，市场营销学的基本原理与方法也已广泛地应用于各类企业。作为一门建立在经济科学、行为科学和现代管理理论基础之上的应用科学，伴随着经济发展和企业经营管理需要而出现的“市场营销学”，是发展最快的管理学科之一。

作为一门应用性和实践性很强的学科，营销学理论与实践必须要建立充分和密切的联系，通过课内课外实训加深学生对相关理论的理解并运用，这是让学生吸收知识、培养能力的有效途径。因此，本书围绕应用型本科院校人才培养目标，注重营销理论与实际应用紧密结合，突出对基本概念、基本理论的讲解，并融入大量案例实践和趣味故事，使营销理论更贴近生活。全书内容包括“营销概论—营销战略分析—市场营销策略”三个模块，共十章内容，全面介绍了市场营销学的发展与营销观念的演进、市场战略分析、消费者需求、市场营销环境、市场调查与预测、目标市场营销战略以及整合营销策略，涵盖了工商管理类专业学习本课程所应掌握的基本知识点、理论与技能。每个章节引入一个详细的营销案例，用以介绍本章的主要内容并引起读者的兴趣，通过罗列核心概念，便于读者把握重难点；正文中导入大量的实践案例和趣味导读，便于读者理解核心知识点并提高学习兴趣；章节后的案例分析和课后实践环节，具有很强的实践指导性。本书适合经济管理类、财会类专业学生学习市场营销学课程使用，特别适合应用型本科类院校学生使用。

本书由罗丽琼老师担任第一主编，并提出了编写设计和样章，具体各章节的编写如下：罗丽琼老师，第一章、第二章、第六章、第十章；江晓老师，第三章、第四章、第七章；刘颖老师，第五章、第八章；廖银燕老师，第九章。罗丽琼老师对全书进行了统稿并最后定稿。

本书在编写过程中，参阅、引用了大量国内外营销学者的最新研究成果，除注明出处的部分外，限于体制未能一一列出，敬请谅解。就此，向众多市场营销学者和师友表示衷心的谢意。

由于时间仓促以及作者水平有限，书中难免存在疏漏之处，敬请广大读者批评指正。

编者

2017 年 7 月

前 言

目　　录

第三篇　市场策略篇

第一篇　导　　论

第一章　市场营销学概述

☞【学习目标】

1. 定义营销并简述营销过程的步骤。
2. 理解顾客和市场的重要性，明确五个核心的市场概念。
3. 了解市场营销学在美国的产生和发展，以及在中国的传播与应用。
4. 掌握并运用市场营销的五大观念。

☞【核心概念】

市场；市场营销学；顾客需要、欲望与需求；市场供应品；效用、价值、成本与满意；交换与交易；市场营销者；市场营销管理哲学；市场营销观念；整体市场营销；大市场营销

案例引入

疯狂苹果的营销策略

坐落于美国硅谷的苹果股份有限公司（Apple. lnc）可谓是家喻户晓，旗下的产品是所有潮流人士追求的宠儿，那个为纪念阿兰·图灵被咬了一口的苹果标志在五湖四海内广受推崇。在全球经济衰退的2009年，苹果公司的业绩反而增长了14.4%，纯利润增长更接近35%。“苹果”现在已经成为流行时尚的代名词，其中的市场营销原理很值得我们深思。为什么“苹果”iPhone在市场上取得如此神奇的业绩？iPhone的成功首先归功于其母品牌“苹果”强大的品牌影响力；其次是其饥饿式营销策略；第三是口碑营销策略；第四是“苹果”美观、优质、新颖的产品。

一、母品牌“苹果”强大的影响力

在推出iPhone之前，苹果公司的品牌价值，已经在世界上名列前十，具有非常大的影响力，其成熟的产品除了MAC电脑之外，还有颠覆MP4世界的40G大容量的iPod播放器，它因成功地在免费音乐交换和收费的音乐订购服务之间架起一座桥梁——iTunes网上音乐商店，而获选为《时代》2003年度最酷发明。截至2010年，iPod已经售出超过一亿多部，这个惊人的数字几乎让整个原来被视为近乎饱和的MP3市场支离破碎，苹果成功地在这个红海中开创了新的蓝海。iPhone，仅仅是“苹果”新蓝海的一部分，面对原本被视为过度竞争的智能手机市场，“苹果”CEO史蒂芬非常有信心利用“苹果”强大的品牌，继续“苹果”颠覆世界的创举，所以从某种意义上说，iPhone最

终的成功，并非仅仅是 iPhone 单个品牌之力，而是“苹果”积累几十年之功，iPhone 仅仅是这个品牌的一个延伸。

二、iPhone 的饥饿式营销策略

苹果公司在培养了大批的忠实的 Fans 后，开始推行其“饥饿营销”的营销模式。每年在苹果新品发布会之前，苹果公司都会放出口风，但是却又讳莫如深，闭口不谈，这就吊起了全世界 Fans 的胃口，人们翘首以待，纷纷猜测其新功能、新外形，坊间所谓谍照、设计图也是不断横行，这更加剧了人们的好奇心，都想一睹为快。所以每年苹果新品发布会总会引来全世界的目光，这时乔布斯总是不紧不慢地登上台，在吊足了世界的胃口后，不经意间从后口袋里或是信封中掏出令人惊艳的新苹果。这就有了风雨中排队三天只为抢购全球第一台 iPhone 的场景。不过要说的是，苹果的产品也的确有内涵，这才可以如此地吊人胃口。每隔一阵子才透露一点新信息的手法，使得 iPhone 的讨论声浪与人气不断维持及提升，各大讨论版上不断交换意见、比较信息，成功运用消费者的力量帮 iPhone 做免费的广告。iPhone 在展示时也刻意隐藏手机画面上十二个图示中的其中一个，不但制造神秘性，也引发外界不断猜测这之下究竟隐藏着什么新功能。最后才公布这一图示具有浏览 YouTube（编者注：世界上最大的视频分享网站）和上传、下载影片的惊喜功能。

三、iPhone 的口碑营销策略

苹果公司的口碑营销也是其主要的法宝之一，它通过对消费者进行文化认同的培养，逐步培育长期的客户。今天，苹果公司在全球拥有数亿追随者，他们拥有良好的教育背景，讲究生活情趣与质量，关心时尚潮流走向，他们有自己的网站或博客，出版自己的杂志，甚至是某一群体的舆论领袖，“苹果”追随者具有的这些特征使其成为优质口碑传播源头。

通过对 iPhone 购买者的简单分析，iPhone 的粉丝可以划分为以下四种：1. 时尚人士，“苹果”的产品永远都是时尚用户追逐的目标，iPhone 同样有极强的时尚吸引力；2. 视频爱好者，iPhone 两倍于 iPodVedio 的屏幕和分辨率，内置的 YouTube 视频服务，集成的 Wi-Fi 无线应用，为视频用户提供了良好的应用环境；3. 音乐爱好者，最高 8G 的存储容量，良好的音乐品质，强大的电池续航能力、丰富的内容下载服务，对音乐爱好者的吸引力充分显现；4. 其他通信用户。正是由于“苹果”一直以来拥有着一帮忠实的粉丝，因此它才有了进行饥饿营销的基础，正是因为它的粉丝们对“苹果”的无限期待和渴望，使得“苹果”总裁史蒂芬只需要进行少量的投入，便可以引起大家疯狂的口碑营销，以每一个粉丝为点向外迅速扩展，进而影响一大片的口碑营销模式，为“苹果”赢得了良好的宣传效果。

四、iPhone 的产品策略

一些人把苹果归结为“独特的产品设计，宗教式的营销”，正是这样的定位和承诺，苹果一直以来坚持做一件事情，那就是重新赋予产品顾客体验的价值。苹果并没有去创造一个全新的产品，反而更多是改变一个原来就存在的产业，而不是独自从零开始开创一个全新的领域。iPod，iPhone 只是重新发明了 MP3、手机而已，而 iPad 也是对于电脑的重新定义而已。因为在乔布斯看来，了解和理解顾客的习惯是最为关键的，他很明确地知道，任何产品都应该回归到顾客的生活习惯上来，而不是改变顾客的生活习惯。苹果更深的理解还在于顾客拥有对成本的认识和对商业的价值认识，iPad 产品最低一款的价格是 499 美元，这样的定价的确具有极大的顾客体验价值，所以 iPad 上市 28 天就销售 100 万台，这样的奇迹令人无法超越。iPhone 在基础功能方面，基本覆盖了目前手机终端的主流应用，尤其在音乐方面集成了 iPod 的主要功能，成为其吸引用户的关键要素。在基础应用配备完全的基础上，iPhone 还集成了众多的互联网应用，包括邮件、股票信息、地图、天气、浏览器等日常应用，以及“苹果”自有的 iTunes 内容下载服务。互联网应用服务的集成方面，“苹果”借用了 Google 强大的技术能力，将 GoogleMaps、Google 搜索等 Google 专门开发的 iPhone 版软件集成在其网络浏览器中。

资料来源：根据百度文字整理。

思考题：苹果公司有哪些成功营销策略？

☞【营销启示】

营销制胜，既要有能吸引顾客的策略和方法，更需要对市场透彻的分析和战略思维。苹果公司的成功如同其他成功企业一样都有一个共同之处：强烈地关注顾客并致力于营销，具有一种在选定的目标市场上理解并满足顾客需求的激情。

第一节 市场和市场营销

一、市场的内涵

（一）市场的概念

市场是商品经济的范畴，任何企业生产商品的目的都在于交换，并通过市场来完成商品交换。哪里有商品生产，哪里就有市场。在社会经济生活中，交换产生和存在的前提是生产的社会分工。由于社会分工，不同的生产者分别从事不同产品的生产，他们都为别人需要、为社会需要而生产，彼此互相联系、互相依存。因此，市场是企业生产、经营和管理活动的出发点和归宿点，是企业一切活动的依据。在社会经济发展过程中，市场经历了一个不断发展与完善的过程。

按照狭义的概念，人们习惯将市场看作是买卖的场所，即买方和卖方聚集在一起交换货物的场所。在这里，市场是一个地理的概念，是“作为场所的市场”，例如集市、百货商场或批发市场等，当交易双方进行买卖活动时，市场是一个有限的区域；而当交易双方采用电话、互联网、电视等现代化手段进行交换联系时，市场的范围可能遍及全球。

从经济学角度来说，市场是商品买卖双方交换关系的综合，是通过交换反映人与人之间的关系。

从市场营销学角度来看，卖方被称为产业，买方被称为市场，产业与市场的关系构成了简单的市场营销系统。也就是说，市场是具有特定需求和欲望，而且愿意并能够通过交换来满足这种需求或欲望的全部潜在顾客。

（二）市场的定义

菲利普·科特勒指出“对于一个市场营销人员来说，市场（Market）是指某种货物或劳务的所有显示购买者和潜在购买者”，所以我们将市场定义为：对某项商品或劳务具有需求的所有显示和潜在的购买者。市场专指买方，即需求，不包括卖方，即供给。

营销就意味着管理市场并带来能够产生利润的交换关系。然而，创造交换关系需要花费非常多的心血。比如，销售人员必须寻找购买者，明确消费者的需要，并设计恰当的市场供应品且为他们设定合适的价格，从而进行促销、仓储和分销。尽管我们通常会认为营销是由市场销售人员来完成的，但是消费者同样也会参与营销。当消费者在市场上寻找他们需要的产品，和公司打交道以获取信息并作出购买决策时，就是在参与市场营销的过程。因此，市场营销研究中的市场是指：具有特定需求或欲望，而且愿意并能够通过交换来满足这种需要和欲望的全部潜在顾客。存在卖方和买方，有可供交换的商品，有买卖双方都能接受的交易价格及其他条件。只有具备这三大形成市场的基本条件，才能形成现实的而不是观念上的市场。

（三）市场的构成三要素

市场活动的中心内容是商品买卖，因而，市场是由具有购买意向、具有支付能力的人群组成，人群、购买意向和购买能力是构成市场的不可或缺的三个基本要素。

（1）消费者人口，是指构成市场的基本要素，消费者人口的多少，决定着市场的规模和容量，而人口的构成及其变化则影响着市场需求的构成和变化。

（2）购买力，是指消费者支付货币以购买商品或劳务的能力，是构成现实市场的物质基础。购买力的高低是由消费者的收入水平决定的。

（3）购买欲望，是指消费者购买商品或劳务的动机、愿望和要求，它是使消费者的潜在购买力转化为现实购买力的必要条件。

市场的这三个因素是相互制约、缺一不可的，只有三者结合起来才能构成现实的市场，才能决定市场的规模和容量。

营销实践

向非洲卖鞋

美国一家制鞋公司正在寻找国外市场，公司总裁首先派出了自己的财务经理到非洲一个国家，让他去了解那里的市场。几天以后，该经理发回一封电报：“这里的人根本不穿鞋，此地不是我们的市场。”于是该公司又把自己最好的推销员派到那里以证实这一点，他在那里待了一个星期发回了电报：“这里的居民没有一个人有鞋，这里是巨大的潜在市场。”该公司最后又把自己的市场营销副经理派去考察。他在非洲待了三个星期，发回电报：“这里的人不穿鞋，但有脚疾，需要鞋；不过我们现在生产的鞋太瘦，不适合他们，我们必须生产肥些的鞋。我们要教给他们穿鞋的方法并告诉他们穿鞋的好处。这里的部落首领不让我们做买卖，只有向他的金库里进一些贡，才能获准在这里经营。我们需要投入大约1.5万美元，他才能开放市场。他们没有钱，但这里盛产菠萝。我测算了三年内的销售收入以及我们的成本，包括把菠萝卖给欧洲的超级市场连锁集团的费用。我得出的结论是我们的资金回报率可达30%。因而我建议公司应开辟这个市场。”

资料来源：根据网络资料整理。

思考题：通过这个案例如何理解市场营销中的市场？

二、市场营销及其相关概念

(一) 营销的定义

与其他业务职能相比，营销更多地与顾客打交道。营销的双重目标在于，通过承诺更高的价值来吸引新顾客，同时通过传递顾客满意来维持和发展现有顾客。例如通过传递“省钱，生活可以更美”的承诺，沃尔玛已经成为全世界最大的零售商和第二大的企业。Facebook通过帮助人们在生活中进行“联系和分享”，吸引了全球十几亿的网页好玩移动端的活跃用户。营销就在你的身边，可能会通过各种有效的传递方式走进你的生活或工作：比如在地铁站、电视荧屏或互联网的广告中看到它。在家里、学校甚至工作和休闲娱乐的地方，你所做的每一件事情都能看到营销的影子。然而，营销并不仅仅意味着让消费者看到，在营销的背后是一个由形形色色的人和活动组成的巨大网络，吸引并激发你的购买欲望。

那么，到底什么是营销呢？很多人印象中的营销仅仅是买东西和做广告，这主要来源于人们接触到的媒体视觉的轮番轰炸。在当今，我们不能再像以前一样理解营销就是“告知和推销”，而是需要想尽办法来“满足顾客需求”的新概念。根据管理大师德鲁克的说法：“营销的目标是将销售变得不必要。”所以，我们说，推销和广告只是营销的冰山一角而已。

趣味阅读

彼得·德鲁克

彼得·德鲁克（Peter F. Drucker，1909.11.19—2005.11.11），现代管理学之父，彼得·德鲁克出生于奥匈帝国统治下的维也纳，祖籍荷兰。其家族在17世纪时就从事书籍出版工作。父亲是奥国负责文化事务的官员，曾创办萨尔斯堡音乐节；他的母亲是奥国率先学习医科的妇女之一。德鲁克从小生长在富裕文化的环境之中。

德鲁克先后在奥地利和德国受教育，1929年后在伦敦任新闻记者和国际银行的经济学家。于1931年获法兰克福大学法学博士。1937年移民美国，曾在一些银行、保险公司和跨国公司任经济学家与管理顾问，1943年加入美国籍。德鲁克曾在贝宁顿学院任哲学教授和政治学教授，并在纽约大学研究生院担任了20多年的管理学教授。尽管被称为“现代管理学之父”，但德鲁克一直认为自己首先是一名作家和老师。德鲁克至今已出版超过30本书籍，被翻译成30多种文字，传播至130多个国家，甚至在俄罗斯、波兰、南斯拉夫、捷克等国家或地区也极为畅销。2002年6月20日，美国总统乔治·W. 布什宣布彼得·德鲁克成为当年的“总统自由勋章”的获得者，这是美国公民所能获得的最高荣誉。

资料来源：根据百度百科文字整理：http：//baike. baidu. com/。

因此，我们将营销（Marketing）定义为：为顾客创造价值，建立牢固的顾客关系，从而获得回报的过程。

但是，伴随着营销理论的不断发展和创新，营销的概念在不同时期有不同的主流观点表述。比如，美国市场营销协会（American Marketing Association，AMA）1960年的定义：“市场营销是将货物和劳务从生产者流转到消费者过程中的一切企业活动。”而在1985年则更详细地表述为：“市场营销是指通过对货物、劳务和计谋的构想、定价、分销、促销等方面的计划和实施，以实现个人和组织的预期目标的交换过程。”这个新定义解释产品的概念不限于有形的物理产品及劳务，还包括观念、思想等社会行为。

被誉为“现代营销学之父”的菲利普·科特勒（Philip Kotler）对市场营销作出如下定义：“市场营销是通过创造和交换产品和价值，从而使个人或群体满足欲望和需要的社会过程和管理过程。”

趣味阅读

菲利普·科特勒

菲利普·科特勒（1931年— ），生于美国，经济学教授。他是现代营销学的集大成者，被誉为“现代营销学之父”，具有芝加哥大学经济学硕士和麻省理工学院的经济学博士、哈佛大学博士后及苏黎世大学等其他8所大学的荣誉博士学位。任美国西北大学凯洛格管理学院终身教授，是美国西北大学凯洛格管理学院国际市场学S. C. 强生荣誉教授。美国管理科学联合市场营销学会主席，美国市场营销协会理事，营销科学学会托管人，管理分析中心主任，杨克罗维奇咨询委员会成员，哥白尼咨询委员会成员，中国GMC制造商联盟国际营销专家顾问。

同时他还是将近20本著作的作者，为《哈佛商业评论》、《加州管理杂志》、《管理科学》等第一流杂志撰写了100多篇论文。菲利普·科特勒博士著作众多，许多都被翻译为20多种语言，被58个国家的营销人士视为营销宝典。其中，《营销管理》一书更是被奉为营销学的圣经。菲利普·科特勒晚年的事业重点是在中国，他每年来华六七次，为平安保险、TCL、创维、云南药业集团、中国网通等公司作咨询。他的理论深受全世界总裁，营销、经济、管理、教育等各界人士推崇，演讲场面震撼，座无虚席。

资料来源：根据百度百科文字整理：http：//baike. baidu. com/。

对于菲利普·科特勒的营销定义的理解应把握以下几点：

（1）市场营销的核心环节是交换。交换是以提供某种价值为回报而与他人换得所需价值的行为。必须遵循“平等、自愿、互利”的原则及交换的条件。

（2）市场营销的目的是满足交换双方的需要和购买欲望。在买方市场条件下，企业必须通过交换来满足消费者现实或潜在需要，在此条件下满足企业自身追求利润的需要。

（3）市场营销是一个社会管理的过程。交换是否顺利以及交换的规模取决于营销者的产品满足顾客需求的程度。这就需要市场营销者对商品交换过程进行科学的市场规划和战略管理。

知识拓展

Marketing 最新定义

营销是创造、传播、传递和交换对顾客、客户、合作伙伴乃至整个社会有价值的产品的一系列活动、机制和过程。

英文原文：Marketing is the activity，set of institution，and processes for creating，communicating，delivering，and exchanging offerings that have value for customers，clients，partners，and society at large.（Approved October 2007）

资料来源：摘自 AMA 官方网站 http：//www. marketing power. com，2007. 10。

（二）营销过程

市场营销是一项综合性的商务活动，由图1-1可以看出，市场营销并不是产于生产活动之后，也不是结束于产品的销售之时，而是包括产前与售后一系列的过程。要进行一场市场营销活动，首先就要进行市场调查与预测，以确定产品方向进行新产品研发；其次投入生产活动之中，在进行产品的商标、品牌等制定，确定营销组合（即产品策略、定价策略、分销策略及促销策略）；最后，顾客通过售后活动进行反馈。也就是说我们市场营销人员要充分理解市场与顾客的需求和欲望，通过为顾客创造价值，营销人员获得价值回报。

因此我们说：市场营销是以消费者为中心，以满足人们需要和欲望为出发点的活动

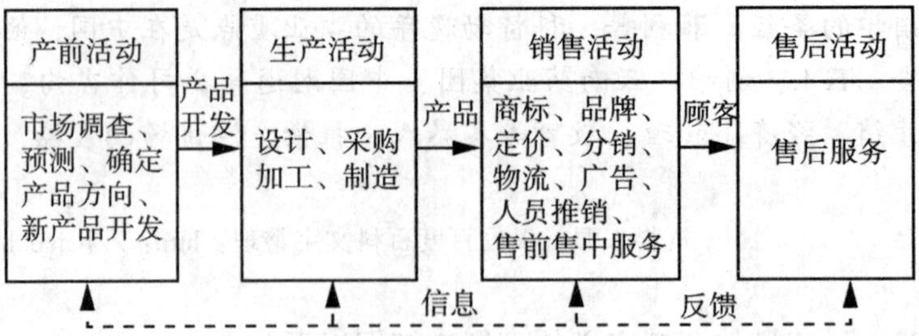

图 1-1　营销过程

行为。

简而言之：启发需求、满足需求。

（三）与营销有关的概念

营销就是为顾客创造价值。因此，作为营销过程的第一步，公司的营销人员需要了解它所服务顾客的需求和欲望以及市场。

1. 顾客需要、欲望与需求

人类的需要是构成营销最基本的概念。所谓需要，是人们与生俱来的基本需要，例如，人们肚子饿了，想要吃食物；天气冷了，需要衣服来保暖，等等。因此，既包括基本的生理需要，如水、食物、住房和安全等，也包括对归属和情感的社会需要，以及对人生价值自我实现的需要。所以，需要（Needs）是人类没有得到某些满足的状态，这些需要并非是市场营销活动创造的，而是人类天性中最基本的组成部分。

欲望（Wants）：人类想得到上述某些基本需要的具体满足物的愿望，是更深层次的需要的满足；是由文化和个性塑造的人类需要。当人们需要食品时，他的欲望是一碗米饭和一杯饮料。市场营销活动无法创造欲望，但是要想尽办法不断创造、开发不同的产品来满足欲望。当人们有购买力支持的时候，欲望就变成了需求。

需求（Demands）：人们有能力并且愿意购买某种产品的愿望。营销者应该了解市场中有多少人需要某种产品，并知道又有多少人有能力购买这种产品。优秀的营销公司会竭尽所能地去学习和了解其顾客的需要、欲望和需求。因此可以开展市场调研并分析大量的消费者数据，让公司的所有人（包括最高管理层）都尽可能地去接近消费者。

知识拓展

八种需要类型

（1）负需求——扭转性营销——改变方案、产品

（2）无需求——刺激市场营销 ——促销降价

（3）潜在需求——开发性市场营销——开发新产品，服务等

（4）需求衰退——恢复性市场营销——寻找原因，对症下药

（5）不规则需求——同步性市场营销——反季销售，如空调或服装在冬季打折

促销

（6）饱和需求——维持性营销——保持合理售价，稳定推销人员和代理商，严格控制成本费用

（7）过剩需求——限制性营销——提高价格，合理分销，降低需求

（8）有害需求——抵制性营销——消灭需求

资料来源：吴建安等．市场营销学［M］．北京：清华大学出版社，2015：23.

2. 产品与服务

营销学中的产品（Product）是一个广义的概念。泛指商品与服务等一切能满足某种需求和欲望的东西，有时也称之为市场供应品（Marketing Offerings）。市场供应品不仅仅局限于实体产品，还包括用来销售的某些服务，它是不可触摸的、无形的，且不会导致所有权的变化，比如理发服务、导游服务、金融服务或家政服务等。从广义上来说，市场供应品还包括一些其他的实体，如人、地点、组织、信息和观念等。如今，我们国家的许多公园都改成了免门票制度，人们可以随意进出进行建设、休闲与娱乐活动，国家以此来倡导绿色出行。

3. 效用、价值、成本与满意

效用（Utility）是指顾客对商品和服务满足其需要的整体能力的主观评价。消费者根据对某商品价值的评价和费用支出水平作出购买决定，效用最大化是顾客选择产品的首要原则。

价值（Value）是消费者付出与所获之间的比率。营销者提高消费者供应的价值途径有：（1）增加利益；（2）降低成本；（3）增加利益并降低成本；（4）增加利益并提高成本，但利益增加超过成本增加；（5）降低利益并降低成本，但利益降低小于成本降低。

成本（Cost）是指顾客用于购买商品和使用该商品的支出，即顾客为获得某种效用而必须支付的购买成本价格和使用成本。

消费者往往面临着多种可以满足其特定需求的产品和服务，他们将会如何作出选择呢？消费者首先要考虑如何给他带来效用最大化。其次，对产品或服务提供的价值和满意度形成某种期待。营销人员必须非常小心地设定正确的期望等级。过低的期望虽然容易使消费者感到满意，但往往无法吸引足够多的购买者或有更高需求的消费者，但是如果企业把期望抬得过高，购买者又会对真实产品服务感受失望，因此需要平衡顾客价值与满意度的关系。

4. 交换和交易

当人们决定通过交换来满足需要时，营销就随之而生了。交换（Exchange）是指从他人处取得所需之物，而以某些东西作为回报的行为。从广义上来说，营销人员会尽力激起顾客对于某种产品的反应。这种反应可能不仅仅是购买或交易产品。

交换是先于市场营销的基础性概念。发生交换必须具有五个条件：

（1）至少有交换双方；

（2）每一方都有对方所需要的有价值的东西；

（3）每一方都能沟通信息和传送物品；

（4）每一方接受或拒绝对方的供应品是自由的；

（5）每一方都认为与另一方交换是适当并称心如意的。

交易（Transactions）：指交换双方的价值交换。交换应看作一个过程而不是一个事件。如果双方正在进行谈判，并趋于达成协议，这就意味着他们正在进行交换。一旦达成协议，我们就说发生了交易行为。交易是交换活动的基本单元，是由双方之间的价值交换所构成的行为。

一项交易涉及以下几方面：至少有两件有价值的物品；双方同意的交易条件、时间、地点；通常有法律制度来维护和迫使交易双方执行承诺。

5. 市场营销者

在交换双方中，如果一方比另一方更主动，更积极地寻求交换，我们就将前者称为市场营销者，后者称为潜在顾客。潜在顾客是指有潜在意愿和能力进行交换价值的人。营销者可以是卖方，也可以是买方，如果买卖双方都在积极寻求交换，就把双方称为营销者，并将这种情况称为双边营销。

第二节　市场营销学的产生和发展

一、市场营销学的产生

市场营销学是由英文 Marketing 一词翻译而来。Marketing 一词含义众多，如销售、买卖、交易、商品销售业务等。由于理解的不同，中文译名也很多，特别是市场营销学刚被引入、介绍到中国来的一段时间，主要是 20 世纪 70 年代末 80 年代初。现在通常公认的译名是市场营销或市场营销学。

（一）初创时期

市场营销学于 20 世纪初创立于美国，并在实践中不断完善和发展 。自从英国在 1825 年爆发第一次经济危机后，资本主义国家每隔若干年就要爆发一次经济危机。在经济危机期间，商品销售困难，资本主义企业不得不日益关心产品的销路。如同“魔鬼”般的市场，迫使人们千方百计地去应付市场竞争，也鞭策人们不断探索营销活动的规律。19 世纪末 20 世纪初，西方的资本主义国家经过工业革命的洗礼，生产迅速发展，生产效率大大提高，生产能力的增长速度超过市场需求的增长速度，人们对市场的态度开始发生变化。所有这些变化都促进了市场营销思想的产生和市场营销理论的发展。

早在 19 世纪，美国学者已经发表和出版了一些分别论述推销、广告、定价、产品设计、包装等的论著。但是直到 20 世纪初，一些学者才把上述问题综合起来，建立一门市场营销学科。开始，少数有远见的企业主在经营管理上重视商品推销和刺激需求，注意研究推销术和广告术。同时，一些学者根据企业销售实践活动的需要，着手从理论上研究商品销售问题。1912 年，美国哈佛大学教授赫杰特齐（J. E. Hegertg）写出了第一本以“Marketing”命名的教科书，研究推销和广告，这被视为市场营销学作为一门独立学科出现的里程碑，但学科体系尚未形成。1929—1933 年美国爆发的经济大危机，震撼了整个资本主义世界。表现为：生产严重过剩，产品销售困难，直接威胁许多企业的生存。从 20 世纪 30 年代开始，主要西方国家市场明显呈现出供过于求。这时，企业界人员广泛关心的首要问题不是如何扩大生产和降低成本，而是如何将产品销售出去。为了争夺市场，解决产品销售问题，企业家开始重视市场调查，提出“创造需求”的口号，致力于扩大销路并在实践中积累了丰富的资料和经验。与此同时，市场营销学科研究大规模展开，一些著名大学的教授将市场研究拓展到众多领域，调查和运用大量实际资料，形成许多新的原理。

（二）形成时期

作为市场营销学的发源地，美国在 1915 年正式成立全美广告协会（NATM），1926 年改组成全美市场营销学和广告学教师协会，1931 成立了专门讲授和研究市场营销学的美国市场营销学会（AMS），1937 年，前述两个组织合并成立美国市场营销协会（AMA），并在全国设立几十个分会。这些组织的成立是市场营销学从学校到企业，从客厅到社会，理论与实践相结合，营销原理用于指导实践，营销实践经验的总结丰富了营销理论，既显示了市场营销学的实践性、应用性特点，又加速了市场营销学的发展。

美国“市场营销协会”（AMA）的成立，极大地促进了营销理论的研究和应用。到第二次世界大战结束，市场营销学得到长足发展，垄断资本的竞争和资本主义基本矛盾都进一步尖锐化了。某些资本主义国家的经济“起飞”，并不能使它们避免周期性经济危机的袭击。第一次世界大战前，经济危机平均每十年左右发生一次，在此情况下，旧的市场营销学中侧重商品推销的销售观念，越来越不能适应新形势的要求。新的形势向市场营销学提出了新的课题，促使市场营销学发生了深刻的变革。

二、市场营销学的发展

“二战”后，以美国为代表的一些发达国家将战争期间发展起来的军事工业转向民用。同时，随着科学技术的迅速发展，生产力水平大大提高，产品数量急剧增加，商品供过于求的矛盾严重困挠着企业。于是政府执行了高工资、高福利、高消费的政策，想以此来刺激购买力，保持供求平衡，借以缓和生产过剩的经济危机。这时企业所面对的是一个需求状况更复杂、竞争更加激烈的买方市场。建立在卖方市场基础上以研究商品推销术为主体的旧的市场营销就很难适应企业的需要，于是便出现了以消费者需求为中心的新的市场理论，代替以产品为中心的旧的市场理论——市场是生产的起点，企业经营活动以市场为导向。这一观念的变革是市场营销学的一场革命，市场营销研究进入一个新的阶段。

这个时期市场营销的主要特点如下：

（1）研究领域从流通领域进入生产领域，“以需定产”的经营思想为主导；

（2）静态研究转向动态研究，强调供求间的信息传递与沟通；

（3）由研究销售职能扩大到研究企业各部门之间的整体协调活动。

市场由生产的终点变成生产的起点，通过对消费者需求的了解来生产商品，即消费者参与企业生产、投资、研究和计划的制定。1960年，《基础市场学》问世；20世纪70年代，市场营销学与消费经济学、心理学、行为科学、社会学、统计学等结合，发展成为一门综合性应用学科，逐步走向成熟。与此同时，自20世纪50年代市场营销学开始传播到其他西方国家。日本于50年代初开始引进市场营销学，1953年日本东芝电气公司总经理石坂泰三赴美国参观访问，回到日本的第一句话是："我们要全面学习市场营销学。"1955年日本生产力中心成立，1957年日本营销协会成立。这两个组织对推动营销学的发展起了积极作用。60年代，日本经济进入快速发展时期，市场营销原理和方法广泛应用于家用电器工业，市场营销观念被广泛接受。60年代末70年代初，社会市场营销观念开始引起日本企业界的关注。从70年代后期起，随着日本经济的迅猛发展及国际市场的迅速扩大，日本企业开始从以国外各个市场为着眼点的经营战略向全球营销战略转变。

20世纪50年代，市场营销学亦传播到法国，最初应用于英国在法国的食品分公司。60年代开始应用于工业部门，继而扩展到社会服务部门。1969年被引进法国国营铁路部门。70年代初，市场营销学课程先后在法国各高等院校开设。1967年，美国菲利普·科特勒博士的《营销管理：分析、计划、执行和控制》一书，对营销原理作了精辟的阐述和发展，并被译成二十多种文字语言，多次再版，成为在欧美和日本大学最普遍的教科书，并作为MBA教学用书，被誉为全球50本最佳商业书籍之一，被奉为营销学的圣经。

营销理论的根本变化在于：传统的营销理论认为，营销的任务是刺激消费者对产品的需求，而且要影响需求的水平、购买时机，营销管理的实质就是需求管理。回顾市场营销学的产生与发展历史，可以看出市场经济的发展，促进了特定的市场营销环境的形成，也促进了竞争性的市场经济体制趋向成熟，而这又为市场营销理论的研究和应用创造了条件。所以说，市场营销学是商品经济高度发展的产物，是西方国家企业经营经验的概括和总结。

三、市场营销学在中国的传播和应用

20世纪60年代后，市场营销学被引入前苏联及东欧国家。中国则是自改革开放以后，才开始引进市场营销学的。首先是通过对国外市场营销学书刊、杂志及国外西方学者的讲课内容进行翻译介绍。其次，自1978年以来选派学者、专家、学生赴国外访问、学习、考察国外市场营销学开设课程状况及国外企业对市场营销原理的应用情况，还邀请外国专家和学者来国内讲学。1984年1月，中国高校市场学会成立，继而各省先后成立了市场营销学会。这些营销学术团体对于推动市场营销学理论研究及在企业中的应用起了巨大的作用。如今，市场营销学已成为各高校的必修课，市场营销学原理与方法也已广泛地应用于各类企业。由于各地区、各部门之间生产力发展不平衡，产品市场趋势有别，加之各部门经济体制改革进度不一，各企业经营机制改革深度不同等，使市场营销学在各地区、各部门、各类企业的应用程度不尽相同。

中华人民共和国成立之前，由于商品经济不发达，对市场营销学的研究和应用势必受到限制。我国虽曾对市场营销学有过一些研究（当时称“销售学”），但也仅限于几所设有商科或管理专业的高等院校。在 1949—1978 年间，除了台湾地区和港澳地区的学术界、企业界对这门学科已有广泛的研究和应用外，在中国内地，市场营销学的研究一度中断。在这长达三十多年的时间里，国内学术界对国外市场营销学的发展情况知之甚少。党的十一届三中全会以后，党中央提出了对外开放、对内搞活的总方针，从而为我国重新引进和研究市场营销学创造了有利的环境。1978 年，北京、上海、广州的部分学者和专家开始着手市场营销学的引进研究工作。虽然当时还局限在很小的范围内，而且在名称上还称为“外国商业概论”或“销售学原理”，但毕竟在市场营销学的引进上迈出了第一步。经过十几年的时间，我国对于市场营销学的研究、应用和发展已取得了不错的成绩。从整个发展过程来看，大致经历了以下几个阶段：

（一）引进时期（1978—1982 年）

在此期间，通过对国外市场营销学著作、杂志和国外学者讲课的内容进行翻译介绍，选派学者、专家到国外访问、考察、学习，邀请外国专家和学者来国内讲学等方式，系统介绍和引进了国外市场营销理论。但是，当时该学科的研究还局限于部分大专院校和研究机构，从事该学科引进和研究工作的人数还很有限，对于西方市场营销理论的许多基本观点的认识也比较肤浅，大多数企业对于该学科还比较陌生。然而，这一时期的努力毕竟为我国市场营销学的进一步发展打下了基础。1980 年，对外经贸部与设在日内瓦的国际贸易中心（ITC）合作，在北京举办了市场营销培训班。国家经委、国家计委和教育部与美国政府合作举办了以国有企业厂长、经理为培训对象的大连培训中心，聘请美国著名的营销专家讲课，对营销理论方法的实际运用起了推动作用。

（二）传播时期（1983—1985 年）

经过前一时期的努力，全国各地从事市场营销学研究、教学的专家和学者开始意识到，要使市场营销学在中国得到进一步的应用和发展，必须成立各地的市场营销学研究团体，以便相互交流和切磋研究成果，并利用团体的力量扩大市场营销学的影响，推进市场营销学研究的进一步发展。1983 年在长沙召开“全国高等财经院校、综合大学市场学教学研究会”，1984 年 1 月，全国高等综合大学、财经院校市场学教学研究会成立。在以后的几年时间里，全国各地各种类型的市场营销学研究团体如雨后春笋般纷纷成立。各团体在做好学术研究和学术交流的同时，还做了大量的传播工作。例如，广东市场营销学会定期出版了会刊《营销管理》，全国高等综合大学、财经院校市场学教学研究会在每届年会后都向会员印发各种类型的简报。各团体分别举办了各种类型的培训班、讲习班。有些还通过当地电视台、广播电台举办了市场营销学的电视讲座和广播讲座。通过这些活动，既推广、传播了市场营销学知识，又扩大了学术团体的影响。在此期间，市场营销学在学校教学中也开始受到重视，有关市场营销学的著作、教材、论文在数量上和质量上都有很大的提高。

（三）应用时期（1986—1988 年）

1985 年以后，我国经济体制改革的步伐进一步加快，市场环境的改善为企业应用现代市场营销原理指导经营管理实践提供了有利条件，但各地区、各行业的应用情况又不尽相同，具体表现为：①以生产经营指令性计划产品为主的企业应用得较少，以生产经营指导性计划产品或以市场调节为主的产品的企业应用得较多、较成功；②重工业、交通业、原材料工业等和以经营生产资料为主的行业所属的企业应用得较少，而轻工业、食品工业、纺织业、服装业等以生产经营消费品为主的行业所属的企业应用得较多、较成功；③经营自主权小、经营机制僵化的企业应用得较少，而经营自主权较大、经营机制灵活的企业应用得较多、较成功；④商品经济发展较快的地区（尤其是深圳、珠海等经济特区）的企业应用市场营销原理的自觉性较高，应用得也比较好。在此期间，多数企业应用市场营销原理时，偏重于分销渠道、促销、市场细分和市场营销调研部分。

（四）扩展时期（1988—1994 年）

在此期间，无论是市场营销教学研究队伍，还是市场营销教学、研究和应用的内容，都有了极大的扩展。全国各地的市场营销学学术团体，改变了过去只有学术界、教育界人士参加的状况，开始吸收企业界人士参加。其研究重点也由过去的单纯教学研究，改为结合企业的市场营销实践进行研究。1991 年 3 月，中国市场学会在北京成立。全国高等综合大学、财经院校市场学教学研究会也于 1987 年 8 月更名为“中国高等院校市场学研究会”。学者们已不满足于仅仅对市场营销一般原理的教学研究，而对其各分支学科的研究日益深入，并取得了一定的研究成果。在此期间，市场营销理论的国际研讨活动进一步发展，这极大地开阔了学者们的眼界。1992 年春，邓小平南方讲话以后，学者们还对市场经济体制的市场营销管理，中国市场营销的现状与未来，跨世纪中国市场营销面临的挑战、机遇与对策等重大理论课题展开了研究，这也有力地扩展了市场营销学的研究领域。

（五）国际化时期（1995—　）

1995 年 6 月，由中国人民大学、加拿大麦吉尔大学和康克迪亚大学联合举办的第五届市场营销与社会发展国际会议在北京召开。中国高等院校市场学研究会等学术组织作为协办单位，为会议的召开作出了重要的贡献。来自 46 个国家和地区的 135 名外国学者和 142 名国内学者出席了会议。25 名国内学者的论文被收入《第五届市场营销与社会发展国际会议论文集》（英文版），6 名中国学者的论文荣获国际优秀论文奖。从此，中国市场营销学者开始全方位、大团队地登上国际舞台，与国际学术界、企业界的合作进一步加强。

至 21 世纪初，中国已经形成庞大的营销教育与人才培养网络。内地本科开设市场营销专业的院校有 213 所，招收市场营销方面硕士研究生的院校约 150 所，招收博士生的院校不下 20 所。从 20 世纪 80 年代至 2002 年，已出版市场营销学教材 500 余种，开课院校千余所，任课教师逾 5000 人，学习过市场营销课程的当以千万人计。教育部在“九五”后期将市场营销学列为“工商管理类核心课程”。从 1979 年到 2014 年的 30 余年间，从市场营销学的教学、科研、应用等方面考察，开课院校多，出版教材多，培训面大，传播面广。可以说，市场营销学的研究与应用，中国大陆以 30 多年的时间走过了西方国家 100 多年的时间。

第三节 市场营销学的研究对象和方法

一、市场营销学的研究对象

市场营销学的研究对象是企业外部环境、消费者行为及其两者的变化对企业营销影响规律和企业整体营销活动的规律。市场营销学研究的内容虽然十分广泛，但是显然都是从市场营销管理决策的角度提出的有关市场营销的策略问题。因此在市场营销观念指导下的现代市场营销学，因具有鲜明的管理导向，也称为市场营销管理学。市场营销管理学认为：市场营销管理的实质就是企业创造性地制定适应变化着的环境的市场营销战略。这种市场营销战略，由两个相互联系的部分组成。第一，目标市场；第二，适应目标市场的营销策略组合。按照美国著名市场学家尤金·麦卡锡的归纳，市场营销组合是由四个基本因素所组成，简称为“4Ps”，即：

（1）产品（Product）。指企业向其选定的目标市场提供的货物和劳务的组合，其中包括产品的质量、式样、规格或型号、商标、服务等。

（2）价格（Price）。研究在不同的供求、竞争和成本条件下，企业所能采取的价格策略。包括基本价格、折扣、折让、支付期限等。

（3）销售渠道（Place）。研究企业使其产品进入和达到目标顾客时应选取的最合适的途径，其中包括渠道类型、场所、仓储、运输，等等。要求既能接触更多的顾客，有利于扩大销售，又能避免发生不必要的流通费用，以增加利润。

（4）销售促进（Promotion）。指企业为宣传介绍其产品的优点，以说服目标顾客采取购买行动的有关活动，包括广告、宣传报导、人员推销、营业推广、公共关系等方面。上述4Ps不仅受企业本身资源条件和企业目标的影响和制约，而且也受企业外部市场营销环境的影响和制约。企业市场营销管理的基本要求就是使市场营销组合（4Ps）与企业外部环境相适应，这是企业能否生存和发展的关键，因而确定合适的市场营销组合，即4Ps也就是市场营销学的主要内容。其基本任务和目的是为企业的市场营销工作提供基本的理论、思路和方法，提高企业适应市场需求及环境变化的能力，增强企业营销活动的有效性和竞争力，促进企业的发展，取得良好的综合社会经济效益。

营销实践

日本电视机打入中国市场

1979年，我国放宽对家用电器的进口。当时，日本电视机厂商首先分析了中国市场需求特点，从市场营销市场构成的角度来看，中国人均收入虽较低，但总人口有10亿，而且人们素有储蓄的习惯，已形成了一定的购买力，具有对电视机的消费需求。由此得出与欧美厂商忽视中国市场相反的结论，认为中国存在一个潜力很大的黑白电视机市场。日本电视机厂在分析中国电视机市场需求特点的基础上，制定了相应的市场营销策略以满足中国消费者的需求。

(1) 产品策略。中国电压系统与日本不同，必须将110伏改成220伏；中国电力不足，电压不稳定，需配置稳压器；中国住房面积偏小，应以12—14英寸电视机为主；要提供质量保证及修理服务。

(2) 定价策略。考虑当时中国尚无外国电视的竞争，因此，价格比中国同类电视机要高。

(3) 分销策略。当时中国内地国有企业尚未进口电视机，故经港澳国货公司和代理商推销；或通过港澳同胞和其他归国人员携带电视机进入内地。

(4) 促销策略。主要采用了广告策略，在中国香港《大公报》、《文汇报》等报刊大量刊登广告；在香港电视台发动宣传攻势，介绍有关日本电视机的知识。

日本电视机厂在有针对性地制定市场营销组合的基础上，将电视机成功的推向中国市场。

资料来源：根据网络资料整理 http：//blog. sina. com. cn/s/blog_9fc7a17e01011u5h. html。

二、市场营销学的特点

(一) 全程性

市场营销学的研究范围，在实践中不断扩大，已突破了商品流通领域，上延到生产领域的产前活动，包括市场调研、产品设计等，下伸到消费领域的售后服务，包括产品的售后维修、咨询服务和消费者研究等；既要研究、加强内部营销管理，又要分析、适应外部市场环境。因此，研究领域已扩大到社会再生产的全过程。如把市场营销学的研究对象局限于流通领域，或是局限于广告、推销等方面，那就是把市场营销学混同于贸易经济学或销售学、推销学了。

(二) 综合性

市场营销学在发展中兼容并蓄，日益成为综合性的边缘学科。它以经济学为理论基础，吸收、借鉴了哲学、行为科学、社会学、政治学、心理学、经济计量学、信息学、数学等学科的理论和研究方法，自成一体。菲利普·科特勒（Philip Kotler）指出："营销学的父亲是经济学，其母亲是行为科学；数学乃营销学的祖父，哲学乃营销学的祖母。"市场营销学事实上已构成管理学的重要内容，它要充分运用多种学科的研究成果，用来分析市场营销环境、消费者心理和消费者行为。例如，为了探讨消费者个人心理、倾向、冲动、愿望及需要等对购买行为的影响，市场营销学借助心理学的知识，诸如动机、认识、学习等理论，以便深入分析购买者行为；消费者在购买过程中可能受到社会环境的影响，于是参考群体、社会阶层、文化、家庭等都可能影响购买决策，必须借助心理学、人类学等学科的理论，分析个人消费行为受群体其他成员影响的程度；市场营销学既要作定性分析，还要作定量分析，因此，统计学、会计学、运筹学、数学等都是不可缺少的工具。

(三) 实践性

同经济学、统计学、经济计量学及其他社会科学相比，市场营销学具有很强的社会实践性。一方面，市场营销的基本原理、方法与策略来源于广大企业营销实践经验的总结；另一方面，市场营销的基本原理、方法与策略对企业的营销活动具有指导意义和实用价值。市场营销学是有效指导企业适应情况多变的目标市场的实践指南，它着重研究买方市场条件下企业（卖主）的市场营销管理问题，即着重研究企业（卖主）在激烈竞争和不断变化的市场营销环境中，如何识别、分析、评价、选择和利用市场机会，如何满足其目标顾客的需要，提高企业经营效益，求得长期生存和发展。探索企业营销活动过程的规律性，正是为了指导企业营销实践，使企业在特定的市场环境下，能制定和实施正确的营销战略，更好地满足消费者需求，实现企业目标。市场营销理论也只有应用于实践，才能显示其强大的生命力。

三、市场营销学研究方法

市场营销学自20世纪初产生以来，贯彻理论联系实际的原则，注重调查与研究、案例分析，掌握规律性，知道市场营销活动，并在实践中不断总结提高。不同国家的市场营销有不同的特点，采用比较的方法进行研究，可以探索国外市场营销学中适合于我国国情的内容。同时，市场营销学的研究要采用定性分析和定量分析相结合的方法，对纷繁庞杂的市场营销关系作出科学的判读——遇见发展趋势，开展市场营销，提高经济效益。在西方发达国家对这门学科的研究方法，主要有以下几种：

(一) 商品研究法 (Commodity Approach)

商品研究法即较为详细、具体、深入地分析某种或某类产品的营销个性问题，是研究特定的商品或产品大类的生产问题，以及如何分销到中间商和最终消费者的问题。主要产品大类可分为农产品、矿产品、制成品和劳务等。通常在一些专业市场营销学中采用这种方法。也适用于某些专业性市场营销学课程的教学研究工作，同时也是企业研究某项产品的具体市场营销问题的重要手段。

(二) 组织研究法 (Organization Approach)

组织研究法是以人为中心来研究市场营销学，以商品流通的各个环节为主线，研究市场营销系统中的各种机构的特性、功能和变革，包括制造商、批发商、零售商以及各种营销辅助机构。例如，研究百货商店的演变过程及发展前途等。组织研究法的不足之处在于未完全摆脱以物为中心，忽视对消费者需求的研究。

(三) 功能研究法 (Functional Approach)

市场营销的基本功能一般可分为交换功能、供给功能和便利功能三大类。功能研究法主要是研究各种营销功能的特性及动态。例如，采购、销售、仓储、融资、促销等功能，在不同的营销机构和不同的产品市场如何执行这些功能，以及执行中存在的营销问题。

(四) 管理研究法 (Managerial Approach or Decision Approach)

20世纪30年代以前，西方国家流行的市场营销研究方法，主要是上述三种。其特点是单纯以某种产品、某种营销机构或某种营销职能作为研究的主题，视野比较狭窄，有“只见树木、不见森林”之感。第二次世界大战之后，随着管理科学、决策理论、系统理论和信息科学等现代科学的发展，市场营销学在吸取这些现代科学研究成果的基础上，兴起了一种新的研究方法。

管理研究法也称决策研究法，是以企业为主体，从营销管理决策的角度，综合产品研究法、组织研究法和功能研究法的基本要求，基于对企业外部环境因素和企业内部条件的分析与把握，着眼于寻找企业的市场机会，选择适当的市场机会，确定目标市场，制定最佳的市场营销组合方案。管理研究法就是从管理决策的角度来研究市场营销。这种方法强调，通过营销调研实行组织和产品的有效的市场定位，并且特别重视市场营销分析、计划、组织、实施和控制。它把卖方的市场营销活动中有关的各种因素（变数）分为两大类：一是不可控因素，即营销者本身不可控制的营销环境，包括微观环境和宏观环境；二是可控因素，即营销者自己可控制的产品、商标、价格、广告、渠道，等等，着重研究如何使可控因素与不可控因素相适应，以及各个可控因素之间的协调配合。现在，西方市场营销学主要是运用这种管理决策法进行研究。

（五）系统研究法（System Approach）

乔治·道宁（George S. Downing）于1971年出版的《基础市场营销：系统研究法》一书中，提出了系统研究法。系统研究法主要应用了系统工程的原理和方法，从企业内部系统、外部系统，以及内部和外部系统如何协调来研究市场营销学。企业内部系统主要是研究企业内部各职能部门，例如行政部门、生产部门、市场销售部门、财务部门或采购部门等如何协调，以及企业内部系统与外部系统的关系协调。而企业外部系统主要研究企业同目标顾客外部环境的关系。内部与外部系统又是通过商品流程、货币流程、信息流程连接起来的。只有市场营销系统的各组成部分相互协调，才能产生高的营销效益。宏观市场营销学和微观市场营销学的某些部分采用此法。

第四节　市场营销观念的演进

营销管理希望设计一种能够同目标顾客群建立盈利关系的战略，那么指导这些战略设计的哲学是什么呢？市场营销观念又称市场营销理念，它是一种市场营销管理的哲学，是企业指导管理及其全体成员对其所有营销活动的根本态度和基本思想。营销观念概括了一个企业的经营态度和思维方式，是企业开拓市场、实现经营管理和销售目标的根本指导思想。

一、市场营销观念的演进

企业的营销管理活动是在特定的营销理念（营销管理哲学）指导下进行的，即在开展营销活动时处理企业、顾客和社会三者利益方面的态度、思想和观念。那么企业该如何处理这三者利益之间的关系，尤其是当这些利益发生冲突的时候？从西方企业市场营销活动的发展历史来看，主要出现五种有代表性的营销观念指导着组织进行营销战略的设计和执行，包括生产观念、产品观念、推销（销售）观念、市场营销观念和社会市场营销观念。下面分别讨论一百多年来企业市场营销观念的演变及其背景。

（一）生产观念（Production Concept）

生产观念认为消费者喜欢那些可以随处买得到的而且价格低廉的产品，企业应致力于提高生产效率和分销效率，降低成本，扩大生产，降低价格，生产出让消费者买得到的和买得起的产品。因此，生产观念也称作“生产中心论”，是一种重生产、轻营销的理念。企业只注重生产的营销观念，这是指导销售人员最古老的理念之一。生产观念认为营销的关键是生产，只要生产出来就不愁卖不出去，强调卖方市场。在国外主要出现在19世纪末20世纪初，资本主义工业化初期以及二战末期及战后，物资短缺，产品供不应求；在国内主要出现在20世纪80年代以前的计划经济时期。

生产观念在某些情形下仍非常具有使用价值。德州仪器公司是达拉斯的一家电子公司，它在美国奉行“扩大生产，降低价格”的观念，尽其全力扩大生产量，改进技术，以降低成本，然后利用它的成本优势降低售价，扩大市场规模。它不断追求市场的领先地位，并且常常如愿以偿。对于德州仪器公司而言，营销就只意味着一件事：向购买者降低价格。这种经营观念也是许多日本企业的关键战略。

因此，生产观念认为生产是最重要的，只要生产出有用的产品，就一定有人要。顾客关心的主要是产品价格低廉和可以随处购得到，因而经营者主要注意力集中在追求生产率和建立广阔的销售网络上。在产品供不应求的卖方市场时代，这种大量生产、降低价格的思想尚有其生命力。而如今大多数商品已经供过于求，厂商竞争激烈，这种经营导向无疑已严重过时。

营销实践

福特汽车的生产观念

20世纪初，美国福特公司制造的汽车供不应求，亨利·福特曾傲慢地宣称：“不管顾客的需要是什么，我们的汽车就是黑色的。”福特公司1914年开始生产的T型车，就是在生产导向经营哲学的指导下创造出奇迹的——由于当时汽车是一种稀缺品，很多人想买买不起，而福特公司能够生产出来，而且市面上能够看到的最多的就是福特汽车。虽然颜色单调，但是可以买到，而且可以开得起来，因此想买的人就只好选福特了。加之福特汽车公司通过采用大量流水生产组织形式，大大提高了福特汽车的生产效率，大大降低了汽车的生产成本，从而大大降低了福特汽车的售价，使福特汽车供不应求让更多的人买得起。到1921年，福特T型车在美国汽车市场上的占有率达到56%。在那个时代，清一色的黑色汽车畅销无阻，不必讲究市场需求特点和推销方法。

资料来源：www. chinadmd. com。

显然，从福特汽车的案例来看，整个市场的需求基本上是被动的，消费者没有多大选择余地。福特的经营理念也说明：我们的政策就是降低价格，改进工艺，完善产品。

你会发现，降价总是第一步。我们坚信成本可以改变。当我们认为必须降低价格才能增加销量时，我们自然会调整价格。成本的问题从来没有困扰过我们，新的价格必定会拉低成本。当然，更常见的方式是先算出成本，再进行定价。从狭义上来说，这可能是科学的，从广义上来看，这是不科学的，当你算出的成本显示出，如果照此生产，产品的价格不会被市场接受，那么这种成本计算又有什么意义呢？

（二）产品观念（Product Concept）

产品观念认为消费者喜欢那些质量优良、功能齐全、具有特色的产品。企业应致力于提高产品质量，只要物美价廉，顾客必然会找上门，无需大力推销。产品观念是注重做好产品的营销观念。认为营销的关键是要有一个好产品，只要产品的性能好、质量高、有特色，就不愁卖不出去。

市场产品供不应求的卖方市场条件下，商品经济中早期在国外主要出现在 20 世纪 30—40 年代，在国内主要出现在 20 世纪 90 年代以后。这个时期的产品观念特征表现为重产品，轻市场营销。美国哈佛大学的西奥多·莱维特教授指出，产品观念导致"市场营销近视症"（Marketing Myopia）。所谓营销近视症是企业管理者，特别是高层管理者，对于企业生产的产品和技术盲目乐观与自信，认为只要产品质量好、性能优越，就一定会有市场；对于产业的理解十分狭隘，将其等同于某一种具体的产品，而不能从更为本质的层面上理解产品和产业，因此对于产业发展所面临的替代品和潜在竞争者的威胁浑然不觉；忽视顾客的需求及其变化，一味执迷于现有产品的改进，忽视产品的创新和企业的变革。简而言之，营销近视症是营销的生产导向、产品导向和推销导向，不是真正的市场营销观念；在市场日益成为买方市场、产业增长日益依赖买方有效需求推动的经济体系中，营销近视症在微观层面会使一个企业走向死胡同，在宏观层面会使一个产业陷于停滞甚至灭亡，丧失产业发展的最佳机会。

营销近视症的具体表现是：自认为只要生产出最好的产品，不怕顾客不上门；只注重技术的开发，而忽略消费需求的变化；只注重内部经营管理水平，不注重外部市场环境和竞争等。

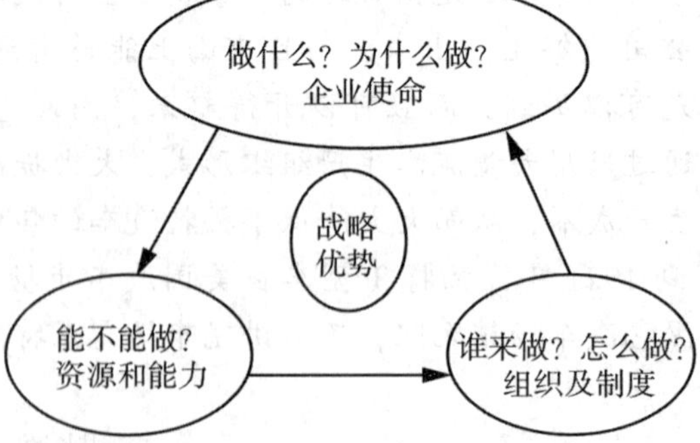

图 1-2　营销近视症战略构成要素图解

营销实践

过分迷恋产品质量 爱尔琴失去竞争优势

美国爱尔琴钟表公司自1864年创立到20世纪50年代中期，一直是美国最好的钟表制造商之一，享有盛誉。该公司长期以来在市场营销中强调生产高级产品，树立优质产品形象，并通过第一流的珠宝店和百货公司组成庞大的销售网推销产品，销售额持续上升。但是1958年以后，该公司的销售额和市场占有率开始直线下降，使其在市场中的优势地位开始动摇。

爱尔琴公司优势地位受到损害的原因是什么？

第一，在消费者方面，这时消费者对手表必须走时十分准确、必须是名牌、必须保用一辈子的观念已经发生变化，消费者希望能买到走时基本准确、造型优美、价格适中的手表，即越来越多的消费者追求手表的方便性（全自动手表）、耐用性（防水防震手表）和经济性（廉价手表）。

第二，在竞争者方面，许多同业的制造商迎合消费者需要，纷纷增加产品生产线或延长产品生产线大量生产中低挡手表。

第三，在销售渠道方面，不少美国人都想避开珠宝店的高额加成，而且在看到廉价手表时常常会产生冲动性购买。因此众多的手表制造商开始通过大众销售渠道——超级市场、廉价商店、折扣商店、方便店，甚至地摊——大力推销。

资料来源：http：//doc. mbalib. com/view/04c7e90b3861f8eb03923dc660bce076. html。

综上所述，爱尔琴公司的毛病在于公司营销管理当局太迷恋于生产精美、优质而式样陈旧的手表，并仍用传统的渠道推销产品，以至于根本没有注意到手表市场上发生的各种重大变化。在复杂多变、竞争激烈的市场环境下，爱尔琴公司“理应朝着窗外眺，却只对着镜子照”，目光短浅是其遭受挫折的根本原因。

爱尔琴钟表公司失去竞争优势给我们的启示是：企业的营销必须要以满足消费者的需要为前提，企业的一切活动都必须以消费者为中心。唯有能满足消费者需要的企业，才能获得消费者的支持，才能实现企业的目标。也许许多患有“近视症”的营销者执迷不悟，仍目光短浅的认为只要生产出好产品，绝对不怕没有销路。奉劝执迷不悟者以壮士断腕的作法毅然决然放弃旧思想，树立以消费者为中心的营销观念。只有如此，才能在激烈的竞争中立于不败之地。

（三）推销观念（Selling Concept）

推销观念（或称销售观念），是许多厂商向市场进军的另一种普遍的观念，以销售为中心的企业经营指导思想。推销观念认为：消费者通常有购买惰性或抗拒购买的表现，如果听其自然，消费者不会购买本企业太多的产品。但是，企业必须大力重视和加强推销和促销活动，千方百计使广大消费者对企业的产品发生兴趣，以扩大销售，提高市场占有率，取得更多的利润。

推销观念产生于现代工业高度发展的时期，市场上开始出现生产过剩和商品供过于求的现象，从而市场竞争加剧，产品销售取代产品生产而成为企业经营中的首要问题。此时，生产能力已增长到使大多数卖方市场成为买方市场。目前，我国推销观念泛滥一时。潜在的顾客受到电视广告、报刊广告、DM、推销访问等的围攻，到处都有人试图推销某种东西给他。这反而招致顾客的反感和抵触，使推销活动往往事倍功半——推销也就进入了“怪圈”。例如，汽车推销员的“推销术”则是顾客到汽车样车陈列室，推销员就对顾客作心理分析。如：顾客对正在展销的样车产生兴趣，推销员就会告诉顾客已经有人想购买它了，促使顾客立即作出购买决策。如果顾客认为价格太高，推销员就揭底请示经理可否降价，顾客等了10分钟后，推销员告诉顾客“老板本不想降价，但我已说服他同意了”。

营销实践

雪佛莱和奥兹莫比尔的买一送一

美国的雪佛莱和奥兹莫比尔汽车厂的生意面临巨大的难题。它积压了一批“托罗纳多”牌轿车，型号是1986年的，由于未能及时脱手，导致资金不能回笼。仓租利息负担沉重，使工厂面临要倒闭的局面。该厂的总裁对本厂经营和生产进行了反思，总结出自己企业经营失败的原因是推销方式不灵活，他针对全企业存在的问题，对竞争者及其他商品的推销术进行了认真的比较，最后设计了一种大胆的推销方式“买一送一”。决定在全国主要报刊刊登特别广告：谁买一辆“托罗纳多”牌轿车，就可以免费获得一辆“南方”牌轿车。买一送一的做法由来已久，但一般的做法是免费赠送一些小额的商品。如买录像机，送一盒录像带等，这种施以顾客一点小恩惠的推销方式开始还起到很大的促销作用，但后来慢慢不大起作用了。在美国这个社会，商业广告充斥每个角落，报纸、书刊、电视、电台、橱窗、路边、房顶等地五花八门的广告比比皆是。推销商品方法之多，范围之广，已使人有点视而不见了。雪佛莱和奥兹莫比尔汽车采用买一辆汽车赠送一辆汽车的超群出众的方法，一鸣惊人，使许多对广告习以为常的人也刮目相看，并相互转告。许多人看了广告以后，不辞远途而来看个究竟。该厂的经销部原来是门可罗雀，一下子变得门庭若市了。

一些无人问津的积压轿车果真以15000美元一辆被人买走，该厂也一一兑现广告的承诺。凡是购买一辆“托罗纳多”牌轿车者，则免费赠送一辆崭新的“南方”牌轿车。如买主不要赠送的轿车，可给4000美元的回扣。雪佛莱和奥兹莫比尔汽车厂实施的这一招，虽然致使每辆轿车少收入约5000美元，但却使积压的轿车一售而空。事实上，这些轿车如果积压一年卖不出去，每辆轿车损失的利息和仓租、保养费也接近这个数了。

更应该看到，这一举动给工厂带来了源源不断的生意，它不但使“托罗纳多”牌轿车提高了知名度，增加了市场占有率，同时也推出可了一个新牌子——南方牌。这种低档轿车开始以“赠品”作为托罗纳多牌轿车的陪嫁，随着赠送的增多，它慢慢也有名气了。许多低收入阶层的人前来购买它。这样，雪佛莱和奥兹莫比尔汽车厂起死回生了。

资料来源：李晨耘．市场营销学实用教程［M］．北京：北京大学出版社，2012：238-239.

（四）市场营销观念（Marketing Concept）

市场营销观念认为：要达到企业目标，关键在于断定目标市场的需要，并且比竞争者更有效地满足顾客的需求。消费者需要什么产品，企业就应当生产和销售什么产品，换言之就是：能卖什么，就生产什么。与前三种观念最大的区别在于：前者以卖方需要为中心，而营销观念则以买方需要为中心；推销是卖方满脑子要把产品换成现金的需要，而营销则是通过帮助消费者满足其需要而获得应有的报酬。

市场营销观念产生于第二次世界大战以后，随着科学技术的高速度发展和各主要资本主义国家庞大的军事工业转产民用产品，促使生产效率进一步提高，生产规模继续扩大，社会产品供应量剧增，品种花色日新月异；各资本主义国家普遍实行了高工资、高福利和高消费政策，刺激和促进了消费者购买力大幅度的提高，使消费者需求和欲望不断地发生变化，迅速由原来的卖方市场转变为以购买者为主导的买方市场。市场营销观念的特征是以销定产，以顾客需求为导向的理念，分市场营销观、社会市场营销观和大市场营销观。

市场营销观念以顾客需求为导向，通过整体营销手段使顾客满意，从而实现企业长远利益。表现为“顾客需要什么就生产什么”、“顾客就是上帝”等。营销人要做的不是为自己的产品寻找顾客，而是为顾客寻找适当的产品。

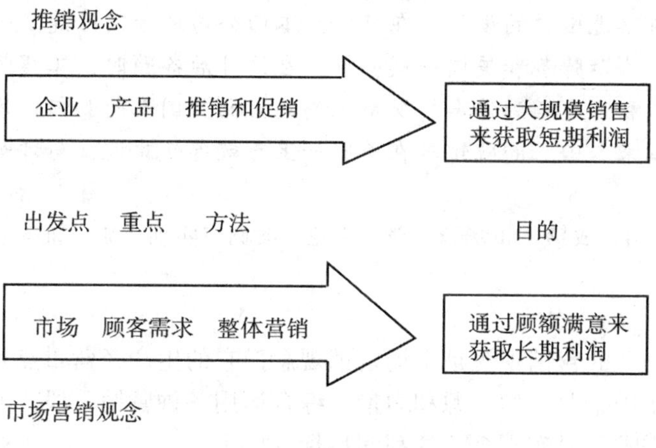

图 1-3　推销观念与市场营销观念的对比

从图 1-3 中，我们发现，推销观念以一种从内向外的视角，以公司的现有产品为中心，并且需要用大量的推销和促销活动。它致力于征服顾客——赢得短期销售而不关心顾客需求。所以，推销观念本质是生产者主权论为导向，而市场营销观念采用的是由外而内的视角。这种观念致力于满足顾客的需要作为获利的途径。日本电通的调查发现：20世纪五六十年代，10个消费者只有一种声音；七八十年代，10个消费者有10种声音；九十年代以后，1个消费者有10种声音。因此，市场营销观念以顾客需要和欲望为导向，是消费者主权论在企业营销管理中的体现。推销观念和营销观念的关系就在于：推销只是营销的一部分，营销的目的就是要使推销成为多余。推销要变得有效，必须以其他营销功能作为前提。

在互联网经济时代，消费者比以往具有更大的权力和更多的选择，竞争迫使企业转向以顾客为中心的新思维方式。推动市场的将不再是制造商决定生产什么和销售什么，而是消费者想买什么。企业必须随时听取顾客意见，向顾客提供个人化产品和个人化销售。告诉我你想要什么，我就会提供什么，顾客忠于的就是这种公司。而营销观念不再是以卖主需要为出发点，而是关注消费者多样化的需要和欲望，使顾客得到满足。

营销实践

本田公司的市场营销观念

2012年初中国汽车工业协会正式发布2011年汽车产销数据，结果显示2011年广汽本条第八代雅阁累计销量达到160735辆，这是第八代雅阁自2008年上市以来连续四年领跑中国国内中高级轿车市场。雅阁汽车在动力、操控、燃油经济性和服务等方面赢得了顾客的认可，其实这正是本田公司市场营销理论的具体实施。20世纪70年代，日本的本田公司准备针对美国市场推出一款"雅阁牌"轿车。在设计这款轿车时，本田公司派工程人员到洛杉矶地区考察高速公路的情况，实地丈量路长、路宽，采集高速公路的柏油，拍摄道路进出口的设计。在日本，本田公司还专门修建了一条9英里长的高速公路，连路标、告示牌都和美国一模一样。在设计后备箱时，工程师们意见分歧，于是本田公司就派工程师专程到停车场观察人高马大的美国人是如何使用后备箱的，意见很快就统一了。结果本田雅阁牌轿车在美国一上市就备受欢迎，好评如潮。

资料来源：袁连升，成颖．市场营销学：理论、案例与实训［M］．北京：北京大学出版社，2012：11.

显然：本田公司的营销观念是市场营销观念。它的生产经营重点是以消费者需求为中心和出发点，集中企业一切资源和力量，综合运用各种营销手段，通过千方百计地适应和满足消费者需求，以实现企业的利润目标。

（五）社会营销观念（Societal Marketing Concept）

社会营销观念是营销观念的发展和延伸，强调企业向市场提供的产品和劳务，以维护和促进全社会的利益与发展为最高目标，不仅满足消费者个别的眼前需要，而且要符合消费者总体和整个社会的长远利益。企业要正确处理消费者欲望、企业利润和社会整体利益之间的矛盾，统筹兼顾，求得三者之间的平衡与协调。

针对20世纪70年代西方发达国家出现能源短缺、通货膨胀、失业增加、环境污染、消费者保护运动盛行等而对市场营销观的修改和补充。当今，“环境经营”决定企业的竞争力。环保工作已经与财务能力、产品开发能力、市场活动能力并列，成为企业的竞争力之一，在竞争日趋激烈的时代，在环境问题上疏忽大意可能给企业经营带来致命伤。有许多企业积极宣传自己在环保方面的工作，他们大多有了《环境报告书》。如果造成环境污染，将失去消费者的信任，企业形象也将会受损，相反，环境意识强的企业正获得消费者的大力支持，“便宜”并不是消费者唯一的选择。从长远观点来看，忽视环境问题的企业最终很可能被淘汰，如果削减环保成本，也许会在眼前的竞争或局部竞争中偶然获胜，但是如果因疏于采取环境措施而出现问题，将会付出沉重代价。背负这个代价的将是公司下一代员工，是下一代生活在地球上的人们。

例如，汉堡包快餐行业提供了美味可口的食品，但却受到了批评。原因是快餐食品虽然可口却没有营养。汉堡包脂肪含量太高，餐馆出售的油煎食品和肉馅饼都被反映含有过多的淀粉和脂肪。出售时采用方便包装，导致了过多的包装废弃物。在满足消费者需求方面，这些餐馆可能损害了消费者的健康，同时污染了环境。因为它一味迎合消费者，却忽略了消费者和社会的长远利益。

营销实践

贝因美的成功转型

时至今日，三聚氰胺事件对国内乳业市场的影响仍在延续。在婴幼儿配方奶粉市场，外资品牌几乎一统江山，本土品牌的市场占有率和话语权日渐式微，加上成千上万的杂牌以劣质、低价的产品冲击市场，让本土知名品牌集体陷入价格战的泥淖不能自拔。

从消费者层面来看，早几年国产奶粉频发质量问题，使消费者闻“国产”就避而远之，以此引发的市场连锁反应让本土国产品牌陷入销售困境，企业的营销和经营成本进一步加大。市场也快速裂变，外资品牌被疯狂追捧，众多国产大牌在国内市场上的表现都颇为尴尬。消费者“崇洋”之风愈演愈烈、国内大牌乳企发展深陷窘境、杂牌毫无底线的市场打劫，都在摧毁着一个民族的未来，一个产业的未来。规范市场行为、治理虚假宣传等乱象已经迫在眉睫，国家食品药品监督管理总局于2016年10月1日正式实施了《婴幼儿配方乳粉产品配方注册管理办法》。被国人称为“史上最严”新政的实施，彰显了国家要彻底规范婴幼儿配方奶粉市场的决心，希图通过最严格的标准来升级产业和产品，以扭转消费者对国产奶粉的固有认知，打破市场僵局。

一、新政落地，到底能给国产奶粉市场带来什么？

消费者拒绝购买国产婴幼儿奶粉的理由是因为不安全，他们对国产奶粉的安全性持有着长期质疑和整体的不信任，让扎根配方奶粉市场多年的本土乳企大牌们举步维艰。与此形成鲜明对比的是，洋品牌在国内市场被消费者疯狂吹捧，连众多贴牌产品的销量都能实现爆发式的增长。

在新政实施的近一年里，国产婴幼儿配方奶粉市场简直是“混乱不堪”。那些无望的小品牌以杂乱的产品和毫无底线的价格战疯狂冲击市场，进一步加剧了消费者对国产奶粉品牌的不信任。国产奶粉品牌受制于经营压力，被迫加入价格战，一时狼烟四起，消费者被乱战打了个措手不及。市场的调整都有一个漫长的过渡期，利益的重新分配导致市场混乱。新政之下，大量的小品牌被扫地出门，战场的硝烟开始向各大知名品牌聚集。国家的力量体现得淋漓尽致，从上而下的政策高压线，重新规整了国产配方奶粉市场的行业次序，为即将到来的行业新机遇做了良好的铺垫。

2017年8月3日晚，众多大牌乳企期盼近一年的新政正式落地！首批注册奶粉名单公布于众，终于为消费者点亮了明灯。消费者再也不用为采购本土奶粉品牌而犹豫不决，只需要按照名单公布的配方品牌进行选购就可购买到高品质的放心奶粉。重要的是，新政落地的信息会通过各大品牌后期的传播向大众广而告之，消费者对本土品牌的信心将得到提升，掀起新一轮本土品牌的消费热潮只是时间问题。因为，新政的颁布，将让消费者感知以下几个层面的信息：杂牌少了、品类少了，新政对国内生产与进口产品实施统一的注册管理也将让消费者更加客观地认识国内外产品情况，选购配方注册制奶粉成为第一选择。

新政落地的威力将逐步得以释放，行业的竞争环境和格局也将进一步发生变化，市场会进一步净化，行业向寡头集中，大品牌的市场份额将随着中小品牌的逐步退出而进一步扩大。这对整个婴幼儿奶粉市场的影响是深远的。通过重整行业格局和次序提升行业信任度是本次新政的核心之一。特别是在外资品牌基本占据了整个主流市场的环境下，让本土乳企重拾行业信心的重要性是不言而喻的。古人有云：守正出奇。对于企业而言，最基本的是守正，只有做到守正才能在市场上做到出其不意的制胜。

二、拔得头筹的22家乳企品牌中，贝因美为何能在市场上脱颖而出？

在8月3日国家食品药品监督管理总局公布的首批婴幼儿乳粉配方注册申请获准名单中，有22家企业的89个配方获得批准，其中贝因美一家就有12个配方获得批准，堪称大赢家。此外，伊利、蒙牛、雀巢、雅培等中外乳企皆获得数量不一的配方批准。曾有媒体这样报道贝因美：作为第一批提交配方注册申请的企业，光申报材料的重量就高达273公斤。从此细节可以看出，贝因美从战略上高度重视，准备充分，实力落地，拿下奶粉新政头注，亦是实至名归。

另一个值得称道的地方在于，首批获批的品牌中不少企业的生产和质量标准都远高于国际的注册标准，以高标准来落实国家安全奶粉的意志，不但体现了本土品牌在奶粉品质上的决心，而且展现了本土品牌强大的责任心。贝因美是典型的例子，它拥有独立的研究院，三大基础研究模块，13大技术领域，涵盖了母婴营养从源头到产品化的全线研究，在产品研发和产品质量水准和口感上都达到了国际一流品质。配方注册制审评的核心指标是科研能力，贝因美更是以优异的成绩单践行了国际品质、华人配方的品牌价值。

此外，贝因美拥有在行业内领先的“智”造技术，在全球布局八大现代化工厂，产能可达30万吨。为了产品安全，贝因美采用MES全程追溯系统，从原辅料来源、进货、生产、检验到销售，只要扫描二维码，就能准确查询到奶粉的产品检测报告。强大的综合实力是贝因美重塑辉煌的基点，而新政实施近一年期间已有逾百个品牌被淘汰，低劣产能被大幅削减，再加上首批名单的公布，贝因美等大企业建立的全流程产品追溯体系将为消费者建立起全面安全保障，中国奶粉市场必将迎来一股强大的消费热潮。不难想象，拥有良好的市场口碑，领先的产能和技术基础的贝因美，将在新一轮的市场热潮中备受消费者青睐。

资料来源：http：//www. cmmo. cn/article-206951-1. html。

二、市场营销观念的新趋势

（一）大市场营销观念（Mega Marketing）

20 世纪 80 年代以来，经济发达国家生产过剩，但是市场有限，同时市场竞争日益激烈，世界上许多国家的政府干预加强，贸易保护主义抬头，为了保护本国的工业，各国都采取了一系列关税和非关税贸易壁垒，在这种封闭型或保护型的市场上，已经存在的参与者和批准者往往会设置种种障碍，使得那些能够提供类似产品，甚至能够提供更好的产品和服务的企业难以进入市场，无法开展经营服务。在这样的背景下，针对实行贸易保护条件下企业的市场营销策略组合，菲利普·科特勒于 1984 年提出了“大市场营销”这种新的观念和新的战略思想。

所谓“大市场营销观念”，是指在实行贸易保护的条件下，企业的市场营销战略除了 4Ps 之外还必须加上 2Ps，即“政治力量”（Public Relation）和“公共关系”（Political Power）。这种战略思想被称之为“大市场营销”。菲利普·科特勒给“大市场营销”下的定义为：企业为了成功地进入特定市场或者在特定市场经营，应用经济的、心理的、政治的和公共关系技能，赢得若干参与者的合作。

（二）大市场营销观念与市场营销观念的比较

从前面大市场营销观念的解释，我们看到，“大市场营销”与“市场营销观念”和传统的市场营销基本理论有所不同。这种不同主要表现在以下三个方面：

（1）企业市场营销管理与企业外部经营环境的关系有所不同。过去一直认为，企业要善于安排市场营销组合，使企业的市场营销管理决策与企业外部不可控制的环境因素相适应，这是企业能否成功、能否生存和发展的关键。“大市场营销”则认为，企业可以影响其周围的经营环境，而不是仅仅顺从和适应它。

（2）企业的市场营销目标有所不同。在市场营销观念指导下，企业的市场营销目标是：千方百计地发展和满足目标顾客的需要。在“大市场营销”指导下，企业的市场营销目标是：为了满足目标顾客的需要，采取一切手段，打开和进入某一市场，或者改造、改变目标顾客的需要。

（3）市场营销手段有所不同。在市场营销观念指导下，企业集中一切资源、力量，适当安排 4Ps，采取这些市场营销手段来满足目标顾客的需要，而在“大市场营销”指导下，企业要用 6Ps 来打开和进入某一市场，创造或改变目标顾客的需要。

营销实践

可口可乐与百事可乐进入印度市场的营销策略

20世纪70年代后期，世界著名的两大饮料公司可口可乐和百事可乐，先后去敲印度市场的大门。开始，印度政府拒绝了两大公司进入印度的要求，意欲保护本国的饮料工业，之后又提出必须接受政府的一些条件，诸如规定产品出口份额等。两大公司辗转全球，生意十分兴盛，自然不愿接受印度政府的附加条件，于是掉头就走，无心商讨，给印度政府留下了骄横专断、不可一世、不愿真心帮助印度富强的极坏印象。

请问两大公司是否会放弃印度市场，为什么？

来看看百事可乐公司的营销策略：

百事为了进入印度市场，决心一改过去那些令人不快的形象，并向印度政府提出三点保证，要求政府提供进入的机会。第一，百事可乐公司在印度开分厂也好，建立合资企业也好，保证就地取材，以扶助当地农副产品生产，按计划，百事可乐公司将消费掉印度某地生产的全部水果和四分之一的蔬菜。第二，百事可乐公司还向印度政府保证，工厂开业将全部雇佣当地的工人或农民。工厂规模越大，提供的就业机会就越大。第三，成品的外销比例是印度政府最为关心的问题，百事可乐想其所想，主动提出食品加工厂50%的产品将出口外销，其中还包括价值数百万美元的炸土豆片。因此，百事公司成功地进入印度市场。

资料来源：http：//www.795.com.cn/wz/96013.html。

知识拓展

营销管理理论PS框架的形成与发展

一、第一代营销模式：短缺经济时代的4P营销组合论

（一）麦卡锡的4PS理论——营销管理的基本框架及批判

麦卡锡（McCarthy）于1960年在其《基础营销》（*Basic Marketing*）一书中将这些要素一般地概括为4类：产品（Product）、价格（Price）、渠道（Place）、促销（Promotion），即著名的4Ps。这一理论认为，如果一个营销组合中包括合适的产品，合适的价格，合适的分销策略和合适的促销策略，那么这将是一个成功的营销组合，企业的营销目标也可以藉以实现。

（二）6PS理论——营销理论框架的拓展

科特勒于1986年在传统4PS的基础上，又加上了两个一般的P：政治权力（Political Power）和公共关系（Public Relation）。

（三）11PS理论——完整的营销管理理论框架

为了更好地满足消费者的需要，并取得最佳的营销效益，营销人员必须精通产品（Product）、分销渠道（Place）、价格（Price）和促销（Promotion）四种营销战术；为

了做到这一点，营销人员必须事先做好探查（Probing）、划分（Partitioning）、优先（Prioritizing）和定位（Positioning）四种营销战略；同时还要求营销人员必须具备灵活运用公共关系（Public Relations）和政治权力（Politics Power）两种营销技巧的能力。这就是科特勒的10Ps理论。

同时，科特勒又重申了营销活动中“人（People）”的重要作用，认为这或许是所有“P”中最基本和最重要的一个。

二、第二代营销模式：饱和经济时代4C营销组合论

“二战”之后，买方市场取代卖方市场，企业开始把顾客的需要作为企业活动的轴心和企业计划的出发点。企业营销的目标和重点定位于消费者所需要的又能发挥自己优势的产品。在此背景下，以舒尔茨教授为首的营销学者从顾客的角度提出了新的营销观念和理论，即“4C”组合理论，包括Customer（顾客的需求和期望）、Cost（顾客的费用）、Convenience（顾客购买的方便性）以及Communication（顾客与企业的沟通）。

“4C”包括以下具体内涵：

（1）忘掉产品，记住顾客的需求与期望。首先要了解、研究、分析消费者的需要与欲求，而不是先考虑企业能生产什么产品。

（2）忘掉价格，记住成本与顾客费用。首先了解消费者满足需要与欲望愿意付出多少钱（成本），而不是先给产品定价，即向消费者要多少钱。

（3）忘掉地点，记住方便顾客。首先考虑购物等交易过程如何给客户方便，而不是先考虑销售渠道的选择和策略。

（4）忘掉促销，记住顾客沟通。以消费者为中心实施营销沟通是十分重要的，通过互动、沟通等方式将企业内外营销不断进行整合，把顾客和企业双方的利益无形地整合在一起。

三、关系营销的最新发展4RS理论——营销理论的新发展及与PS理论的整合

20世纪90年代，美国学者DonE. Schultz将关系营销思想简单总结为4RS，从而阐述了一个全新的营销四要素：

（1）Relevancy：与顾客建立关联；

（2）Respond：提高市场反应速度；

（3）Relation：关系营销越来越重要；

（4）Return：回报是营销的源泉。

思考题：

1. 定义营销并讨论其是如何超过“讲述和销售”的。

2. 什么是市场营销学的核心概念？为什么把需求与欲望区分开来，二者对营销者很重要吗？

3. 营销观念与推销观念的区别何在？营销观念和社会营销观念的区别何在？

4. 是不是所有企业都需要市场营销观念？你能举出不需要营销观念的企业的例子吗？

5. 好酒不怕巷子深、皇帝的女儿不愁嫁分别属于哪种营销观念？

课后案例

TCL的营销管理哲学

2014年TCL多媒体斥资1.2亿港元，收购三洋墨西哥彩电工厂相关资产，"收复"美洲市场。与此同时，三洋在未来4年内向TCL多媒体采购一定数量的电视机，这意味着三洋彩电业务正在"去制造化"。双方于2014年3月31日签订资产收购协议，TCL多媒体付出总代价为1522万美元，其中1327万美元用于收购三洋墨西哥彩电工厂的土地、厂房和设备；195万美元用于收购三洋墨西哥公司90%的股权。

2014年10月22日，第20届"中国最具价值品牌"百强榜在北京揭晓。TCL集团以品牌价值668.59亿元，继续稳居中国百强品牌第六位，并连续9年蝉联中国电视机制造业第一名。经过33年的发展，历经三次转型，2014年，TCL集团成功实现营业收入超千亿，晋级成为全球千亿俱乐部的一员。

TCL的经营理念包括两个核心观念和四个支持性观念。两个核心观念是：

1. 为顾客创造价值的观念。他们认为，顾客（消费者）就是市场，只有为顾客创造价值，赢得顾客的信赖和拥戴，企业才有生存和发展的空间。为此，公司明确提出"为顾客创造价值，为员工创造机会，为社会创造效益"的宗旨，将顾客利益摆在首位。每上一个项目，都要求准确把握消费者需求特征及其变化趋势，紧紧抓住四个环节：不断推出适合顾客需要的新款式产品；严格为顾客把好每个部件、每种产品的质量关；建立覆盖全国市场的销售服务网络，为顾客提供产品终身保修；坚持薄利多销，让利于消费者。

2. 不断变革，创新的观念。他们认为，市场永远在变化，市场面前人人平等，唯有不断变革经营、创新管理、革新技术的企业，了解在竞争中发展壮大。为此，他们根据市场变化不断调整企业的发展战略和产品质量与服务标准，改革经营体制，提高管理水平。近几年来，集团除推出TCL致福电脑、手提电话机、锂系列电池、健康型洗衣机和环保型电冰箱等新产品外，对电视机、电话机等老产品每年也有各近20种不同型号新产品投放市场，并几乎都受到青睐。

在具体的营销管理工作中，集团重点培育和贯彻了四项支持性观念：

1. 品牌形象观念。将品牌视之为企业的形象和旗帜，也是为消费者服务和质量的象征。花大力气创品牌、保品牌，不断使品牌资产增值。

2. 先进质量观念。以追求世界先进水平为目标，实施产品、工艺、技术和管理高水平综合的全面质量管理，保证消费者利益。

3. 捕捉商机贵在神速的观念。他们认为，挑战在市场，商机也在市场，谁及时发现并迅速捕捉了它，谁比竞争对手更好地满足消费者需要，谁就拥有发展的先机。

4. 低成本扩张观念。认为在现阶段我国家电领域生产能力严重过剩。有条件实行兼并的情况下，企业应以低成本兼并扩大规模，为薄利多销奠定坚实基础。

TCL集团在上述观念指导下，建立了统一协调、集中高效的领导体制，自主经营、权责一致的产权机制，灵活机动、以一当十的资本营运机制，举贤任能、用人所长的用人机制，统筹运作、快速周转的资金调度机制。依据目标市场的要求，TCL 投入上亿元资金，由近千名科技人员建立了三个层次（TCL 中央研究院、数字技术研究开发中心、基层企业生产技术部）的战略与技术创新体系，增强自有核心技术研究开发能力，以此强占制高点，拓展新产品领域。集团在国内建立了 7 个大区销售中心、31 家营销分公司、121 家经营部和 1000 多家特约销售商，覆盖了除西藏、台湾之外的所有省份，并在俄罗斯、新加坡、越南等国家建立了销售网络。

资料来源：吴建安等．市场营销学［M］. 北京：清华大学出版社，2015：36-38.

讨论题：

1. TCL 集团是如何处理顾客、企业和社会三者之间的利益关系的？

2. 分析 TCL 集团秉持的是何种营销观念及其经营理念？

3. TCL 的经营理念是否适应我国当代市场环境的要求？试评价这种观念对企业成长的作用。

课后实践

1. 目的

理解市场营销观念对企业发展的重要性。

2. 任务

调查分析你所处地区的医院（如民营医院、公立医院、大型三级医院、小型社区医院、综合医院、专科医院）采取的是哪种类别的营销观念？

3. 内容与步骤

（1）建立学习小组（5—6 人为宜），并选出小组组长，由组长带领其他同学共同完成课外作业。

（2）以小组为单位，整理、调查某一所医院，认真讨论该企业的营销观念属于什么类型及其对企业的发展的影响，写出书面报告及制作 PPT。

（3）各小组依次推选出发言人就本小组收集的资料和讨论情况在课堂上进行陈述，同时鼓励其他小组成员进行提问，并作出回答。

第二篇　战略分析篇

第二章　市场营销战略分析

☞【学习目标】

1. 定义营销战略并描述其特征。
2. 认知新时代背景下的市场营销战略。
3. 解释市场营销战略的四个步骤。
4. 掌握市场营销竞争战略的内涵。
5. 掌握并综合运用三种基本的市场营销战略的类型。
6. 区别市场主导者、市场挑战者、市场跟随者和市场补缺者竞争战略。

☞【核心概念】

战略；市场营销战略；企业营销战略规划；企业营销计划；市场营销竞争战略；总成本领先战略；差异化战略及集中化战略；市场主导者竞争战略；市场挑战者战略；市场跟随者战略；市场补缺者战略

案例引入

沃尔玛的市场营销战略

在2013年财富世界500强排名中，沃尔玛作为一家商业零售企业，竟然超过了苹果、三星、大众、辉瑞制药等巨型公司排在了第2名的位置，仅次于荷兰皇家壳牌石油公司，实在让人惊叹，沃尔玛到底使用了什么样的营销策略遥遥领先的？企业竞争优势的来源之一是低成本优势。如果企业进行的所有生产经营活动的成本累计低于竞争对手的成本，企业就具有了低成本优势。如果企业的低成本优势对于竞争者而言是难以模仿和复制的，则其低成本优势就会持久。如果企业向买方提供可以接受的价格水平，以使其低成本优势不为售价低于竞争者而抵消，成本优势就会带来超额收益。

沃尔玛正是使用了低成本的竞争策略，从全面成本管理的角度使企业拥有了他人难以复制的低成本的竞争战略。提到沃尔玛，人们就会想到它的商品物美价廉，对顾客的服务优质上乘。沃尔玛始终保持自己的商品售价比其他商店便宜，是在压低进货价格和降低经营成本方面下功夫的结果。沃尔玛直接从生产厂家进货，想尽一切办法把价格压到极限成交。公司纪律严明，监督有力，禁止供应商送礼或请采购员吃饭，以免采购员损公肥私。沃尔玛也把货物的运费和保管费降到最低。公司在全美有16个配货中心，都设在离沃尔玛商场不到一天路程的附近地点。商品购进后直接送到配货中心，再从配货中心由公司专有的集装箱车队运往各地的沃尔玛商场。公司建有最先进的配货和存货系统，公司总部的高性能电脑系统与16个配货中心和1000多家商场的POS终端机互联网，每家商场通过收款机激光扫描售出货物的条形码，将有关信息记载到计算机网络当中。当某一货物库存减少到最低限时，计算机就会向总部发出购进信号，要求总部安排进货。总部寻找到货源，便派离商场最近的配货中心负责运输路线和时间，一切安排有序，有条不紊。商场发出定货信号后36小时内，所需货品就会及时出现在货架上。正是这种高效的商品进、销、存管理，使公司迅速掌握商品进销存情况和市场需求趋势，做到既不积压存货，销售又不断货，加速资金周转，降低了资金成本和仓储成本。

压缩广告费用是沃尔玛保持低成本竞争战略的另一种策略。沃尔玛公司每年只在媒体上做几次广告，大大低于一般的百货公司每年的50—100次的水平。沃尔玛认为，价廉物美的商品就是最好的广告，我们不希望顾客买1美元的东西，就得承担20—30美分的宣传和广告费用，那样对顾客极不公平，顾客也不会对华而不实的商品感兴趣。

沃尔玛也重视对职工勤俭节约的培养。沃尔玛说：“你关心你的同事，他们就会关心你。”员工从进公司的第一天起，就受到“爱公司，如爱家”的店训熏陶。从经理到雇员，都要关心公司的经营状况，勤俭节约，杜绝浪费，从细微做起。这使沃尔玛的商品损耗率只有1%，而全美零售业平均损耗率为2%，从而使沃尔玛大量降低成本。

沃尔玛每周五上午召开经理人员会议，研究商品价格情况。如果有报告说某一商品在其他商场的标价低于沃尔玛，会议可决定降价，保证同种商品在沃尔玛价格最低。

沃尔玛为了进一步建立和保持长久的竞争优势，把“天天平价”和“保证满意”确定为沃尔玛的战略目标，想尽一切办法在每一环节上把成本降至最低，取得了在行业上的成本领先者地位。同时为了满足顾客的需求，不断推出新的服务方式和服务项目，如“山姆会员店”超级购物广场，一站式购物免费停车免费送货等，最终以超一流的服务赢得了顾客的忠诚，取得了在服务方面的歧异性。

反观沃尔玛的竞争对手，如西尔斯、凯马特等大型零售商，他们既不能取得价格方面的优势，在服务方面又远远逊色于沃尔玛，因此处于被迈克尔·波特称为“夹在中间”的尴尬地位，最后只得一步步将市场拱手让给沃尔玛。

资料来源：Diana Lo. 全球最大连锁零售商沃尔玛WAL MART［M］. 上海：上海财经大学出版社，2007.

☞【营销启示】

一个企业如果能够成功地贯彻其中一种基本战略，或者成为产业中的低成本领导者，或者在产品或服务的某些方面取得独树一帜的经营歧异性，或者集中资源在某一特定的细分市场取得成本优势或歧异性，那么它就能获得高于产业平均利润的超额利润。显然沃尔玛能在千变万化的市场营销环境中顺利抓住机遇，并准备实施市场营销战略规划，最终实现企业目标。

第一节　市场营销战略规划

一、市场营销战略概述

市场营销战略是企业实行营销目标的具体手段和措施。其实就是企业根据营销目标，制定几个不同的战略方案，最后选择一个具体可行又科学的方案。每个企业都必须在既定环境、机会和资源的条件下寻找一个最有利自身长期生存和发展的规划。

（一）市场营销战略的概念

战略（Strategy）一词来源于希腊文，原意是“将军的艺术”，现代人意指“领导的艺术”。战略一词也可以把它理解为：为了实现某一目标而设计的重大的、长期的和决定全局的行动方案。

市场营销战略（Marketing Strategy）是指企业在复杂的市场环境中，为实现其经营目标，制定的一定时期内的市场营销总体规划。这种战略的目的在于增加老产品在原有市场上的销售量。即企业在原有产品和市场的基础上，通过提高产品质量、加强广告宣传、增加销售渠道等措施，来保持老用户，争取新用户，逐步扩大产品的销售量，提高原有产品的市场占有率。

市场营销战略作为一种重要战略，其主旨是提高企业营销资源的利用效率，使企业资源的利用效率最大化。由于营销在企业经营中的突出战略地位，使其连同产品战略组合在一起，被称为企业的基本经营战略，对于保证企业总体战略的实施起着关键作用，尤其是对处于竞争激烈的企业，制定营销战略更显得非常迫切和必要。市场营销战略，包括两个主要内容；一是选定目标市场；二是制定市场营销组合策略，以满足目标市场的需要。根据购买对象的不同，将顾客划分为若干种类，以某一类或几类顾客为目标，集中力量满足其需要，这种作法，叫作确定目标市场，这是市场营销首先应当确定的战略决策。目标市场确定以后，就应当针对这一目标市场，制定出各项市场经营策略，以争取这些顾客。

趣味阅读

“猴子和狮子”的故事

猴子和狮子同在一个岛上。狮子想把猴子吃掉，于是猴子爬到树上不下来。过了两天，树上的猴子也饿得不行了，于是猴子说：“与其我们两个都饿着，不如你游到对岸去，那个岛上有很多东西吃。”狮子认为有道理，于是来到了海边，但它发现海水很深，非常危险。于是狮子又回来找到猴子问：“我怎么过去呢？”这时猴子大笑着说：“游到对岸是一个战略问题，而如何游过去是一个战术问题。”

故事的目的是要说明“企业竞争战略”应该是在中长期的目标下的具体的行动方

案，而战略和战术是两回事。

（二）市场营销战略的特征

1. 全局性

市场营销战略规划是以企业全局和营销活动全局的发展规律为研究对象，是为指导整个企业营销总体发展全过程的需要而制定的。它规定的是营销总体活动，追求的是企业营销总体效果，着眼于营销总体的发展。全局性表示营销战略的地位、重要性及范围。

2. 长远性

市场营销战略规划是对企业未来较长一段时间（5 年左右）营销发展和营销活动的谋划，因此，它着眼于未来，谋求企业的长远发展，关注的是企业的长远利益。在分析内外部环境基础上，高瞻远瞩，深谋远虑。长远性是指营销战略目标所需要的时间。

3. 纲领性

市场营销战略规划中的战略目标、战略重点、战略对策等都属于整体性的、方向性的、原则性的和权威性的。营销战略规划是企业领导者对重大营销问题的决定，是企业营销发展过程的指明灯。纲领性是指营销战略的统帅作用。

4. 竞争性

市场营销战略规划具有如何在激烈的市场竞争中与竞争对手抗衡，如何应对各方的冲击压力、威胁和挑战的特性。实际上，制定市场营销战略的目的从根本上说是谋求改变企业“核心”竞争力的力量，在未来市场竞争中占据有利地位，维持或不断壮大自己的实力，保证自身生存和发展。现代的市场竞争越来越激烈，市场营销战略规划在激烈的竞争和严峻的挑战中的作用和意义显得尤为突出，因此，企业必须使自己的营销战略具有竞争性特征，才能在市场上取得一席之位。

5. 应变性

市场营销环境千变万化，战略计划应该可以根据企业内外部环境条件的变动进行调整，以适应环境变化的特征。

6. 稳定性

市场营销战略规划必须具有相对稳定性，才能在企业营销实践中具有指导意义。稳定性并不是完全不可变动，要求企业营销战略规划具有一定弹性，做好应急预案。稳定性是指营销战略必须保持相对稳定，不能朝令夕改。

企业需要细化每个管理层的支持性目标。而营销战略的主要目标是帮助一个公司选择和组织它的业务，使公司健康发展。企业怎样占领市场，战略工作和执行必不可少。一个成功的公司在拥有高绩效业务的情况下应该知道怎样适应不断变化的市场环境并能作出反应。

（三）新时代背景下的营销战略

根据知识经济时代的基本特征，市场营销的基本战略可归结为如下几条：

1. 创新战略

创新是知识经济时代的灵魂。知识经济时代为企业创新提供了极好的外部环境。创新作为企业营销的基本战略，主要包括以下几个方面：

（1）观念创新。知识经济对人类旧的传统观念是一种挑战，也对现代营销观念进行着挑战。为了适应新的经济时代，使创新战略卓有成效，必须树立新观念，即以观念创新为先导，带动其他各项创新齐头并进。首先要正确认识和理解知识的价值。知识不仅是企业不可缺少的资源，也是企业发展的真正动力源。同时，在市场经济条件下，知识本身又是商品，也具有价值。其次，要有强烈的创新意识，自觉地提高创新能力。不创新，只能是山穷水尽，走绝路；创新是提高企业市场营销竞争力最根本最有效的手段。营销创新不是企业个别人的个别行为，而是涉及企业全体员工的有组织的整体活动。

（2）组织创新。组织创新包括企业的组织形式、管理体制、机构设置、规章制度等广泛的内容，它是营销创新战略的保证。这方面要做的工作还十分艰巨，例如，组织形式上，许多企业还没有完成现代公司制的改造，旧的组织形式在某种程度上成为企业创新的缰绊。机构设置的不合理，分工过细，都不利于创新。

（3）技术创新。随着科技进步的加快，新技术不断涌现，技术的寿命期趋于缩短，技术创新是企业营销创新的核心。大中型企业要不断开发新技术，满足顾客的新需求，即使传统产品，也要增加其技术含量。

（4）产品创新。技术创新最后要落实到产品创新上，所以产品创新是关键。由于技术创新频率加快，所以新产品的市场寿命期也越来越短。

（5）市场创新。市场是复杂多变的。消费者未满足的需求是客观存在的。营销者要善于捕捉市场机会，发现消费者新的需求，寻求最佳的目标市场。把全国各地都看成是自己的市场，因而在市场创新中缺乏针对性，导致营销效果和竞争力的降低。在市场创新中，要在科学地细分市场的基础上，从对消费者不同需求的差异中找出创新点，这是至关重要的。

总之，在知识经济时代，创新战略是企业生存发展的生命线。观念创新是先导，组织创新是保证，技术创新是核心，产品创新是关键，市场创新是归宿。

2. 人才战略

创新是知识经济时代的灵魂和核心。创新需要高素质的人才参与才能实现创新。知识经济时代的竞争，其实质是人与人、人的群体与个人高科技知识、智力、智能的竞争；是人的创新能力、应变能力、管理能力与技巧的综合素质的竞争。人才战略主要包括以下几个方面：

（1）人本智源观念。营销者要牢固树立人才本位思想。知识经济时代，知识和能力是主要资源，知识和能力的生命载体是人，有人才，就能发财。北京大学方正集团就是极好的例子。方正资产增长7000倍。方正集团的负责人王选说得好，他们靠的就是解决“才和财”的关系。他们是用才发财，发了财，增长知识再发财。他们把学者的学术抱负和利润追求结合起来，形成了才和财的良性循环，这是一种真正的知识产业，高技术产业。

（2）终身学习观念。由于知识更新节奏的加快，一个大专毕业生工作 5 年后，将有 50%—60%的知识被更新掉。对于个人来说，要树立终身学习观念。对企业来说，要树立全员培训观念。

3. 文化战略

企业文化包括企业经营观念、企业精神、价值观念、行为准则、道德规范、企业形象以及全体员工对企业的责任感、荣誉感等。它不仅是提高企业凝聚力的重要手段，同时，它又以企业精神为核心，把企业成员的思想和行为引导到企业确定的发展目标上来，它又通过对企业所形成的价值观念、行为准则、道德规范等以文字或社会心理方式对企业成员的思想、行为施加影响、控制。价值观是企业文化的基石，许多企业的成功，是由于全体员工能够接受并执行组织的价值观。

知识经济时代企业文化战略的特殊重要性，主要在于知识经济时代所依赖的知识和智慧不同于传统经济所依赖的土地、劳动力与资本等资源。知识和智慧的分享是无法捉摸的活动，上级无法监督，也无法强制，只有员工自愿并采取合作态度，他们才会贡献智慧和知识。

4. 形象战略

在信息爆炸的知识经济时代，产品广告、销售信息等很难引起消费者注意和识别，更谈不上留下什么深刻印象。在此情形下，企业间竞争必然集中到形象竞争上。形象竞争，企业已经在应用，但很多企业并没有予以足够的重视。在知识经济时代，广告宣传也随之进入“印象时代”，企业用各种广告宣传和促销手段，不断提高企业声誉，创立名牌产品，使消费者根据企业的“名声”和“印象”选购产品。正如广告专家大卫·奥格威所说：“广告是对品牌印象的长期投资。”

二、市场营销战略规划的步骤

企业营销管理过程是市场营销管理的内容和程序的体现，是指企业为达成自身的目标辨别、分析、选择和发掘市场营销机会，规划、执行和控制企业营销活动的全过程。企业市场营销管理过程包含着下列四个相互紧密联系的步骤：分析市场机会，选择目标市场，确定市场营销策略，市场营销活动管理。

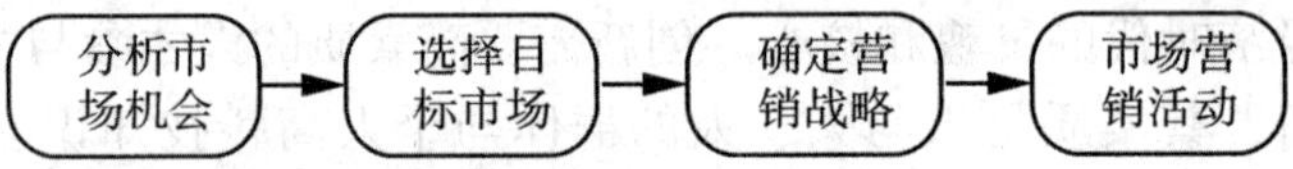

图 2-1　营销战略规划步骤

1. 分析市场机会

在竞争激烈的买方市场，有利可图的营销机会并不多。企业必须对市场结构、消费者、竞争者行为进行调查研究，识别、评价和选择市场机会。企业应该善于通过发现消费者现实的和潜在的需求，寻找各种“环境机会”，即市场机会。而且应当通过对各种“环境机会”的评估，确定本企业最适当的“企业机会”的能力。对企业市场机会的分析、评估，首先是通过有关营销部门对市场结构的分析、消费者行为的认识和对市场营销环境的研究。还需要对企业自身能力、市场竞争地位、企业优势与弱点等进行全面、客观的评价。还要检查市场机会与企业的宗旨、目标与任务的一致性。

2. 选择目标市场

对市场机会进行评估后，对企业要进入的哪个市场或者某个市场的哪个部分，要研究和选择企业目标市场。目标市场的选择是企业营销战略性的策略，是市场营销研究的重要内容。企业首先应该对进入的市场进行细分，分析每个细分市场的特点、需求趋势和竞争状况，并根据本公司优势，选择自己的目标市场。

3. 确定市场营销策略

企业在营销管理过程中，制定企业营销策略是关键环节。企业营销策略的制定体现在市场营销组合的设计上。为了满足目标市场的需要，企业对自身可以控制的各种营销要素如质量、包装、价格、广告、销售渠道等进行优化组合。重点应该考虑产品策略、价格策略、渠道策略和促销策略，即“4Ps”营销组合。

随着市场营销学研究的不断深入，市场营销组合的内容也在发生着变化，从“4Ps”发展为“6Ps”。近年又有人提出了“4Cs”为主要内容的市场营销组合。(此部分在第一章已经列明)

4. 市场营销活动管理

企业营销管理的最后一个程序是对市场营销活动的管理，营销管理离不开营销管理系统的支持。需要以下三个管理系统支持：

(1) 市场营销计划。既要制定较长期战略规划，决定企业的发展方向和目标，又要有具体的市场营销计划，具体实施战略计划目标。

(2) 市场营销组织。营销计划需要有一个强有力的营销组织来执行。根据计划目标，需要组建一个高效的营销组织结构，需要对组织人员实施筛选、培训、激励和评估等一系列管理活动。

(3) 市场营销控制。在营销计划实施过程中，需要控制系统来保证市场营销目标的实施。营销控制主要有企业年度计划控制、企业盈利控制、营销战略控制等。

营销管理的三个系统是相互联系，相互制约的。市场营销计划是营销组织活动的指导，营销组织负责实施营销计划，计划实施需要控制，保证计划得以实现。

三、营销计划

企业营销计划（Marketing Planning）也称营销规划，是指在对企业市场营销环境进行调研分析的基础上，制定企业及各业务单位对营销目标以及实现这一目标所应采取的策略、措施和步骤的明确规定和详细说明。战略规划是企业其他规划的基础。企业通常需要制订年度计划、长期计划和战略规划。年度计划和长期计划通常针对企业现有业务，制订方案使之持续发展。相对来说，战略规划则是在不断变化的环境中对企业进行调整以抓住合适的机会。营销计划是企业的战术计划，营销战略对企业而言是“做正确的事”，而营销计划则是“正确地做事”。在企业的实际经营过程中，营销计划往往碰到无法有效执行的情况，一种情况是营销战略不正确，营销计划只能是“雪上加霜”，加速企业的衰败；另一种情况则是营销计划无法贯彻落实，不能将营销战略转化为有效的战术。营销计划充分发挥作用的基础是正确的战略，一个完美的战略可以不必依靠完美的战术，而从另一个角度看，营销计划的正确执行可以创造完美的战术，而完美的战术则可以弥补战略的欠缺，还能在一定程度上转化为战略。

营销实践

星巴克跨界战略

星巴克在中国市场全新上市的一款麻辣口味咖啡“辣意椒香摩卡”在朋友圈里引来众人的围观和惊叹。

星巴克官方称，辣意椒香摩卡的辣意椒香酱由采自印度椒、新疆甜椒、河北天鹰椒。在口味上，会先有一股香醇的巧克力味充满口腔，随后，辣椒风味会在舌尖蔓延，带来别样的感受。配合这款摩卡，星巴克还推出了一款“红辣黑森林蛋糕”，同样的，在巧克力中混入了辣椒酱，根据星巴克官方的说法，“从味觉到视觉都寓意‘新年红火’”。忍不住好奇尝试过的人中，有的人表示“尚可接受”，更多的人则封其为“黑暗料理”、“老干妈咖啡”。

同时，星巴克与百事可乐公司进行经营策略联盟，百事可乐公司星冰乐是星巴克与百事可乐合作生产的一种咖啡冷饮，百事可乐帮助星巴克进行产品的开发、生产、与市场投放。而百事可乐也利用星巴克在咖啡界的声誉，提高产品形象，双方合作皆能互惠互利。

思考题：星巴克为何要转型？

资料来源：根据网络资料整理。

第二节　市场营销竞争战略

一、什么市场营销竞争战略

市场营销竞争战略（Marketing Competitive Strategy）是企业为了自身的生存和发展，为在竞争中保持或提高其竞争地位和市场竞争力而确定的企业目标以及为实现这一目标而应采取的各项策略的组合。正确的市场竞争战略，是企业实现其市场营销目标的关键。企业要想在激烈的市场竞争中立于不败之地，就必须树立竞争观念，制定正确的市场竞争战略，努力取得竞争的主动权。

市场营销战略，即指企业为适应环境和市场的变化，站在战略的高度，以长远的观点，从全局出发来研究市场营销问题，策划新的整体市场营销活动。它具备以下几个特点：①以创造客户为目的；②立足于市场调研；③是战胜竞争对手的策略组合；④注重监控，持续改进；⑤以结果为导向原则。一个市场营销的总体战略包括指定产品的产品策略、价格策略、分销策略等。但是市场营销战略不是将这些不同领域中各个独立制定的决策累加在一起，正相反，总体战略必须先于并指导具体的产品、价格、分销等策略的制定，这其实需要的是一个逆向的制定过程。如同对一个军事参谋部来说，构思一个整体战略必须先于制订针对步兵、炮兵、装甲兵、空军等个别计划。

营销实践

百度联合 Uber 背后的深度战略合作

2014 年 12 月 17 日中午，百度宣布与美国硅谷创业公司打车应用 Uber 在北京签署战略合作及投资协议，继阿里巴巴、腾讯投资打车软件 1 年多之后，百度终于入局。于是大家纷纷讨论 BAT（百度、阿里巴巴、腾讯）三大互联网巨头在国内打车软件领域开始了“三国杀”。Uber 接受百度的战略投资，双方达成全球范围内的战略合作伙伴关系。百度和 Uber 的模式是一个开创式的创新。这一创新，意味着百度与 Uber 也开启了中美互联网合作新模式：从资本财务投资，转向深度战略合作。据百度方面介绍，百度的多媒体交互、大数据和人工智能技术将融入 Uber 的产品和服务，以扩大 Uber 在中国的市场份额；百度也会利用 Uber 的用户资源和线下服务能力，强化“连接人和服务”的战略，加速其在移动业务的全球布局，加强百度移动的商业化。

在构筑一个互联网生态圈方面，阿里巴巴和腾讯借道快的和滴滴，分别与中国联通、搜狐焦点、中国电信和新浪乐居进行了深度合作，构建全方位的互联网生活服务平台。百度看在眼里急在心上，因此需要加速打造一个互联网终端，而不只是一个格局初定的打车市场，通过 Uber、百度地图及百度搜索客户端，以及各种互联网应用与服务提供商构成消费生态链。甚至可以说，最吸引李彦宏的，不是 Uber 在打车软件领域的国际地位，而是 Uber 以及开始涉足新的服务，包括送花、烤鸡等。这些 O2O 服务领域证书百度的短板和未来的发展方向。

资料来源：孟韬，毕克贵．营销策划——方法、技巧及文案［M］．北京：机械工业出版社，2016：153.

通过这个案例，我们不难看出，市场营销战略的好坏直接影响整个企业的成败，市场营销战略的实施需要企业整体战略的支持，制定一个市场营销战略是一项至关重要的工作，对制定更加有效的企业战略，达到企业生产经营获取最大利润并能持续良性发展有着不可忽略的意义。

二、市场营销竞争战略的类型

企业的市场环境就是竞争空前激烈。如何在竞争中求发展，是每个企业都在思考的课题。根据迈克尔·波特教授的竞争战略理论，企业的利润将取决于：同行业之间的竞争，行业与替代行业的竞争，供应方与客户的讨价还价以及潜在竞争者共同作用的结果。

趣味阅读

迈克尔·波特（Michael Porter）——竞争战略之父

迈克尔·波特（Michael Porter，1947—）他是哈佛商学院的大学教授（大学教授，University Professor，是哈佛大学的最高荣誉，迈克尔·波特是该校历史上第四位获得此项殊荣的教授）。迈克尔·波特在世界管理思想界可谓是“活着的传奇”，他是当今全球第一战略权威，是商业管理界公认的“竞争战略之父”，在2005年世界管理思想家50强排行榜上，他位居第一。他毕业于普林斯顿大学，后获哈佛大学商学院企业经济学博士学位。他拥有瑞典、荷兰、法国等国大学的8个名誉博士学位。

资料来源：吴建安等．市场营销学［M］．北京：清华大学出版社，2015：94.

（一）基本的市场营销竞争战略

竞争战略就是一个企业在同一使用价值的竞争上采取进攻或防守行为。流行的战略是降价，既打到对方，也损害自己，形成负效应，进入恶性循环。正确的竞争战略为：成本领先战略、差异化战略及集中化战略。

1. 成本领先战略

成本领先战略（Overall Cost Leadership）是指通过有效途径，使企业的全部成本低于竞争对手的成本，以获得同行业水平以上的利润。在20世纪70年代，随着经验曲线的普及，这种战略已经逐步成为企业共同采用的战略。实现成本领先战略需要有一整套具体政策，即要有高效率的设备，积极降低经验成本，紧缩成本和控制间接费用以及降低研究开发、服务、销售、广告等方面的成本。要达到这些目的，必须在成本控制上进行大量的管理工作，即不能忽视质量、服务及其他一些领域工作，尤其要重视与竞争对手有关的低成本的任务。

这种战略就是最大努力降低成本，通过低成本降低商品价格，维持竞争优势。要做到成本领先，就必须在管理方面对成本严格控制，尽可能将降低费用的指标落实在人头上，处于低成本地位的公司可以获得高于产业平均水平的利润。在与竞争对手进行竞争时，由于你的成本低，对手已没有利润可图时，你还可以获得利润。你主动，你就是胜利者。

（1）成本领先战略的类型。

根据企业获得成本优势的方法不同，我们把成本领先战略概括为以下几种主要类型：

①简化产品型成本领先战略。取得低成本最直接的方式就是使产品简单化，即将产品或服务中添加的花样全部取消。因此，仓库型的家具商场、法律咨询服务站、毫无装饰的百货店均能以远远低于同行业企业的成本从事经营。企业的竞争对手由于原有的种

种为顾客所熟知的无法取消的服务，不得不负担高额费用支出。因此，简化产品而取得的成本可以建立一项企业竞争优势。

②改进设计型成本领先战略。改进产品的设计或构成也能形成成本优势。

③材料节约型成本领先战略。企业如果能够控制原材料来源，实行经济批量采购与保管，并且在设计和生产过程中注意节约原材料，也能降低产品成本，建立不败的优势。

④人工费用降低型成本领先战略。在劳动密集型行业，企业如能获得廉价的劳动力，也能建立不败的成本优势。通过兼并、加强控制等途径，也可以降低各项间接费用，同样能取得成本优势。

⑤生产创新及自动化型成本领先战略。生产过程的创新和自动化可以作为降低成本的重要基础。例如，美国内陆钢铁公司的产品市场占有率不高，但通过工厂设备的自动化及营销系统的创新，仍能取得成本的优势。

(2) 成本领先战略的优点。

只要成本低，企业尽管面临着强大的竞争力量，仍可以在本行业中获得竞争优势。这是因为与竞争对手的斗争中，企业由于处于低成本地位，具有进行价格战的良好条件，即使竞争对手在竞争中处于不能获得利润、只能保本的情况下，本企业仍可获益。面对强有力的购买者要求降低产品价格的压力，处于低成本地位上的企业仍可以有较好的收益。或者，在争取供应商的斗争中，由于企业的低成本，相对于竞争对手具有较大的对原材料、零部件价格上涨的承受能力，能够在较大的边际利润范围内承受各种不稳定经济因素所带来的影响；同时，由于低成本企业对原材料或零部件的需求量大，因而为获得廉价的原材料或零部件提供了可能，也便于和供应商建立稳定的协作关系。最后，在与替代品的斗争中，低成本企业可用削弱价格的办法稳定现有顾客的需求，使之不被替代产品所替代。当然，如果企业要较长时间地巩固现有竞争地位，还必须在产品及市场上有所创新。

(3) 成本领先战略的缺点。

企业实行这种策略时，必须具备先进的生产设备，才能高效率地进行生产，以保持较高的劳动生产率，同时，在进攻型定价以及为提高市场占有率而形成的投产亏损等方面也需进行大量的预先投资。其次，技术变革会导致生产过程工艺和技术的突破，使企业过去大量投资和由此产生的高效率一下子丧失优势，并给竞争对手造成以更低成本进入的机会。将过多的注意力集中在生产成本上，可能导致企业忽视顾客需求特性和需求趋势的变化，忽视顾客对产品差异的兴趣。最后，由于企业集中大量投资于现有技术及现有设备，提高了退出障碍，因而对新技术的采用以及技术创新反应迟钝甚至采取排斥态度。

2. 差异化战略

所谓差异化战略又称别具一格战略（Differentiation），是指公司提供的产品或服务别具一格，或功能多，或款式新，或更加美观。如果别具一格战略可以实现，它就成为在行业中赢得超常收益的可行战略，因为它能建立起对付五种竞争作用力的防御地位，利用客户对品牌的忠诚而处于竞争优势。这种战略的重点是创造被全行业和顾客都视为独特的产品和服务以及企业形象。实现差异化的途径多种多样，如产品设计、品牌形象、技术特性、销售网络、用户服务等。

（1）差异化战略的特点。

只要条件允许，产品差异是一种可行的战略。企业奉行这种战略可以很好地防御五种竞争力量，获得竞争优势。企业实行差异化战略是利用了顾客对其特色的偏爱和忠诚，由此可以降低对产品价格的敏感性，使企业避开价格竞争，在特定领域形成独家经营的市场，保持领先。顾客对企业（或产品）的忠诚性形成了强有力的进入障碍，进入者要进入该行业则需花很大气力去克服这种忠诚性。由于购买者别无选择，对价格的敏感度又低，企业可以运用产品差异战略来削弱购买者讨价还价的能力。而且，企业具有特色，又赢得了顾客的信任，在特定领域形成独家经营的市场，便可在较量中，比其他同类企业处于更有利的地位。

（2）产品差异化战略的缺点。

保持产品的差异化往往以高成本为代价，因为企业需要进行广泛的研究开发、产品设计、高质量原料和争取顾客支持等工作。并非所有的顾客都愿意或能够支付产品差异所形成的较高价格。同时，买主对差异化所支付的额外费用是有一定支付极限的，若超过这一极限，低成本、低价格的企业与高价格差异化产品的企业相比就显示出竞争力。企业要想取得产品差异，有时要放弃获得较高市场占有率的目标，因为它的排他性与高市场占有率是矛盾的。

在同一个市场的演进中，常会出现这两种竞争战略循环变换的现象。一般来讲，为了竞争及生存的需要，企业往往以产品差异化战略打头，使整个市场的需求动向发生变化，随后其他企业纷纷效仿跟进，使差异化产品逐渐丧失了差异化优势，最后变为标准产品，此时企业只有采用成本领先战略，努力降低成本，使产品产量达到规模经济，以提高市场占有率来获得利润。这时市场也发展成熟，企业之间竞争趋于激烈。企业要维持竞争优势，就必须通过新产品开发等突进寻求产品变异化，以开始新一轮战略循环。

3. 集中战略

集中战略（Focus）又称目标集中战略、目标聚集战略、专一化战略，是指企业把经营的重点目标放在某一特定购买者集团，或某种特殊用途的产品，或某一特定地区上，来建立企业的竞争优势及其市场地位。由于资源有限，一个企业很难在其产品市场展开全面的竞争，因而需要抓住一定的重点，以期产生巨大有效的市场力量。此外，一个企业所具备的不败的竞争优势，也只能在产品市场的一定范围内发挥作用。集中战略所依据的前提是，厂商能比正在更广泛地进行竞争的竞争对手更有效或效率更高地为其狭隘的战略目标服务，结果，厂商或由于更好地满足其特定目标的需要而取得产品差异，或在为该目标的服务中降低了成本，或两者兼而有之。尽管集中战略往往采取成本领先和差异化这两种变化形式，但三者之间仍存在区别。后两者的目的都在于达到其全行业范围内的目标，但整个集中战略却是围绕着一个特定目标服务而建立起来的。

具体来说，集中化战略可以分为产品线集中化战略、顾客集中规划战略、地区集中化战略和低占有率集中化战略。

（1）产品线集中化战略。对于产品开发和工艺设备成本偏高的行业，如汽车工业和飞机制造业，通常以产品线的某一部分作为经营重点，这易于凝聚成强大的战斗力，获得竞争优势。

（2）顾客集中化战略。将经营重心放在不同需求的顾客群上，是顾客集中化战略的主要特点。有的厂家以市场中高收入顾客为重点，产品集中供应注重最佳质量，而不计较价格高低的顾客。

（3）地区集中化战略。细分市场可以地区为标准。如果一种产品能够按照特定地区的需要实行重点集中，也能获得竞争优势。此外，在经营地区有限的情况下，建立地区重点集中战略，也易于取得成本优势。

（4）低占有率集中化战略。市场占有率低的部门通常被企业视为“瘦狗”或“金牛”类业务单元。对这些部门，往往采取放弃或彻底整顿的战略，以便提高其市场占有率。市场占有率低的企业如果充分发挥自己的优势，将经营重点对准特定的细分市场，也能建立不败的竞争优势。

知识拓展

苹果公司的波特五力模型分析

● 现有竞争者间的竞争

苹果公司的时间表是严格按照其自身的经营策略和长期目标来制定的，其受市场态势和竞争者状况的影响较轻微，苹果公司总能找到新的市场突破口，掌握主动权，适时推出新产品，占尽市场先机。在电脑硬件方面，主要的竞争对手有惠普、戴尔、联想、宏基等公司；在电脑软件方面，主要有微软、谷歌等公司；在手机方面，有诺基亚、索爱、三星等品牌；在掌上娱乐终端方面，有索尼、爱国者等品牌。对于苹果公司来说，竞争对手逐渐增加，这是一个不好的消息，它们都是实力强大的竞争对手，而且其发展速度都快，占有很大的市场份额，是不容忽视的竞争者。

● 潜在进入者

由于目前市场格局和技术的先进性，进入壁垒很高。资本的需求也很大。且不容易获得技术和专业诀窍。新的进入者对苹果的影响也不至于很大。但政府部门鼓励IT行业的发展，将有更多的电子厂商出现，来瓜分苹果的产品市场，这种时候，苹果的及时跟进显得尤为重要。

● 替代品

对于替代品，苹果不得不面对这方面的影响，作为最先进技术（如芯片、硬件、软件等）的应用者和开发者，苹果有很大的优势。但如果替代品能够提供比现有产品更高的价值比，这将对现有产品构成威胁，基于此，苹果公司应加强对市场的考察和投入。如硬件方面，联想、戴尔等公司都将电脑向薄和轻等方向发展，像联想的乐pad；软件方面，微软一直是苹果公司最大的竞争对手，如它的操作系统；在手机行业，诺基亚的崛起占据了大量的市场份额，它的销售额逐年增长。

● 供应商讨价还价能力

苹果公司主要的特点就是创新。它在加大投入研发的同时，不得不削弱具体部件的生产规模，所以产品的代工厂商的价格谈判会影响到整体产品的价格。然而，苹果产品代工所需的技术含量较低，供应商的变动率大，可供选择的供应商多，而且，在与供应商的关系中，苹果占据绝对主动。苹果在电子行业内是出了名的要求苛刻的客户，由于苹果和乔布斯对于产品品质和保密性的追求，因此为其提供代工服务的各厂商往往为满足这些标准而疲于奔命。例如苹果一直把台湾厂商的利润控制在一个比较低的范围，像鸿海精密公司、富士康等。

● 购买者讨价还价能力

苹果几乎所有产品都基于统一的架构和风格，产品之间不会产生巨大的差别，当用户购买了苹果的一种产品，一般也了解其他的产品，在他们考虑付款购买其他产品之前就已经知道了他们将得到什么样的产品。新产品能够很快地上手，而顾客在购买时犹豫也会更少。这样就较少地出现讨价还价的情况。在全球每一家 Apple Store 开业或新品发布时，都会有那么一群人排队，他们都是为了在第一时间买到苹果的新产品。

资料来源：［美］迈克尔·波特著，陈丽芳译．竞争战略［M］．中信出版集团股份有限公司，2014.

（二）市场地位与竞争战略

现代市场营销理论根据企业在市场上的竞争地位，一般可分为四种类型：市场主导者、市场挑战者、市场跟随者和市场补缺者。

1. 市场主导者竞争战略

市场主导者是指在相关产品的市场上占有率最高的企业。如美国汽车市场的通用公司、电脑软件市场的微软公司、软饮料市场的可口可乐公司以及快餐市场的麦当劳公司，等等。一般来说，大多数行业都有一家企业被认为是市场主导者，它在价格变动、新产品开发、分销渠道的宽度和促销力量等方面处于主宰地位，为同行业者所公认。市场主导者为了维护自己的优势，保住自己的领先地位，通常会想尽办法扩大市场需求量和提高市场占有率。市场需求量扩大将对市场主导者有极大的益处。一般来说，市场主导者可以从三个方面扩大需求量：一是发掘新的使用者；二是开辟产品的新用途；三是增加使用者对产品的使用量。据美国的一项研究资料表明，市场占有率达到50%时企业效益最佳。因此企业应设法提高市场占有率，这是增加收益和提高投资收益的重要途径。但是提高市场占有率应注意几个问题：一是在市场经济比较发达的国家都制定有反垄断法，当企业的市场占有率达到一定数值，形成垄断时，就有可能遭到政府制裁；二是需要计算为提高市场占有率而付出的成本，如果成本高于提高市场占有率后而获得的利润，就得不偿失了。

2. 市场挑战者策略

市场挑战者一般在行业中处于第二或第三的地位，又称为亚公司，这类公司也有一些大公司，如百事可乐、日产、蒙牛等公司，就处于挑战者地位。这类公司可采取下列竞争战略挑战市场主导者，争取市场的主动权。在确定了战略目标和竞争对手之后，还必须运用正确的战术，才能取得最终的胜利。一般来说，有以下几种方法可以运用：

（1）正面进攻。

如果挑战者实力很强，而且在主要产品方面的主要优势已经超过了竞争者，则挑战者可以采取正面进攻，打击对手在市场上的主要力量。比如，竞争者的优势是成本低，因而具有价格优势，而这时挑战者因为已达到了规模生产，而且因为管理水平要高于对手，因而单位产品的成本更为低廉，价格则有可能更具有优势，则挑战者可以同对方打一场价格战。如果挑战者通过仿效和改进之后，产品款式更新颖，性能更卓越，则可以考虑在产品形象上同对方一争高低。如果挑战者在产品方面一切都和竞争对手一样，但挑战者在公关方面比对方强，新闻媒介关系比对方好，则可以考虑打一场公关战或广告战。一般而言，正面进攻可以显示自己的实力和信心；另一方面也易招致人们的反感，而且挑战者采取正面进攻后，往往遭到其他竞争对手的群起攻击。所以，没有绝对把握，不要轻易采用。

（2）侧翼进攻。

侧翼进攻较正面进攻有更多的成功机会。所谓侧翼进攻，就是在市场上找出竞争者尚未得到满足的需求并加以满足，攻击的是敌人的弱点而不是强项。对于大多数企业，这种方法很实用。

（3）包围进攻。

如果挑战者在各项资源方面都占据优势，则可以向对手的所有产品同时发起攻击，一举打垮对手。

3. 市场跟随者战略

市场跟随者与挑战者不同，它不是向市场主导者发动进攻并图谋取而代之，而是跟随在主导者之后自觉地维持共处局面。但是，这不等于说市场跟随者就无所谓战略。每个市场跟随者必须懂得如何保持现有客户，并争取一定数量的新客户；必须设法给自己的目标市场带来某些特有的利益，如地点、服务、融资等；还必须尽力降低成本并保持较高的产品质量和服务质量。一般有下列三种跟随方式：

（1）紧密跟随。

这种方式是在各个子市场和市场营销组合方面，尽可能仿效主导者。这种跟随者有时好像挑战者，但只要它不从根本上侵犯主导者的地位，就不会发生直接冲突，有些甚至被看成是靠拾取主导者残余谋生的寄生者。

（2）距离跟随。

这些跟随者是在主要方面，如目标市场、产品创新、价格水平和分销渠道等方面都追随主导者，但仍与主导者保持若干差异。这种跟随者可通过兼并小企业使自己发展壮大。

（3）选择跟随。

这种跟随者在某些方面紧跟主导者，而在其他方面又自行其是。也就是说，它不是盲目跟随，而是择优跟随，在跟随的同时还发挥自己的独创性，但不进行直接的竞争。这类跟随者之中有些可能发展为挑战者。

4. 市场补缺者战略

市场补缺者是指那些在市场上处于势单力薄地位的小企业，它就像小船难以在大海中远行一样，很难在大市场上维持长久。

营销实践

2000年中国保暖内衣行业扫描

1996年俞兆林发明了导湿保暖复合绒并将其用于内衣中制造出保暖内衣，保暖内衣开始进入市场。1999年，以俞兆林为代表的保暖内衣销售异常火爆，产品供不应求。2000年销售份额急剧下滑。经验表明：当产品价格超过成本2倍时，就会招引众多逐利者，从而把行业平均利润迅速拉到合理水平。2000年秋天，市场上保暖内衣售价一般在250元上下，有的高达三四百元。据业内人士透露，一件保暖内衣的成本不过四五十元，但价格却是成本的7—10倍。一件保暖内衣在美国市场的价格也只有20美元左右，中国保暖内衣的价格已经成为全世界最高的。高挺的价格必将吸引众多企业进入保暖内衣行业。据统计，1998年全国保暖内衣生产企业只有10多家，市场销售量300多万套；1999年，生产企业增加到近70家，市场销售量为750万—800万套；2000年，保暖内衣生产企业猛增加到500家，市场销售量为2500万—3000万套。也就是说，尽管保暖内衣市场销售量成倍增长，但远远赶不上进入企业的增长速度，致使生产厂家平均销售量大幅度下降。2000年12月8日，中消协援引有关调查结果向全国宣布：保暖内衣广告宣传"一件保暖内衣相当于两三件羊毛衫"的说法言过其实；"保暖内衣的保暖效果抵不上一件普通三重保暖内衣加一件羊毛衫"；还点名说"俞兆林"、"黑胡子"保暖内衣"透气性最差"。在此背景下，一些保暖内衣生产企业开始想方设法力挽狂澜：有的推行"买一赠一"活动，有的开出"39元一套"、"49元一套"的"跳楼价"；"俞兆林"从当天开始进行为期5天的"俞兆林2000万元谢礼倾情大赠送活动"，实行"买一赠一"；三枪内衣"只要买两套，每套比原来便宜近50元!""宇宙一号"生化保健内衣推出"买一套送一件"活动；"白雪公主"则将298元一套的保健内衣降至198元……

尽管如此，整个行业市场销售的下滑趋势还是不可遏制地继续着，中国保暖内衣生产厂家以后的路子究竟该怎么走，成为了行业发展难题。

资料来源：https：//wenku. baidu. com/view/4ab700da4a7302768f993912. html。

讨论题：

1. 一个企业在进入保暖内衣行业之前究竟应该做哪些方面的分析？
2. 保暖内衣行业先行进入者应采取什么策略？跟随者又应采取什么策略？

思考题：

1. 解释市场营销战略及特征。
2. 描述市场营销战略规划的步骤有哪些？

3. 列举一个实例分析成本领先战略、差异化战略和集中化战略。
4. 分析可口可乐与百事可乐属于哪种竞争类型，为什么？

课后案例

哈根达斯跨界经营要做一杯有感的“好咖啡”

2014年，关于“国际冰淇淋巨头哈根达斯在国际市场大量采购咖啡产品相关材料，立意大举进攻中国咖啡产业”的传闻甚嚣尘上。就像许多消息并非空穴来风，这一次也概无例外：继刚刚宣布为所有来店会员免费提供卡布基诺咖啡之后，哈根达斯又紧锣密鼓地重磅推出融合了哈根达斯经典冰淇淋口味与Illy咖啡的咖啡豆的最新咖啡产品——“彩色拿铁”，正式吹响了进军咖啡产业的号角。记者昨日也从多个消息源获得证实，哈根达斯未来将从产品推新、门店升级、文化倡导等多个抓手推动咖啡事业在中国市场的攻城略地。

尽管已经承认哈根达斯从国际市场采购的大量高档咖啡豆将用于中国市场咖啡产品的量能所需，但对于未来将要采取的战略规划，哈根达斯的回答依然相当谨慎。一位不愿具名的哈根达斯高层表示：“进军咖啡行业，哈根达斯已经酝酿了很多年。我们一直在寻找优秀的合作伙伴、原料及团队，而咖啡的启动也为哈根达斯的业态翻开了崭新的一页。目前，哈根达斯的很多门店都拥有了独立的咖啡柜台、咖啡区域、市场领先的咖啡机、专业的咖啡师培训以及研发团队。未来，我们可能将开出哈根达斯咖啡店，以咖啡作为主打产品，同时有可能将我们的业务延展到更多产品上。”

跨界搅局咖啡业，哈根达斯绝不是先行者。且不说麦当劳、肯德基、85℃这些传统食品企业，就连个别非传统食品企业也将一只脚踏了进来：网游公司边锋已经开出了首家“三国杀”主题咖啡厅；以宣扬公益概念的美国轻便鞋品牌Toms Shoes也宣布成立新公司进军咖啡业。

哈根达斯为什么都要选择咖啡业？中国庞大而又亟待开发的消费市场也许是主因。统计显示，拥有500万人口的芬兰，每年的咖啡消费量为100万包，而拥有13亿人口的中国如今咖啡年消费量仅为20万—40万包。同时，中国潜在的咖啡消费者为2亿—2.5亿人，这已与目前世界第一大咖啡消费国——美国的市场不相上下。虽然目前中国人的咖啡消费量仍然不大，平均每个中国人每年的咖啡消费量仅有4杯，即使是北京、上海、广州这样的大城市，平均每人每年的消费量也仅有20杯，而近邻的日本人年均消费200杯、韩国人年均消费140杯；但增长势头非常可观：中国咖啡消费年增长率为15%，而世界咖啡消费年增长率仅为2%；中国的人均咖啡消费量正以30%的速度逐年递增。

“星巴克为中国的咖啡连锁业奠定了众多标准，让很多人在喝雀巢速溶咖啡基础之上提升了咖啡品位——现磨的咖啡口感更佳，甚至让一些很少接触咖啡的人将‘星冰乐’这种由浓缩咖啡、低脂牛奶、砂糖等混合而成的饮料与咖啡之间画等号。但星巴克的模式也许已经不再具有复制性”，迪欧咖啡前门店长韦仕群说，“因为‘90后’即将作为消费市场的主力群体闪亮登场”。按照节操精选创始人兼CEO陈桦的总结，“90

后”身上具有很多很明显的特点：比如非常有个性，有非常强烈的荷尔蒙、费洛蒙、肾上腺素刺激的社交欲望，有群体的孤独感，等等，而“90后”的最大特点就是“你若端着，我便无感”。“哈根达斯正在努力打造属于‘90后’的咖啡新文化”。哈根达斯高层管理者表示，“哈根达斯被称为‘冰淇淋中的劳斯莱斯’，但如果以这个态度来打造咖啡，‘90后’群体未必会认可。那么‘90后’是什么样一群人？到底喜欢什么？我们也花了相当长时间经过充分地调查论证发现，‘90后’是一个你要端着他们就会无感的群体，他们更热衷呆萌蠢贱爱。所以这一次的哈根达斯也在作勇敢的贴靠：全新系列的咖啡称为特色拿铁咖啡，由于口味丰富，颜色缤纷，‘90后’年轻人喜欢称之为‘彩色拿铁’。其特色在于口味的演绎，第一期的口味是抹茶、香草、巧克力、草莓、夏威夷果仁、特浓咖啡口味等六款，口味多变而且颜色缤纷。这也是用色彩在传达多维的情感。”

这段话好像也是在形容“90后”的色彩人生。“90后”潇洒、心智成熟、考虑别人；他们很清楚自己喜欢什么，不喜欢什么，这跟整个社会、物质发展和精神文化的发展有关系，因为他们的信息获取能力更强。同时他们又是亚文化族群的自我集聚，每一个亚文化的族群都有自己的文化，他们的东西可能外人听不懂，但是用颜色来读懂他们的情感却非常容易。比如失恋时是黑色，热恋时是粉红色，感情浓烈是巧克力色，感情清新是抹茶色……哈根达斯想做的，就是用咖啡来让“90后”来表达自己的情感。

也有已经喝过彩色拿铁的“90后”给出了抢鲜体验的“喝后感”。94年的小王说：“还是蛮新奇的，跟平时喝的咖啡除了颜色鲜艳，口味上也比较独特，后味很浓郁，我很喜欢这个独特的调调儿。”1993年出生的小林则代表了多数女生的感受：“真的是彩色的拿铁咖啡，六种颜色各不相同！最主要那个咖啡杯哈灵，完全透明的杯子映出来咖啡本身的色彩，不喝咖啡端着杯子也很享受。而且外卖杯是分颜色的，不同的咖啡，杯子的颜色也不同。好可爱，不喝咖啡都想带一杯走！”

在咖啡业打造一种新的标准和文化虽然很有气魄，但衡量连锁店强大与否的第一指标仍然是门店的数量。目前，美国的星巴克在中国大陆的门店数量已经离达到1500家的目标越来越近，英国的Costa门店数量已经过300家，香港的太平洋咖啡门店数量在200多家，就连后起之秀韩国漫咖啡的门店数量也已经过100家。对于哈根达斯而言，想“赶英超美”仍需时日。但据可靠消息称，哈根达斯可能已经将单体咖啡店的规划列入了日程。也许不用多长时间，你就可以在上海的商业中心看到它了。

未来十年，中国咖啡市场将进入高速增长期，到2020年中国咖啡市场消费预计可达到3000亿元。对于哈根达斯来说，跨界争抢咖啡连锁产业蛋糕究竟成绩如何，仍需拭目以待。

资料来源：第一财经网。

课后实践

1. 目的

明确市场营销竞争战略的类型。

2. 任务

查找麦当劳和肯德基的资料，分析它们分别属于哪种竞争类型并说明原因。

3. 内容与步骤

（1）以小组为单位，对这两家企业进行调研、了解行业背景，写出书面报告及制作 PPT。

（2）各小组依次推选出发言人就本小组收集的资料和讨论情况在课堂上进行陈述，同时鼓励其他小组成员进行提问，并作出回答。

（3）任课教师选出评委团点评、总结。

第三章　市场营销环境

☞【学习目标】

1. 市场营销环境的含义、市场营销环境的特点。
2. 理解营销的微观环境因素、营销的宏观环境因素。
3. 能够运用 SWOT 矩阵对营销环境进行分析、评价。

☞【核心概念】

营销环境；宏观环境；微观环境；竞争者类型；SWOT 矩阵

案例引入

36 氪：我们预判了几个新趋势

前不久，创业服务平台 36 氪，研究了对创业创新领域富有影响力的 50 家已上市的大公司，以及还没上市的独角兽公司，他们认为，研究这些大公司，也是在判断未来重要领域的关键事件。36 氪最后总结出在文娱、内容和社区、电商、金融等 10 个领域值得关注的新趋势。我们选出三个给你转述一下。

首先来看泛娱乐领域。文章认为，在现在的中国，娱乐是非常重要的，人们的注意力需要消费，如果参考好莱坞给美国，甚至给全球创造的价值，中国这个消费力巨大的市场还有很大的努力空间。在这个领域，36 氪预测了四个趋势。

第一个趋势是，直播和短视频的界限会越来越模糊，它们都会在“兴趣链社交”上下功夫，也就是根据兴趣来分类的倾向会越来越明显。这也意味着，直播平台会在内容策略上有所调整，那些有技能的主播，比如做美食美妆、音乐旅游的主播们会拿到更多的资源。

第二个趋势是，电影行业用 IP 来赚票房的方法将不管用了。这两年，IP 和流量明星都是票房良药，只要这两个能保证，票房过 10 亿不成问题。但是文章说，这个做法没有可持续性，因为它不符合电影工业的规律。如果一部电影靠购买 IP 和明星大卖，那么在这些上面花的成本就相对较高，这样一来，其他地方花的钱就得比较少，也就会导致电影本身的质量降低。所以文章认为，对 IP 来说，未来市场会对内容方面的要求更高，那些容易改编、容易跨平台推广的内容，才更受市场的欢迎。

第三个趋势是，院线可能出现并购潮。院线是什么意思呢？电影放映业是个比较有垄断性的经营体制行业，经营者为了保护自己的利益，会在某些城市掌握一定数量的电影院，建立放映网络，这就是院线。电影市场快速成长的时候，院线赚钱容易，但从去年开始电影市场不那么好了，一些小院线生存不下去，巨头就开始出手收购了。文章认为，因为光靠人口红利维持票房的时代已经过去，院线的并购热潮会越来越火热。

第四个趋势是，娱乐产品会越来越重视非主流的口味。文章说，未来二次元不会再是什么小群体的隐秘爱好，而是从明星到公司人人都乐意贴上的标签。他们不一定代表大众市场，但群体内的消费力是不能忽视的。

说完了泛娱乐领域，我们再来看内容方面。36 氪认为，在这个领域有一个趋势是，信息流广告会成为产品赚钱的主要模式。信息流广告，是根据用户在平台上积累的大数据，进行精准投放的一种广告，会穿插在产品原有的内容里出现。传统广告的形式都是广告商占主导，用户体验不在他们考虑的范围里；而搜索广告呢，用户占主要位置，但如果他们不搜索，广告就很难出现。举个例子，如果大家都不知道宝马，怎么可能会搜索呢？如果大家不搜索，怎么推送广告信息呢？而信息流广告现在就能解决这个问题。36 氪预测，信息流广告，会成为最受欢迎的广告形式。

最后我们来看看金融领域。36 氪认为，未来金融业务会成为互联网公司的标配，一些手里有大量用户和流量资源的非金融类互联网公司，也会进入金融领域。虽然现在监管比较严格，不过对于比较好的民营机构，监管部门对民营银行和消费金融公司这两类牌照的发放还是比较多的。去年 12 月份的审批中出现了像小米、美团、苏宁等非金融类的公司，在未来，获得牌照的非金融公司也会更多。

资料来源：李爱云．网站“36 氪”音频稿．研究了 50 家影响力公司，我们预判了 23 个未来．2017.

思考题：产品迭代、行业变迁是如何影响企业营销策略的？

第一节 营销环境概述

企业营销活动成败的关键在于能否适应不断变化的市场营销环境。企业营销活动既要受自身条件的制约，也要受外部条件的影响。关注企业内外环境的变化，识别由于环境变化而造成的机会和威胁，是营销部门的职责。营销管理者的任务就在于安排适当的营销组合，使之与不断变化着的营销环境相适应。

一、市场营销环境的含义

美国著名市场学家菲力普·科特勒对市场营销环境的解释是“影响企业的市场营销管理能力，使其能否卓有成效地发展和维持与其目标顾客交易及关系的外在参与者和影响力”。因此，市场营销环境是指与企业营销活动有潜在关系的所有外部力量和相关因素的集合，它是影响企业生存和发展的各种外部条件。

企业的市场营销环境是指与企业营销活动相关的各种外界条件和因素的综合，不同的因素对营销活动各个方面的影响和制约也不尽相同，同样的环境因素对不同的企业所产生的影响和形成的制约也会大小不一。

市场营销环境（如图 3-1）可以分成三个层次：第一个层次是企业本身，它处于企业的市场营销环境的中心；第二个层次是营销的微观环境，它指的是与企业紧密相联并直接影响其营销能力的各种参与者，这些参与者包括企业的供应商、营销中间商、顾客、竞争者以及社会公众和影响营销管理决策的企业内部各个部门；第三个层次是营销的宏观环境，它指的是影响企业微观环境的巨大社会力量，包括人口、经济、政治、法律、科学技术、社会文化及自然地理等多方面的因素。此外，这些环境因素不是静态不变的，而是经常处于变动之中，微观环境直接影响和制约企业的市场营销活动，而宏观环境主要以微观营销环境为媒介间接影响和制约企业的市场营销活动。

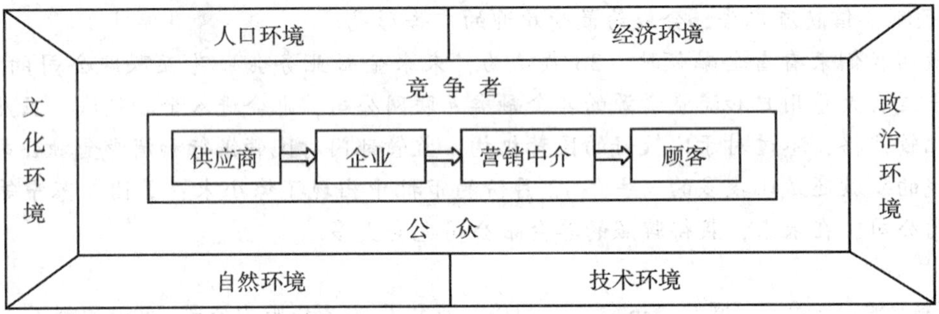

图 3-1　市场营销环境的主要因素

二、市场营销环境的特点

（一）客观性和差异性

企业总是在特定的社会经济和其他外界环境条件下生存和发展，因此营销环境是不以营销者的意志为转移的客观存在，虽然企业能够控制人、财、物等企业内部资源，但属于外部因素的营销环境是企业无法控制的。企业的营销活动如果能够适应和利用客观环境就会获得成功，反之就必然会导致营销决策失误，造成营销活动的失败。

市场营销环境的差异性不仅表现在不同企业受环境影响的结果不同，而且同样一种环境因素的变化对不同企业的影响也不尽相同。例如，不同的国家、民族、地区之间在人口、经济、社会文化、政治、法律、自然地理等各方面存在着广泛的差异性，这些差异性对企业营销活动的影响显然是很不相同的。

（二）动态性和规律性

营销环境随着社会经济的发展是不断变化的，它集中表现在消费结构、顾客消费需求、产业结构、竞争对手的策略等方面，我国现在的营销环境与多年前的营销环境已经有了很大的变化。例如国家产业政策，过去重点放在重工业上，现在已明显向农业、轻工业倾斜。此外，我国消费者已经越来越看重产品质量及个性，对产品的数量和价格相对弱化，表现出消费心理日趋成熟的特点，这些变化无疑对企业的营销行为产生最为直接的影响。当然，市场营销环境的变化也有速度快慢之分。如科技、经济等因素的变化相对快而大，对企业营销活动的影响相对较短；人口、社会文化、自然因素等相对变化较慢较小，对企业营销活动的影响相对较长。由此可见，营销环境的变化是有规律可循的，企业必须在市场环境变化中寻找发展的规律，对规律认识越准确，营销活动成功性越大。

（三）复杂性和影响性

影响市场营销环境的多方面因素表现出复杂性的特征，市场营销环境内部的各影响因素组成了一个相互依存、相互作用和相互制约的系统。由于社会经济现象的出现，往往不是由某一单一的因素所能决定的，而是受一系列相关因素影响的结果。例如，企业开发新产品时，不仅要受到经济因素的影响和制约，更要受到社会文化因素的影响和制约。

企业可以通过对内部环境要素的调整与控制对外部环境施加一定的影响，最终促使某些环境要素向预期的方向转化。“适者生存”既是自然界演化的法则，也是企业营销活动的法则，如果企业不能很好地适应外界环境的变化，很可能在竞争中失败而被市场所淘汰。强调企业对所处环境的反应和适应，并不意味着企业对于环境只能消极被动地承受，而是应改从主动积极的角度出发，能动地去适应营销环境，为企业创造一个更有利的活动空间，然后使营销活动适应当前的营销环境。20 世纪 70 年代，美日企业对石油危机不同的反应造成他们市场地位的戏剧性变化。汽车工业曾是美国人的骄傲，在能源趋紧的市场环境下，依然生产体型大、耗能高的汽车，而日本丰田等企业适应环境变化，推出小型节能汽车，成功占领了美国市场。

第二节　营销的微观环境

市场营销的微观环境（如图 3-2）是指与公司关系密切，能够影响公司服务顾客能力的各种因素。一般由六个要素构成，即企业、供应商、营销中介、顾客、竞争者和公众各部门组成。供应商—企业—营销中介—顾客构成了企业核心营销系统，除此之外还受到另外两个群体的影响，即竞争对手和公众。

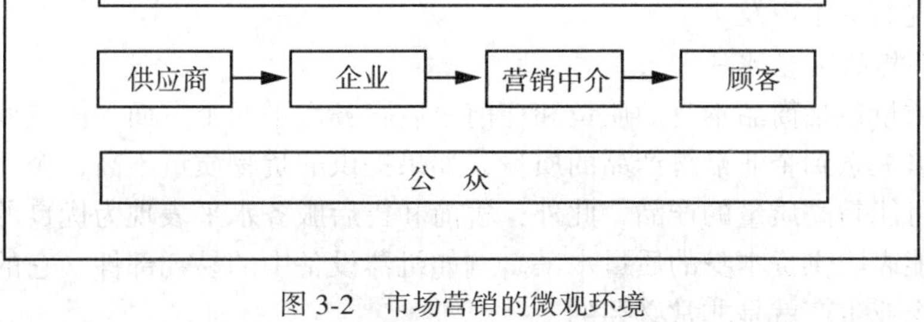

图 3-2　市场营销的微观环境

一、企业

公司的市场营销是由营销和销售部管理的，它由品牌经理、营销研究人员、广告及促销专家、销售经理及销售代表等组成。营销管理当局在制订营销计划时，必须考虑到与公司其他部门的协调，如最高管理层、财务、研究与开发、采购、生产、会计等部门，所有这些相互关联的部门构成了企业的内部环境。高层管理制定企业的目标、战略和实施策略；财务部门负责寻找和使用实施营销计划所需的资金；研发部门研制吸引人的产品；采购部门负责供给原材料；生产部门生产品质合格的产品；会计部门核算收入与成本以便管理部门了解是否实现了预期目标。

由此可见，不同部门之间的业务活动虽各有侧重，但却是互相关联的一个整体，任何部门的决策都要考虑到其他部门的业务活动情况，相互之间应密切协作，共同制订企业的各项长期计划。

二、供应商

供应商是指向企业及其竞争者提供生产产品和服务所需资源的企业或个人，是影响企业营销的微观环境的重要因素之一。供应商所提供的资源主要包括原材料、设备、能源、劳务、资金等。如果没有这些资源作为保障，企业不仅无法正常运转，而且也不可能向市场提供相应的商品。因此，企业与供应商之间的紧密联系是社会生产活动的基本需要，这种联系使得企业的所有供货单位构成了对企业营销活动最直接的影响和制约力量。供应商对企业营销活动的影响主要表现在：

（一）供货的稳定性与及时性

原材料、零部件、能源及机器设备等货源的供应情况直接影响企业生产的正常运转和营销活动，它是企业营销活动顺利进行的前提。如粮食加工厂需要谷物来进行粮食加工，还需要具备人力、设备、能源等其他生产要素，才能使企业的生产活动正常开展。供应不足或供应短缺都可能影响企业的经营活动，短期而言损失了销售额，长期而言则损害企业在顾客中的信誉。因此，企业必须和供货人保持密切的联系，及时了解和掌握供货人的变化和动态，使货源的供应在数量上、时间上和连续性上能得到切实的保证。

（二）供货的价格变动

供货的价格变动将直接影响企业的经营成本。如果供应商提高原材料价格，生产企业可能会被迫提高其产品价格，由此可能影响到企业的销售量和利润。企业要随时注意价格变化趋势，特别是对原材料和主要零部件价格的现状及趋势更要着重关注，不至于面对突然情况而措手不及。

（三）供货的质量水平

供货的质量包括商品本身的质量和售前售后服务水平两个方面。供应商所提供的商品本身的质量关系到企业最终产品的质量，如果提供的货物质量不高，企业所生产出来的产品就不可能是高质量的产品。此外，售前和售后服务水平表现为优良的维修服务保障，这样才能表明供货本身的质量水平。例如机器设备中的易耗部件，它的货源保证与有效更换对企业生产就是非常必要的。

针对上述影响，企业在寻找和选择供应商时，应特别注意两个方面：第一，企业必须充分考虑供应商的资信状况。要选择那些能够提供品质优良、价格合理、交货及时、信用良好，在质量和效率方面都信得过的供应商，同时应该与主要供应商建立长期稳定的合作关系，保证企业生产资源供应的稳定性。第二，企业必须使自己的供应商多样化。过分依赖一家或几家供货商，受到供应变化影响和打击的可能性就大。为了减少供应商对企业的影响和制约，企业应该尽可能多地联系供货商，尽量注意避免过于依靠单一的供应商，以免当与供应商的关系发生变化时，使企业陷入困境。

三、营销中介机构

营销中介人是指协助企业促销、销售和配销其产品给最终购买者的企业或个人，包括中间商、实体分配机构、营销服务机构和财务中间机构。这些都是市场营销不可缺少的环节，大多数企业的营销活动，都必须通过它们的协助才能顺利进行。正因为有了营销中介所提供的服务，才使得企业的产品能够顺利地到达目标顾客手中。随着市场经济的发展和社会分工的细化，中介机构的影响和作用也就会越来越大。因此，企业在市场营销过程中，必须重视中介组织对企业营销活动的影响，并要处理好同它们的合作关系。

（一）中间商

中间商是协助企业寻找顾客或直接与顾客交易的商业性企业。中间商可分代理中间商和买卖中间商两大类。代理中间商有代理商、经纪人和生产商代表。他们专门介绍客户或与客户磋商交易合同，但并不拥有商品所有权。买卖中间商又称经销中间商，主要有批发商、零售商和其他再售商。他们购买商品，拥有商品所有权，再售商品。中间商对企业产品从生产领域流向消费领域具有极其重要的影响。与中间商建立合作关系后，要随时了解和掌握其经营活动，并可采取一些激励性合作措施，推动其业务活动的开展，而一旦中间商不能履行其职责或市场环境变化时，企业应及时解除与中间商的关系。

（二）实体分配公司

实体分配公司主要是指储运公司，它是在货物运往下一个目的地前专门储存和保管商品的机构。运输公司包括从事铁路运输、汽车运输、航空运输、驳船运输以及其他搬运货物的公司，仓储公司是对产品、原材料及零部件提供保管服务的公司。一般情况下，企业只有在建立自己的销售渠道时才会主要依靠仓储公司。在委托中间商销售产品的场合，仓储服务往往由中间商去承担。每个企业都需从成本、运送速度、安全性和交货方便性等因素，进行综合考虑，确定选用哪种成本最低而效益更高的运输方式。

（三）营销服务机构

营销服务机构主要有营销调研公司、广告公司、传播媒介公司和营销咨询公司等，他们帮助企业推出、选择目标市场，并负责促销产品的相应工作。大多数企业都要借助这些服务机构来开展营销活动，企业在对这些服务机构进行选择时，应该对他们所提供的服务内容、服务质量、创造力、价格等进行总体评估，并定期考核其业绩，及时替换那些未达到预期水平和效果的营销服务机构，有效提高自身的经济效益。

（四）金融中间机构

金融中间机构包括银行、信用公司、保险公司和其他协助融资或保障货物的购买与销售风险的公司。企业与金融机构有着不可分割的联系，如企业间的财务往来要通过银行账户进行结算，企业财产和货物要通过保险公司进行保险等。而银行的贷款利率上升或是保险公司的保险金额上升，会使企业的营销活动受到影响；信贷来源受到限制会使企业处于困境。因此，企业必须与财务中间机构建立密切的关系，以保证企业资金需要的渠道畅通。

四、顾客

目标顾客是企业产品购买者的总称，企业营销者通常把企业产品的顾客群体称为市场。企业与供应商和中间商保持密切关系的目的，是为了有效地向目标市场提供商品与劳务。按顾客及其购买目的的不同将市场分为五类：

（一）消费者市场

消费者市场指个人和家庭购买商品及劳务以供个人消费的市场，他们主要为生活消费而购买商品和服务。

（二）生产者市场

生产者市场指购买产品与劳务，供生产其他产品及劳务所用的组织机构，他们的目的是达到赢利。

（三）中间商市场

中间商市场指购买产品及劳务进行转卖的组织机构，他们从转买的过程中获取利润。

（四）社会集团市场

社会集团市场指政府机关，社会团体，企事业等各种集体组织购买公用商品的市场。他们购买产品及劳务以提供公共服务或把这些产品及劳务转让给其他需要它们的人。

（五）国际市场

国际市场指买主在国外的市场，这些买主包括外国消费者、生产厂、转售商及政府。企业首先应明确其产品市场的主要类型，针对目标市场顾客的特点制定适宜的营销策略。此外，企业的生产和服务要以顾客为导向，从顾客需要和顾客需求量两个方面分析顾客，首先了解顾客需要什么，包括顾客需要的内容、层次及需求变化；其次分析顾客需求多少商品，现实的顾客需求量包括购买者、购买力及购买欲望三者的结合。

五、竞争者

企业很少能单独占领某一市场，因而，企业的市场营销活动常常会受到各类竞争者的影响，一个企业要想获得成功，就必须比竞争对手做得更好，在消费者心里留下比竞争者更有优势的印象，让顾客满意最大化。

企业的竞争者分为愿望竞争者、类别竞争者、形式竞争者和品牌竞争者四个类型。

（一）愿望竞争者

愿望竞争者是在消费者购买决策过程中，即消费者在思考“目前我需要什么”过程中产生的竞争者。对企业而言，认识需求的过程可视为愿望竞争者产生的过程。

（二）类别竞争者

类别竞争者是在消费者确定目前需求的基础上进一步判定选择，即消费者在思考“采取什么方法能满足这一欲望”过程中产生的竞争者。这些能表示满足同一需要的不同的基本方式，我们可称之为类别竞争者。

（三）产品形式竞争者

产品形式竞争者是在满足消费者某种愿望的不同产品形式之间，即消费者“我要什么类型的此类商品”过程中产生的竞争者。

（四）品牌竞争者

品牌竞争者是在消费者抉择品牌的过程中，即消费者在思考“我要什么牌的此类商品”过程中产生的竞争者。市场上有相同规格、型号的产品，但品牌不同，如35寸彩电有“长虹”、“海尔”、“TCL”等品牌，这对企业而言可视为第四种类型竞争者，即品牌竞争者。

在这四个层次的竞争中，品牌竞争是最常见，最外在的。但一个成功的企业不应该仅仅满足于品牌层次的竞争，也应该关注其他层次的竞争者。对于进行有效竞争的基本观察必须时刻牢记市场定位的4C原则，即必须考虑客户（Customers）、销售渠道（Channels）、竞争（Competition）和作为公司（Company）自身的特点，有效地安排好企业与顾客、销售渠道及竞争对手间的关系位置。

六、公众

公众作为市场营销的基本构成要素是营销微观环境中一个相当重要的影响因素。它有泛指公众、民众的含义，也有特指某一方面公众、群众的含义。公众就是对一个组织完成其目标的能力有着实际或潜在兴趣或影响的群体。企业公众相当广泛，包括政府公众、媒介公众、金融公众、群众团体公众、地方公众、一般公众、企业内部公众等。企业的市场营销活动会影响公众的利益，也会影响企业在公众心目中的形象，公众对企业的印象，反过来影响企业营销活动的效果。鉴于公众会对企业的命运产生巨大的影响，精明的企业就会采取具体的措施，正确处理和维系同主要公众的关系，而不是误解和等待。大多数企业都建立了公共关系部门负责收集与企业有关的公众的意见和态度，发布消息、沟通信息，以建立信誉，专门筹划与各类公众的建设性关系。此外，如果出现公众危机事件，公共关系部门将会进行危机公关。

在通常情况下，一个企业所面临的公众主要有七种：

（一）金融公众

金融公众指关心并可能影响企业获取资金能力的金融机构，主要包括银行、投资公司、证券经纪行、保险公司。

（二）媒介公众

媒介公众指有广泛影响的大众传播媒介。主要包括报纸、杂志、电台、电视台。

（三）政府公众

政府公众指与企业有关的政府机构，主要包括行业主管部门及财政、工商、税务、物价、商品检验等部门。

（四）群众团体

群众团体指政府性或非政府性的群众组织，主要包括消费者组织、环境保护组织、少数民族团体等。

（五）地方公众

地方公众指企业同当地发生关系的公众团体，主要包括邻里居民和社区组织等。

（六）一般公众

一般公众指一种松散的、非组织性的公众，但他们对企业的印象却影响着消费者对该企业及产品的看法。因此，企业必须关注自身的“公众形象”，可以通过赞助慈善事业、设立消费者直接投诉系统等途径来改善和创造良好的微观环境。

（七）内部公众

内部公众指企业内部成员，主要包括蓝领工人、白领工人、经理和董事会。内部公众对企业的态度会影响到企业之外的公众对企业的看法。

第三节　营销的宏观环境

企业市场营销的微观环境随时会受到宏观环境的影响和制约。宏观环境是造成市场机会和环境威胁的主要力量，它不仅给企业带来危机，也会引导企业营销活动的大方向，给企业以机会。宏观环境包括六大因素，即人口因素、经济因素、自然环境因素、科学技术因素、政治法律因素和社会文化因素。

一、人口因素

人口是构成市场的直接因素，人口的数量决定消费者的数量，消费者数量又在一定程度上决定市场容量的大小。因为市场是由那些想购买商品同时又具有购买力的人构成的，因此，人口的数量直接决定市场的容量和市场规模。而人口的婚姻状况、地理分布、年龄结构、人口密度、人口流动性、出生率、死亡率及受教育程度等人口特性都会对市场产生极为深刻的影响，并直接影响企业的市场营销活动和经营管理活动。

（一）人口数量

人口数量基本上反映了消费市场生活必需品的需求量。在其他经济和心理条件不变的情况下，总人口越多，市场容量就越大，企业营销的市场就越广阔。全球人口已经超过 60 亿，预计到 2050 年将达到 100 亿，世界人口将以每年 8000 万—9000 万的速度增长，但地区发展很不平衡，世界人口中 80% 的人口属于发展中国家，而发达国家人口增长近 20 年一直保持低水平。中国目前人口超过 13 亿，是世界人口最多的国家，每年净增 1200 万人左右。尽管实行计划生育政策，由于人口基数过大，“低出生率、高出生量”的特点在一定时期内仍将是我国人口常态。

人口数量的增长不仅给企业带来了市场机会，而且也带来了威胁。人口数量是决定市场规模和市场潜力的基本要素，人口越多则对基本消费品的需要量也越多，市场也就越大。另一方面，人口的迅速增长也会给企业营销带来不利的影响。人口增长可能导致人均收入下降使市场吸引力降低，此外，人口增长会导致人地矛盾突出，从而引起地价上涨，增大企业产品成本。

（二）人口结构

人口结构主要包括人口的年龄结构、性别结构、家庭结构、社会结构以及民族结构。

1. 年龄结构

不同年龄层次的消费者，有着不同的消费需求、兴趣爱好和消费模式。分析一定时期内人口的年龄结构，有助于企业发现好的市场机会，如儿童喜欢玩具和糖果，青少年需要图书、流行音乐和时装，成年人关注日常用品和耐用消费品，老年人需要保健品和怀旧商品。随着我国人口老龄化问题的进一步显现，这一现象对企业的营销活动必将产生深刻影响，有效满足“银发市场”的需求成为企业的重点课题。医疗保健用品、医疗护理、老年公寓、食品、服装、旅游、娱乐等将迅速增加，构成一个巨大的潜在市场。

2. 性别结构

男性用品市场和女性用品市场出现是性别结构在市场上的反映。男性和女性在生理、心理和社会角色上的差异决定了他们不同的消费需求，而且两者的购买习惯和行为方式也不同。由于女性具有喜欢打扮、操持家务、抚育孩子等特点，她们更喜欢购买服装、化妆品、家庭日用品及儿童用品等。男性则是烟酒、汽车等商品的购买主力。

3. 家庭结构

家庭是社会的细胞，也是购买和消费的基本单位。家庭的数量直接影响到某些商品的数量，进入 20 世纪 90 年代以来，世界普遍呈现家庭规模小型化的趋势。一方面，它表现为家庭总户数的增加，它会引起对电视、冰箱、空调、家具等家庭用品的需求大幅度增加；另一方面，它意味着家庭结构的简单化和成员人数的减少。对适合小型化家庭需要的商品和劳务将会大幅增加。

4. 社会结构

农村是我国的人口集中地，现在农村人口约占我国总人口的 80%。这一社会结构决定了企业在国内市场中的市场定位，如果产品以薄利多销为主，则应以农民为主要营销对象，市场开拓的重点也应放在农村，反之则应该把市场营销重心放在城市。

5. 民族结构

我国是一个幅员辽阔的多民族国家，民族不同，其生活习性、文化传统、生活禁忌也不相同。因此，企业营销者要注意目标市场消费者的民族特点，重视开发适合各民族特性、受其欢迎的商品。

（三）人口分布

人口的地理分布指在不同地区人口的密集程度。人口的这种地理分布在市场表现为人口的集中度不同，随之市场规模也不同；消费习惯不同，随之市场需求特性也不同。

人口分布中一个重要影响因素就是人口流动因素，除了国家之间、地区之间、城市之间的人口流动外，城市和农村人口的相互流动是其中一个重要影响因子。在我国，人口的流动主要表现在农村人口向城市或工矿地区流动；内地人口向沿海经济开放地区流动。另外，经商、观光旅游、学习等使人口流动加速。对于人口流入较多的地方而言，一方面由于劳动力增多，就业问题突出，从而加剧行业竞争；另一方面，人口增多也使当地基本需求量增加，消费结构也发生一定的变化，继而给当地企业带来较多的市场份额和营销机会。

二、经济因素

经济环境是指企业市场营销活动所面临的社会经济条件及其运行状况和发展趋势，经济因素运行状况及发展趋势会直接或间接地对企业营销活动产生重要影响。

（一）直接影响营销活动的经济环境因素

1. 收入因素

消费者收入是指消费者个人从各种来源所得到的货币收入，而购买力的大小取决于国民经济的发展水平以及由其决定的国民平均收入水平。一定的购买力水平是市场形成并影响其规模大小的决定因素，它也是影响企业营销活动的直接经济环境。主要包括：

（1）国民生产总值。它是衡量一个国家经济实力与购买力的重要指标。从国民生产总值的增长幅度，可以了解一个国家经济发展的状况和速度。国民生产总值增长越快，对工业品的需求和购买力就越大，反之就越小。

（2）人均国民收入。它是决定收入水平的重要指标。人均国民收入指一个国家物质生产部门的劳动者在一定时期内新创造的价值的总和，以一年的国民收入总额除以总人口数，即得人均年国民收入。人均年国民收入大体上反映了一个国家经济发展的水平和社会购买力的大小。一般来说，人均收入增长，对消费品的需求和购买力就大，反之就小。

（3）个人可支配收入。它是衡量实际购买力的重要指标。个人收入扣除消费者个人缴纳的各种费用和交给政府的非商业性开支（如个人所得税等）之后，才是个人可以用于消费或储蓄的所得，即个人可支配收入。

（4）个人可任意支配收入。它是影响非生活必需品和劳务销售的主要因素。这是在个人可支配收入中减去用于维持个人与家庭生存不可缺少的费用（如房租、水电、食物、燃料、衣着等项开支）后剩余的部分。这部分收入是消费需求变化中最活跃的因素，也是企业开展营销活动时所要考虑的主要对象。这部分收入越多，人们的消费水平就越高，企业营销的机会也就越多。

2. 消费结构

消费结构指消费过程中人们所消耗的各种消费资料（包括劳务）的构成，即各种消费支出占总支出的比例关系。随着消费者收入的变化，消费者支出模式就会发生相应的变化，继而使一个国家或地区的消费结构也发生变化。西方统计学家恩格尔，早在19世纪就对劳工家庭的消费支出构成作了研究，发现了关于工人家庭收入变化与各方面支出变化之间比例关系的规律性。当家庭收入增加时，只有一小部分用于购买食物；

用于衣服、房租和燃料方面的支出变动不大，但用于教育、医药卫生与闲暇娱乐活动方面的支出则增加较多。就各国发展情况而言，如果家庭收入不变，食物支出的比重有增大的趋势，如果家庭收入略有增加，用于食物支出的增长幅度可能更大，只有在达到相当高的平均食物消费水平时，收入的进一步增加才会导致食物支出所占比重的下降。由此，人们把消费支出中用于食物部分与其他部分的比例，称为“恩格尔系数”。恩格尔系数越大，食物部分所占比重越多；恩格尔系数越小，食物部分所占比重越低。西方经济学家将这些规律总结为恩格尔定律，恩格尔定律的表述如下：

恩格尔系数=食物支出变动百分比/收入变动百分比。

（二）间接影响营销活动的经济环境因素

除了上述因素直接影响企业的市场营销活动外，还有一些经济环境因素也对企业的营销活动产生或多或少的影响。

1. 经济发展水平

企业的市场营销活动要受到一个国家或地区的整个经济发展水平的制约。经济发展阶段不同，居民的收入不同，顾客对产品的需求也不一样，从而会在一定程度上影响企业的营销。例如，以消费者市场来说，经济发展水平比较高的地区，在市场营销方面，强调产品款式、性能及特色，品质竞争多于价格竞争。而在经济发展水平低的地区，则较侧重于产品的功能及实用性，价格因素比产品品质更为重要。在生产者市场方面，经济发展水平高的地区着重投资较大而能节省劳动力的先进、精密、自动化程度高、性能好的生产设备。因此，对于不同经济发展水平的地区，企业应采取不同的市场营销策略。

2. 经济体制

世界上存在着多种经济体制，有计划经济体制，有市场经济体制，有计划—市场经济体制，也有市场—计划经济体制，等等。不同的经济体制对企业营销活动的制约和影响不同。例如，在计划经济体制下，企业是行政机关的附属物，没有生产经营自主权，企业的产、供、销都由国家计划统一安排，企业生产什么，生产多少，如何销售，都不是企业自己的事情。在这种经济体制下，企业不能独立地开展生产经营活动，因而，也就谈不上开展市场营销活动。而在市场经济体制下，企业的一切活动都以市场为中心，市场是其价值实现的场所，因而企业必须特别重视营销活动，通过营销，实现自己的利益目标。

3. 地区与行业发展状况

我国地区经济发展很不平衡，逐步形成了东部、中部、西部三大地带和东高西低的发展格局。同时在各个地区的不同省市，还呈现出多极化发展趋势。这种地区经济发展的不平衡，对企业的投资方向、目标市场以及营销战略的制定等都会带来巨大影响。我国行业与部门的发展也有差异。企业一方面要处理好与有关部门的关系，加强联系；另一方面，则要根据与本企业联系紧密的行业或部门的发展状况，采取切实可行的营销措施。

4. 城市化程度

城市化程度是指城市人口占全国总人口的百分比，它是一个国家或地区经济活动的重要特征之一，也是影响企业营销活动的重要因素。城市居民一般受教育较多，思想较开放，容易接受新生事物，而农村相对闭塞，农民的消费观念较为保守，故而一些新产品、新技术往往首先被城市所接受。企业在开展营销活动时，要充分注意到这些消费行为的城乡差别，相应地调整营销策略。

三、自然环境因素

企业营销的自然环境，是指影响企业生产和经营的物质因素。任何企业的生产经营都离不开自然环境，企业的生产需要原材料、能源和水等自然资源，企业的经营活动也对自然环境施加影响。由于企业的经营活动片面追求经济利益，而忽略了对自然环境的保护，出现大量掠夺式的开发活动，此外工业“三废”的任意排放也破坏了我们赖以生存的环境。由于生态系统失衡的状况日益加剧，政府对破坏自然环境的行为将不断加大处罚力度。因此，企业不仅追求利润，而且要考虑环境成本的因素，遵循生态原则。企业的营销策略和目标的确定也必然面临生产、消费、资源、生态平衡等各方面的权衡和选择。自然环境因素对企业营销的影响表现在以下四个方面：

（一）原料的短缺

自然资源分为可再生资源、可更新资源和不可再生资源三大类。如阳光就属于可再生能源，而水源、土地则属于可更新资源，第三类为不能更新的资源，如石油、煤、铁等各种矿产资源。尤其是矿产、能源、粮食、木材和淡水资源将会在不久的将来面临全面的资源危机，对于企业市场营销而言，一方面要进行科学开采，综合利用，减少浪费；另一方面要开发新的替代资源，如太阳能、核能及各种新材料。

（二）成本的增加

随着不可再生资源的不断消耗，各种资源特别是能源资源的价格不断高涨，其中，石油作为不可再生资源的代表，它的短缺已经构成未来经济增长所遇到的最严重的问题。世界上的主要工业国，都对石油有极大的依赖，在成本及效益方面均可取的其他替代能源问世之前，石油将继续是左右世界政治与经济前景的一种力量。油价的高昂激发了从前对能源研究漠然处之的企业，对太阳能、原子能、风能及其他形式能源的大量研究，并取得了阶段性成果。

（三）污染的增加

工业污染日益成为全球性的严重问题，一方面，大气污染、水污染、垃圾污染和噪声等使人类的居住环境日益恶化，社会要求控制污染的呼声越来越高。这对那些污染控制不力的企业是一种压力和外部威胁，它们得采取有效措施治理污染；另一方面，又给某些企业创造了新的机会，如研究开发不污染环境的产品、设备、包装、妥善处理污染物的技术等。标志着企业营销活动可持续发展的“绿色营销”观念也在全球传播开来，企业以此来确定自己的营销方向及营销策略将能无往而不利。

（四）政府的干预

随着社会公众对环境问题的日益关注，许多国家政府都加强了环境保护的力度，这些政策在短期内将与经济增长趋势和企业成本最小化相抵触，但从社会的长远利益和整体利益来看却是十分必要的。现代企业应该充分重视和考虑环境保护问题，在产品成分、设计、包装和营销方式等方面考虑环保的准则，以免违背社会发展的大方向，带来不必要的损失。

营销实践

惠普公司回收电子垃圾行动

惠普公司现在可以回收旧电脑。几年前，当环保主义者在华盛顿州开始宣传将高科技垃圾清除垃圾填埋区，净化空气和水体中的铅、汞等在数码产品碎屑中大量存在的有毒物质时，他们发现了一个意外的支持者：惠普。它和环保人士及零售商合作，反对苹果、IBM等企业因回收利用计划成本过高而拒绝执行的做法。在惠普的积极游说下，环保人士成功地说服了州立法者通过一项强制电子企业出钱回收旧设备的重要计划。

资料来源：根据网络资料整理。

思考题：通过这个案例如何理解企业在市场营销中的环境因素的影响？

四、科学技术因素

科学技术是第一生产力，它日益成为经济发展和社会进步的决定因素。作为营销环境的一部分，科技环境不仅直接影响企业内部的生产和经营，还同时与其他环境因素互相依赖、相互作用，特别是它与经济环境、文化环境的相互联系造就了新技术革命，一方面改变了企业的生产方式，另一方面也改变了人们的生活方式与价值观。科学技术对企业市场营销的影响体现在以下两个方面：

（一）市场营销策略的变化

由于科学技术的迅速发展，新技术应用于新产品开发的周期大大缩短，开发新产品成了企业开拓新市场和赖以生存发展的根本条件。它要求企业营销人员不断寻找新市场、预测新技术，开发出更多的新产品维持企业生存。在降低了产品成本使价格下降的同时，企业能够通过信息技术，加强信息反馈，正确应用价值规律，供求规律、竞争规律来制订和修改价格策略。新技术的运用还引起分销机构的不断变化，大量的特色商店和自我服务的商店不断出现。此外，分销实体和运输实体也随着科技的发展呈现出多样化的特征，不仅提高了运输速度，而且增加了运输容量及货物储存量，使现代企业的实体分配出发点由工厂变成了市场。

（二）经营管理的变化

技术革命是管理改革或管理革命的动力，运用先进的科学技术可以为改善经营管理、提高管理效率提供了物质基础，如电脑、传真机等设备的使用对改善企业经营管理、经营效益起了很大作用。

（三）购物习惯的变化

由于新技术的不断应用，技术环境的不断变化，使人们的工作及生活方式发生了重大变化。消费者的兴趣、思想等差异性扩大，自我意识的观念增强也必然会导致消费者结构、市场需求结构发生变化，最终改变人们的消费模式和生活方式。自动售货机的出现，使销售形式得到改变，这种方式对卖方来说，不需要营业人员，只需少量的工作人员补充商品，回收现金，保养、修理机械；对买方来说，购货不受时间限制，在任何时间都可以买到商品和提供的服务。

五、政治法律因素

政治法律主要是指国家的政治变动引起经济的变化及政府通过法律手段和各种经济政策来干预社会经济活动。企业的市场营销活动随时受到政治法律环境的制约，所以企业必须注意国家的各种政策和立法对营销所造成的影响。政治环境指企业市场营销活动的外部政治形势和状况以及国家方针政策的变化对市场营销活动带来的或可能带来的影响。政府的经济方针政策具有动态的特点，随政治经济形势的变化而变化，国家在不同的阶段和不同时期，依据不同的经济目标制定和调整方针、政策，这必然对企业的营销产生直接或间接的影响。

对企业来说，法律是评判企业营销活动的准则，只有依法进行的各种营销活动，才能受到国家法律的有效保护。企业开展市场营销活动，必须遵守国家或政府颁布的有关经营、贸易、投资等方面的法律、法规。如果从事国际营销活动，企业就既要遵守本国的法律制度，此外需要了解和遵守市场国的法律制度和有关的国际法规、国际惯例和准则。为了保证本国经济的正常运行，各国都颁布了相应的经济法律和法规来制约和维护企业的活动。我国目前有关经济的主要法律、法规有《合同法》、《公司法》、《广告法》、《商标法》、《专利法》、《产品质量法》、《消费者权益保护法》、《反不正当竞争法》等。它们分别从各个方面对企业的营销活动进行监督和控制，在保护合法经营，取缔非法经营，保护正当交易和公平竞争，维护消费者利益，促进市场有序运行和经济健康发展方面，发挥了重要作用。因此，企业必须知法守法，自觉用法律来规范自己的营销行为并自觉接受执法部门的管理和监督。

营销实践

为什么长租公寓很难成为一门好生意

自从福利分房取消，货币买房时代来临至今，“买不起”成为人们评价楼市时最常见的一句话，而如今，雨后春笋般涌现出来的长租公寓，真正的需求者兴冲冲地考察完之后，仍然发出了“租不起”的感叹。随着今年各类鼓励住房租赁的政策密集落地，楼市中“重售轻租”的现象正在悄然发生改变，“租售并举”无疑将成为未来的发展趋势。正是在这样的背景下，各类与房地产相关的企业以及各类资本都开始盯上了租赁这块尚未开发的蛋糕。但目前的窘境却是，动辄4000元至8000元的月租金，却让很多租房人望而却步，“如果我能付得起8000元的月租，干嘛不买一套房呢？”一位租房人说。随着未来可租赁房源的增多，市场上有观点认为长租公寓将像其他共享经济如滴滴打车和共享单车那样通过补贴打价格战，但在业内人士看来，虽然也是共享经济的一种，但靠补贴的烧钱模式，在长租公寓领域很难持续，运营的集约化和规模化将是长租公寓竞争取胜的方向，而如何将房租降下来，让真正需要租房的人承受得起，才是长租公寓发展真正的关键。

资料来源：李桁．北京青年报［N］．2017（08）．

思考题：通过这个案例如何理解企业在市场营销中的环境因素的影响？

六、社会与文化因素

社会文化环境就是指由价值观念、生活方式、宗教信仰、职业与教育程度、相关群体、风俗习惯、社会道德风尚等因素构成的环境。这种环境不像其他营销环境那样显而易见和易于理解，但对消费者的市场需求和购买行为会产生强烈而持续的影响，进而影响到企业的市场营销活动。企业的市场营销人员应分析、研究和了解社会文化环境因素，针对不同的文化环境制定不同的营销策略。

（一）教育状况

教育程度和职业上的差异，也会导致消费者在生活方式、消费行为与消费需求上的差异。教育是按照一定目的、要求，对受教育者施以影响的一种有计划的活动，是传授生产经验和生活经验的必要手段，反映并影响着一定的社会生产力、生产关系和经济状况。教育状况对营销活动的影响，反映在企业选择目标市场、企业营销商品、企业营销调研、商品经销方式四个方面。

（二）宗教信仰

宗教是影响人们消费行为的重要因素之一，不同的宗教在思想观念、生活方式、宗教活动、禁忌等方面各有其特殊的传统，这将直接影响其消费习惯和消费需求。宗教组织有时会提出限制或禁止使用企业的某一新产品，认为该商品与宗教信仰相冲突。所以企业可以把影响大的宗教组织作为自己的重要公共关系对象，在经销活动中也要针对该区域的重要宗教组织设计适当营销方案，以避免由于信仰矛盾和冲突给企业带来损失。

营销实践

跑路人还是探路人？

2015 年 9 月，新华社旗下瞭望智库曾发出一篇檄文——别让李嘉诚跑了！此文一出，舆论炸锅，支持“来去自由”者有之，支持“严防死守”者亦有之，可谓轰轰烈烈，檄文如箭。之所以给李嘉诚扣上“跑路”的帽子，是因为有人算了一笔账：如果长实地产成功出售上海陆家嘴世纪汇（当时报价 200 亿元人民币，并未达成交易），那么李嘉诚近三年来将国内资产套现上千亿元。与此同时，他在英国买电信、买电力、买天然气，投资超过250亿英镑（当时约合人民币2445亿元）。这一波中国企业海外投资大潮里，可不只有万达。单看近一个月，消息就特别多：中国化工以430亿美元收购瑞士农业化学和种子公司先正达，交易终于完成。均胜电子控股的美国百利得宣布将以15.88亿美元收购日本高田集团。航天建设集团并购德国WKS公司交易完成，作价未公布。万科宣布，携手厚朴等财团，拟以159亿新元（约785亿元人民币）收购新加坡物流巨头普洛斯。如果说民企要跑路，难道国企也在跑路？好像有点奇怪。2016年，中国企业海外并购迎来大爆发，胡润研究院《2017中国企业跨境并购特别报告》显示，2016年海外投资并购累积宣布的交易金额为2158亿美元，同比增长148%。（部分交易在今年完成）其中，海航、安邦、万达等企业显得格外活跃，前100大交易中分别占据3—4笔。

资料来源：搜狐网 www. sohu. com. 2017-07。

思考题：通过这个案例，你如何理解大众对企业行为的评价？

（三）价值观念

价值观念就是人们对社会生活中各种事物的态度和看法。在不同的社会文化背景下，消费者的价值观念差别，它可以反映在不同的方面，如阶层观念、财富观念、创新观念、时间观念，等等，因而引起了商品的需求和购买行为的多样化。对于消费者不同的价值观念，企业的市场营销人员就应该采取不同的策略，特别是对于注重沿袭传统消费方式的消费者，企业在制定促销策略时应把产品与目标市场的文化传统联系起来。

（四）审美观念

审美观是文化的重要组成部分，通常指人们对事物的好坏、美丑和善恶的评价。不同国家、民族、阶层的个人往往有着不同的审美观，企业的营销者应注意人们审美观的差异，提供能满足人们对美的追求的产品和服务。人们在市场上挑选、购买商品的过程，实际上也就是一次审美活动。随着我国经济的发展，社会大众对健康美、形式美和环境美有着越来越强烈的追求，他们具体表现在体育用品行业、服饰用品行业和装修行业的高速发展上。企业营销人员应注意以上三方面审美观的变化，把消费者对商品的评价作为重要的反馈信息，使商品的艺术功能与经营场所的美化效果融合为一体，以更好地满足消费者的审美要求。

第四节 市场营销环境分析与对策

SWOT分析法是竞争情报分析常用的方法之一。所谓SWOT（态势）分析，就是将与研究对象密切相关的各种主要内部优势因素（Strengths）、弱点因素（Weaknesses）、机会因素（Opportunities）和威胁因素（Threats），通过调查罗列出来，并依照一定的次序按矩阵形式排列起来，然后运用系统分析的思想，把各种因素相互匹配起来加以分析，从中得出一系列相应的结论。

这种研究方法，最早是由美国旧金山大学的管理学教授在80年代初提出来的。在此之前，早在60年代，就有人提出过SWOT分析中涉及的内部优势、弱点、外部机会、威胁这些变化因素，但只是孤立地对它们加以分析，而SWOT法用系统的思想将这些似乎独立的因素相互匹配起来进行综合分析。运用这个方法，有利于人们对组织所处情景进行全面、系统、准确的研究，有助于人们制定发展战略和计划，以及与之相应的发展计划或对策。进行SWOT分析时，主要有以下几个方面的内容：

一、分析环境因素

运用各种调查研究方法，分析出公司所处的各种环境因素，即外部环境因素和内部能力因素。外部环境因素包括机会因素和威胁因素，它们是外部环境对公司的发展直接有影响的有利和不利因素，属于客观因素，一般归属为经济的、政治的、社会的、人口的、产品和服务的、技术的、市场的、竞争的等不同范畴；内部环境因素包括优势因素和弱点因素，它们是公司在其发展中自身存在的积极和消极因素，属主动因素，一般归类为管理的、组织的、经营的、财务的、销售的、人力资源的等不同范畴。在调查分析这些因素时，不仅要考虑到公司的历史与现状，而且更要考虑公司的未来发展。

（一）外部环境分析

外部环境分析也被称为优势与劣势分析（机会与威胁、SW），环境机会的实质是指市场上存在着“未满足的需求”。它即可能来源于宏观环境也可能来源于微观环境。随着消费者需求不断变化和产品寿命周期的缩短，引起旧产品的不断被淘汰、要求开发新产品来满足消费者的需求，从而市场上出现了许多新的机会。环境机会对不同企业是不相等的，同一个环境机会对这些企业可能是有利的机会，而对另一些企业可能就造成威胁。环境机会能否成为企业的机会，要看此环境机会是否与企业目标、资源及任务相一致，企业利用此环境机会能否比其竞争者带来更大的利益。环境威胁是指对企业营销活动不利或限制企业营销活动发展的因素。这种环境威胁，主要来自两方面：一方面，是环境因素直接威胁着企业的营销活动，如政府颁布某种法律，诸如《环境保护法》，它对造成环境污染的企业来说，就构成了巨大的威胁；另一方面，企业的目标、任务及资源同环境机会相矛盾，如人们对公共汽车的需求转为对轿车的需求，给客车企业的目标与资源同这一环境机会造成矛盾。客车企业厂要将“环境机会”变成“企业机会”，需淘汰原来产品，更换全部设备，必须培训、学习新的生产技术，这对客车企业无疑是一种威胁。轿车的需求量增加，客车的销售量必然减少，这无疑给客车企业又增加了一份威胁。

企业外部环境因素包括：政治和法律：垄断法律、环境保护法、税法、对外贸易法、劳动法、政府稳定法；经济：经济周期、GNP趋势、利率、货币供给、通货膨胀、失业率、可支配收入、能源供给、成本；社会文化：人口统计、收入分配、社会稳定、生活方式的变化、教育水平、消费；技术：政府对研究的投入、政府和行业对技术的重视、新技术的发明和进展、技术传播的速度、折旧和报废速度。

（二） 内部环境分析

每个企业都要定期检查自己的优势与劣势，这可通过“营销备忘录优势/劣势绩效分析检查表”的方式进行。管理当局或企业外的咨询机构都可利用这一格式检查企业的营销、财务、制造和组织能力。每一要素都要按照特强、稍强、中等、稍弱或特弱划分等级。企业内部环境影响要素包括：供货商的议价能力：供货商的品牌或价格特色，供货商的战略中本企业的地位，供货商之间的关系，从供货商之间转移的成本等，都影响企业与供货商的关系及其竞争优势；买方的议价能力：本企业的部件或在材料产品占买方成本的比例，各买方之间是否有联合的危险、本企业与买方是否具有战略合作关系等；替代品和企业竞争：行业内竞争者的均衡程度、增长速度、固定成本比例、本行业产品或服务的差异化程度、退出壁垒等，决定了一个行业内的竞争激烈程度。对于企业来说，最危险的环境是进入壁垒、存在替代品、由供货商或买方控制、行业内竞争激烈的产业环境。此外，替代品限定了企业产品的最高价，替代品对企业不仅有威胁，可能也带来机会。企业可以采取什么措施来降低成本或增加附加值来降低消费者购买替代品的风险。

二、构造 SWOT 矩阵

将调查得出的各种因素根据轻重缓急或影响程度等排序方式，构造 SWOT 矩阵。在此过程中，将那些对公司发展有直接的、重要的、大量的、迫切的、久远的影响因素优先排列出来，而将那些间接的、次要的、少许的、不急的、短暂的影响因素排列在后面。可按以下步骤完成这个 SWOT 分析表：第一，把识别出的所有优势分成两组，分的时候应以下面的原则为基础：看看它们是与行业中潜在的机会有关，还是与潜在的威胁有关。第二，用同样的方法把所有劣势分成两组。一组与机会有关，另一组与威胁有关。第三，建构一个表格，每项占 1/4。第四，把公司的优势和劣势与机会或威胁配对，分别放在每个格子中。SWOT 表格表明公司内部的优势和劣势与外部机会和威胁的平衡。

利用 SWOT 矩阵，企业应该明确以下几个方面的问题，并考虑相应的解决办法：在某些变化的环境里企业可能面临的竞争者威胁，其中有哪些不利的趋势和劣势，考虑如何消除相应的劣势和改变不利环境；发掘企业优势，考虑如何有效利用市场机会；发掘某些领域中可能有的潜在机会，把这些领域中的劣势加以改进；对目前有优势的领域进行监控，以便在潜在的威胁可能出现的时候不感到吃惊。

（一） 环境机会分析矩阵

环境机会是指对公司营销行为富有吸引力的领域，在这一领域里，该公司将拥有竞争优势。图 3-3 表示一个机会矩阵和某汽车公司所面临的若干机会分布情况。公司在每一个特定机会中的成功概率取决于它的业务实力和独特的能力，是否与该行业成功所需要的条件相符合。经营最佳的公司将是那些在满足该行业成功条件中拥有大量竞争优势的企业，这些优势形成公司为顾客创造价值的能力。

图 3-3 的四个区域中，区域 1 是最好的市场机会，企业必须高度重视，因为它的潜在利益和出现的可能性都很大；区域 2 和区域 3 不是企业的主要市场机会，但也是企业

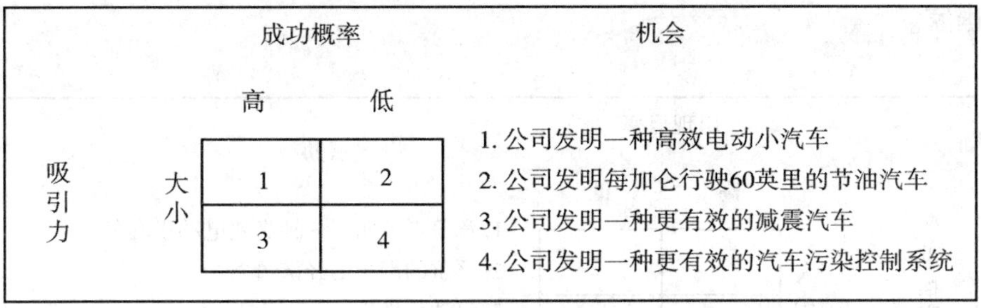

图 3-3　机会矩阵

不容忽视的，区域 2 虽然出现可能性低，但其潜在利益很大；区域 3 潜在利益小，但出现的可能性却很大，因此，需要企业注意区域 2 和区域 3 的特点，制定相应对策；区域 4 的市场机会，潜在利益和出现可能性都很小，主要是留意它的发展变化。对市场机会，企业可以采取的对策有两种：利用策略，即企业充分调动和运用自身资源和能力，利用市场机会开展营销活动，扩大销售，提高市场占有率；放弃策略，当市场机会的潜在利益和出现的可能性都很小时，企业可能放弃市场机会，以免造成企业资源的浪费。

（二）环境威胁分析

环境威胁是指环境中一种不利的发展趋势所形成的挑战，如果不采取果断的营销行动，这种不利趋势将导致公司市场地位被侵蚀。公司营销经理应该在其营销计划中把公司所面临的威胁识别出来。这些威胁应按其严重性和出现的可能性分类。左上角的威胁是关键性的，因为它们会严重地危害公司利益，并且出现的可能性也最大。公司需要为每一个这样的威胁准备一个应变计划，这些计划将预先阐明在威胁出现之前或者当威胁出现时，公司将进行哪些改变。把某个特定公司所面临的威胁和机会集中图解出来，就能勾勒出整个情况的特征。有四种可能的结果：一种理想的业务是指拥有很多大好机会，而很少甚至可以避免威胁；一种投机性的业务是大好机会和威胁的出现率同样高；一种成熟的业务是大好的机会和威胁都很少；最后一种麻烦的业务是机会很少，威胁却很大。

图 3-4 的四个区域中，区域 1 是企业最大的环境威胁，企业必须高度重视，因为它的潜在严重性大，出现的可能性也大，企业应严密监视并及早制定应变策略；区域 2 和区域 3 不是企业的主要威胁，但企业也不能忽视，因为区域 2 出现可能性较小，但其潜在严重性大；区域 3 对企业的影响不大，但出现的可能性很大；对区域 4 的环境威胁也要加以留意，观察其发展变化。

营销者对环境威胁进行分析，目的在于采取对策，避免危害。企业面对环境威胁，可以采取的对策有三种：①反抗策略。即企业利用各种不同手段影响环境的发展变化，限制不利环境对企业的威胁。企业开展大市场营销就是对环境威胁的一种反抗。②减轻策略。即企业调整市场策略，加强对环境的适应，以减轻环境威胁的严重性和危害性。比如，针对国外的技术壁垒，中国企业改进产品技术，进入国际市场。③转移策略。当营销环境已经严重地威胁到企业的营销活动时，企业可以转移到其他市场或进入其他行业开展经营活动。例如，由于劳动力成本很高，一些发达国家将劳动密集型产业转移到发展中国家。

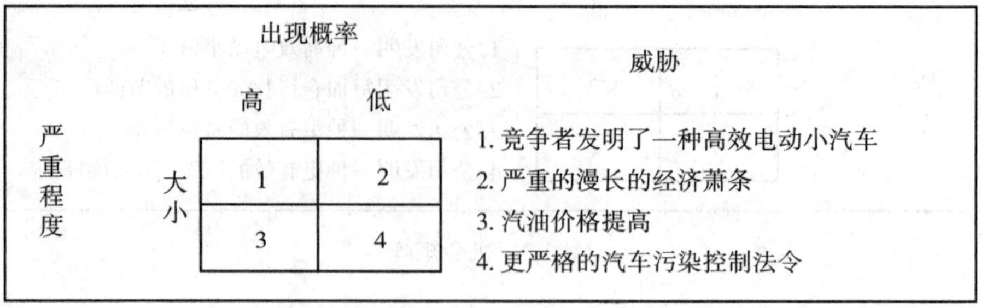

图 3-4　威胁矩阵

（三）综合环境分析

在企业实际面临的客观环境中，单纯的环境威胁和市场机会是很少的。一般情况下，营销环境都是机会与威胁并存的综合环境。根据综合环境中威胁水平和机会水平的大小不同，形成图 3-5 所示的矩阵。

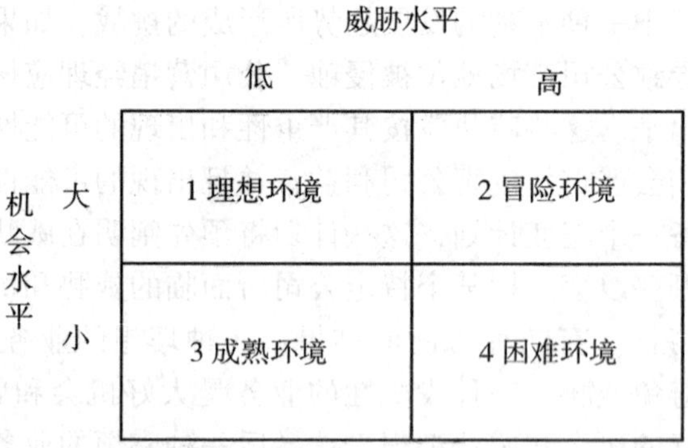

图 3-5　综合环境矩阵图

（1）区域 1 表示企业面对理想环境。即机会大和威胁水平低，利益大于风险。这是企业遇到的最好综合环境，企业应充分利用环境中的市场机会。

（2）区域 2 表示企业面对冒险环境。即机会大，环境威胁业大，机会和威胁同在，高风险高收益共存。此时，要求企业必须进行全面分析，审慎决策，降低风险，争取利益。

（3）区域 3 表示企业面对成熟环境。即机会小，威胁水平也比较低，这是一种比较平稳的环境。在这种情况下，企业要按常规经营，规范管理，以维持正常运转。

（4）区域 4 表示企业面对困难环境。即风险大而机会小，这是企业遇到的最差综合环境。面对这样的环境，企业必须想办法扭转局面，否则就必须果断决策，退出在该环境中的经营。

三、制定行动计划

在完成环境因素分析和SWOT矩阵的构造后，便可以制订出相应的行动计划。制订计划的基本思路是：发挥优势因素，克服弱点因素，利用机会因素，化解威胁因素；考虑过去，立足当前，着眼未来。运用系统分析的综合分析方法，将排列与考虑的各种环境因素相互匹配起来加以组合，得出一系列公司未来发展的可选择对策。这些对策包括：

最小与最小对策（WT对策），即考虑弱点因素和威胁因素，目的是努力使这些因素都趋于最小。最小与最大对策（WO对策），着重考虑弱点因素机会因素，目的是努力使弱点趋于最小，使机会趋于最大。最大与最小对策（ST对策），即着重考虑优势因素和威胁因素，目的是努力使优势因素趋于最大，是威胁因素趋于最小。最大与最大对策（SO对策），即着重考虑优势因素和机会因素，目的在于努力使这两种因素都趋于最大。

可见，WT对策是一种最为悲观的对策，是处在最困难的情况下不得不采取的对策；WO对策和ST对策是一种苦乐参半的对策，是处在一般情况下采取的对策；SO对策是一种最理想的对策，是处在最为顺畅的情况下十分乐于采取的对策。

思考题：

1. 市场营销环境的含义和特点是什么？
2. 宏观环境分析需要考虑哪些方面因素对企业的营销的影响？
3. 微观环境分析需要考虑哪些方面因素对企业的营销的影响？
4. 如何应对市场营销环境的机会和威胁？

课后案例

老龄化加速：中国成世界老年人口最多的国家

目前，中国已经成为世界上老年人口最多的国家，也是人口老龄化发展速度最快的国家之一。据联合国统计，到本世纪中期，中国将有近5亿人口超过60岁，而这个数字将超过美国人口总数。

分析人士指出，作为全球老龄产业市场潜力最大的国家之一，中国养老行业仍存在许多急需完善之处。而且养老行业是关系到每一个人切身利益的现实问题，也引起了全社会的广泛关注。

在中国第一部老龄产业发展蓝皮书《中国老龄产业发展报告（2014）》中明确指出，中国已经步入老龄社会初期，而中国式的老龄化问题与世界其他国家相比，有其独特之处。

目前业内普遍认为，中国老龄化的主要特征是增速快、规模大、未富先老。虽然与世界上很多国家和地区如日本、欧洲相比，中国老龄化问题出现时间不长，但近几年大有愈演愈烈的趋势，一方面中国人均寿命不断提高，另一方面由于中国实行的相关政策，导致年轻人口增长速度一直低于自然增长速度，在这两个因素的共同影响下，中国面临的老龄化问题更加严峻，很多人称之为“银发浪潮”或是“人口海啸”，中国老龄化问题已经引发全球关注。

值得注意的是，中国人口基数决定了老龄人口规模十分巨大。国家统计局公布数据显示，截至2014年年底，中国60岁以上的老人占到总人口的15.5%，达到了2.12亿。据预测，到2050年，全世界老年人口将达到20.2亿，其中中国老年人口将达到4.8亿，几乎占全球老年人口的四分之一。

在中国老龄化进入快速发展阶段的同时，还伴随着高龄化的快速推进。数据显示，目前中国80岁以上的高龄人口已接近2400万，占整个老龄人口的11%。此外，不容忽视的是中国空巢老人问题更加突出，目前在城市有54%的老年家庭是空巢家庭，而随着农村进城务工人数的增加，近几年农村空巢老人比例也已接近半数。

“在种种问题下，传统的家庭养老模式已经被无情打碎，因此需要社会化的服务和帮助跟进到老年人家庭，这也为中国养老事业提出了更高要求——满足老龄化社会快速发展的需求，适应高龄、失能、空巢家庭老人不断增长的现状。老年人群是整个人群当中最脆弱、最需要照顾、关爱的人群，因此健康、医疗等服务对他们来说极为重要”，有学者表示。

案例来源：陈荔．第一财经日报［N］. 2015（24）.

讨论题：人口老龄化对企业营销活动有何影响？

课后实践

1. 目的

理解市场营销环境对企业发展的重要性。

2. 任务

分析淘宝网页面变化的原因，比如消费者对网购的态度和行为习惯、京东和唯品会等电商巨头的产品策略调整对淘宝的影响。

3. 内容与步骤

（1）建立学习小组（5—6人为宜），并选出小组组长，由组长带领其他同学共同讨论。

（2）各小组依次推选出发言人就本小组收集的资料和讨论情况在课堂上进行陈述，同时鼓励其他小组成员进行提问，并作出回答。

第四章　消费者需求

☞【学习目标】

1. 理解消费者需求及其特征。
2. 掌握消费者的心理过程：认知过程、情感过程、意志过程。
3. 掌握影响消费者行为的各种因素。
4. 掌握消费者购买行为决策的一般程序。

☞【核心概念】

马斯洛的需求层次论；消费者的心理过程；影响消费者行为的因素分析；消费者购买行为决策程序。

案例引入

杰尼亚奢侈男装品牌的营销策略

杰尼亚是全球奢侈男装领导品牌，1910 年由 Ermenegildo Zegna 在意大利特里维罗创立，通过创新科技和直接采购原产地珍稀纤维，制造享誉全球的优质面料，为当代绅士提供品质优越的服装配饰。

2015 年，中国消费者将占奢侈品消费者的 35%。中国，很长时间来都被视作奢侈品行业的主要增长引擎，奢侈品消费市场的生力军，弥补了欧洲和日本市场的低迷需求。

中国人到底在买什么？“奢侈品的价格远高于它的成本”“奢侈品牌在中国代工已经不是秘密”，为什么还有那么多人心甘情愿地节衣缩食为其买单？

奢侈品卖的是一种感觉，强调的是：给消费者一个梦。Ermenegildo Zegna：1. 用心营造被尊重的感觉：用什么样的方法让客人感觉尊贵？“2010 年世博会期间，Zegna 集团从全国 VIP 客户名单中挑出部分客户，邀请他们到上海看世博会。在万人云集、人头攒动的中国馆等，免排队直接进入。带领 VIP 客人参观的，均为 Zegna 集团总监级别的高管。”“用心为顾客营造被尊重的感觉。最终这些被邀请参观的 VIP 后续购买力更大。”这是一场看似与商品毫无关联的活动，收获却不小。“如果只是盯着消费者的钱包，没有感情付出，所有的营销活动都会沦为空谈，顾客不是傻子。”2. 尊贵的品牌形象：从高品质服装面料起家的 Zegna（杰尼亚）集团，历经百年，其精益求精的服装面料至今仍为全球顶级男装品牌所采用。在中国高端商务男士中，Zegna 几乎是意大利高档男装的第一品牌。其实 Ermenegildo Zegna 在全球基本上属于国际二线服装品牌。Zegna 为什么能在中国成功？源于进入中国打的品牌策略。

1991 年，杰尼亚在北京王府井半岛精品廊开设第一家专卖店，试水中国市场，成为首个进入中国市场的奢侈男装品牌，第一个让国人知道一个顶级品牌对于面料和裁剪讲究之处。当年的奢侈品，因为高不可攀的价格以及极低的认知度，所以谨慎地选择将五星级酒店作为他们进入中国市场的“第一站”，也能充分显现小众消费的神秘性。国际时尚品牌，对于当时的中国人来说，就像王府饭店一样高不可攀又引人遐思。Zegna 的尝试在今天看来充满了勇气，尽管当时杰尼亚一件衬衣的价格比其他品牌产品高出很多，但是生意做得还不错，一年之内他们在上海又开了一家店。3. 低调、品位：“我们与其他奢侈品牌确实有所区别，中国文化中的含蓄与 Zegna 品牌希望延续的形象是一致的，我们相信，杰尼亚能在中国遇到越来越多的知音，他们的审美情趣和性格也将成为未来 Zegna 设计灵魂的一部分。”Zegna 家族第三代掌门人 Gildo 说。

现实情况是市场在变，消费者在变，奢侈品消费者中，为了“炫富”和“显示地位”的比重越来越低，更多的人为了享受高端生活品质，体现“品位”和“时尚”，不再“比阔显富”。Zegna 的低调沉稳、追求品质，更迎合中国男性消费心理：追求品质，不炫耀大牌。

不过近两年，奢侈品在中国市场同样面对巨大的挑战，这些名牌大佬困境来自于竞争对手和市场变化的快速发展，行业的寒冬正在步步逼近！造成的困境局面的原因有不少。首先，海外代购给国内奢侈品市场带来了不少的冲击。日本、韩国、欧美现在已经成为中国消费者更倾向于购买奢侈品的“宝地”。这其中有国内外市场价差、产品种类等因素，也受到国内假货泛滥、国内税制等影响。其次，商业地产高昂的地租，也使得之前借力有免租期纷纷开店的品牌店开始打退堂鼓，纷纷关店，以及错估了二三线城市的消费潜力。在一线城市市场饱和的情况下，众多奢侈品企业瞄准二三线城市市场，并高估了这些城市的消费实力，造成很多门店处于亏损状态，不得不以关闭收场。最后，奢侈品企业对于中国市场的了解还不够，未能把握消费者习惯，频频制定出错误的决策，如为应对反腐造成的影响而选择“去 logo 化”，此举非但没能重振业绩，反而使业绩下滑，并有损品牌价值。

奢侈品企业需调整自身发展策略，积极面对当前的经济新形态。业绩下滑不只是受政策和经济影响，还有自身在全球的管理问题，未来需进一步改善经营和拓展策略。商场如战场，想在迅速变化的业态中立于不败之地，唯有不断实战地学习！市场机会洞察、竞争战略、创意设计、渠道创新策略、营销创新、实战演练这些方面，企业营销策略都需要兼顾。

资料来源：http：//q. chinasspp. com/1-15063. html。

思考题：

1. 杰尼亚有哪些成功营销策略？

2. 杰尼亚在目前中国的市场营销应该如何顺应消费者市场的变化?

第一节 消费者需求

心理学认为，行为是动机实现的结果，动机是在需求的基础上产生的。因此，要研究消费者的行为，就离不开对消费者需求的研究，对消费者需求的探讨有助于我们对购买动机和购买行为的理解。

一、消费者需求的概念

消费者需求是指消费者对市场上商品和劳务的总需求，也就是人们为了生存和发展在市场上获得所需要的生产资料、生活资料或劳务具有货币支付能力的需要。人类为了延续生存、满足需要、丰富生活和发展自身，必然会对客观条件产生需要和渴求。这些需要和渴求，必须不断地通过市场内部的商品交换才能实现。商品都是为了满足消费者的某种需求而存在的，需求是行为个体的心理动力。在这种动力驱使下就会产生人们的购买行为，进而使个体的需求得到满足。商品的交换过程实际就是这种动力和行为周而复始的循环过程。

人们的需求在其发展过程中呈现出多样性的特点，总体而言可以划分为生理需求和社会需求两大类。生理需求是指人们为了延续和维持生命最基本的需求，包括人们为了解除饥饿、抵御寒冷和寻求栖身之地等对衣、食、住、行等方面低级的物质需要；社会需求是人类社会特有的需要，是指人们为了进行社会生产和社会交往等所产生的需要。如希望得到友谊、爱情、家庭生活的温暖，希望受到别人的尊重和承认，以及为实现某个奋斗目标而作出努力、获得成就等。社会需求包括物质需求和精神需求两部分，即人们的社会需求既要以一定的物质条件为基础，同时又必须以一定的精神追求为动力。

二、马斯洛的需要层次论

人类的需要一直是心理学家们研究的对象，并产生了有关需要的不同理论。其中美国人本主义心理学家马斯洛在 1943 年出版的《调动人的积极性的理论》著作中提出了需要层次论流传最广，是心理学家试图解释需要规律的主要理论。马斯洛把人类行为的动力从理论和原则上做了系统的整理，提出了人类动机最著名的理论——需要层次论。马斯洛把人的多种多样的需要归纳为五大类，并按照它们发生的先后次序分为五个等级(见图 4-1)。马斯洛的需要层次论，对研究人类的行为需要和动机具有重要的、普遍的意义。在消费领域内，虽不能用来解释所有消费者购买行为的动因，但它确实为我们认识消费动机提供了重要的理论依据。

(一) 生理需要

这是人类最原始的基本需要，包括饥、渴、性和其他生理机能的需要，它是推动人们行动的最强大的动力。马斯洛认为人的生理需要是最重要的，只要这一需要还没得到

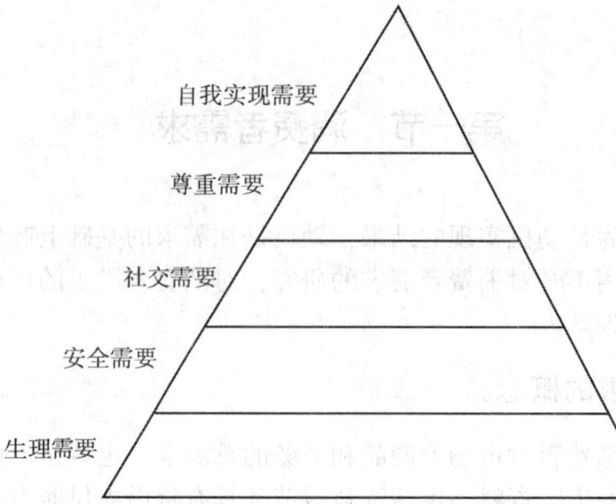

图 4-1　马斯洛需要层次理论

满足，他就会无视其他需要或把其他的需要搁置一边。这是人体内部某些生理状态的需要表现出来的行为。

（二）安全需要

当一个人的生理需要得到满足后，就想满足安全的需要。人们要求获得生命和财产安全，避免职业病的侵袭，希望解除严酷监督的威胁，要求避免意外事件的发生，等等。马斯洛认为人的整个有机体是一个追求安全的机制，人的感受器、效应器、智能和其他能量主要是寻求安全的工具。人们的这些需要在消费活动中处处可以表现出来。比如，人们乘坐交通工具既要准时，又要安全，在一些特殊的消费项目上还希望有人身保险等。

（三）社交需要

马斯洛的社交需要含有两方面的内容：一个是爱的需要，即人都希望伙伴之间、同事之间的关系融洽或保持友谊和忠诚。人人都希望爱别人，也渴望接受别人的爱；另一个内容是归属的需要，即人都有一种归属感，都有一种要求归属于一个集团或群体的感情，希望成为其中的一员并得到关心和照顾。社交需要比生理需要更细致，它和一个人的生理特性、经历、教育、宗教信仰都有关系。

（四）尊重需要

当社交需要得到满足后，人还希望自己有稳定的地位，有对名对利的欲望，要求个人能力、成就得到社会的承认等。马斯洛认为，尊重需要得到满足，能使人对自己充满信心，对社会满腔热情。但尊重需要一旦受到挫折，就会使人产生自卑感、软弱感、无能感，会使人失去生活的基本信心。受尊重的需要还同个体感到自己对这个世界有用的感觉有关，也与有关事物如衣服、汽车、教育、旅游和接待重要人物等能否增进自我形象有关。人们到一个知名度很高的场所进行消费，当然是会令人羡慕的，人们在这里进行消费的动机可能很多，但其中之一却可能是受为了满足尚未得到满足的受人尊重的需要的驱使。

（五）自我实现的需要

自我实现的需要是指实现个人的理想、抱负，发挥个人的能力于极限的需要。也就是说，人必须干称职的工作，是什么样的角色就应该干什么样的事，使他们在自己的工作和生活中得到最大的满足。简而言之，自我实现的需要是指最大限度地发挥一个人的潜能的需要。

在马斯洛看来，只有当低层次的需要满足之后，高层次的需要才能到来。但任何一种需要并不因为下一个高层次需要的出现而消失，只是高层次需要产生后，低层次需要对行为的影响变小而已。各层次的需要呈相互依赖与重叠的关系，如图 4-2 所示。

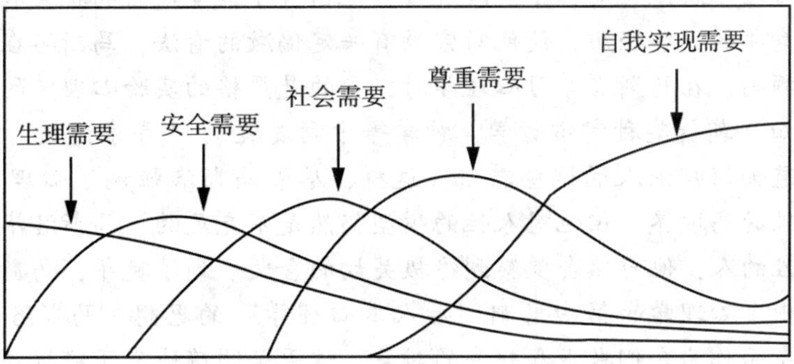

图 4-2　需要层次的心理发展关系

我们可以把消费结构及其发展态势分为三个阶段：

第一阶段：扩大衣食住的量，满足基本生活需要；

第二阶段：改善衣食住和生活环境的质，扩大闲暇的量；

第三阶段：衣食住及生活环境均已充足，提高闲暇的质，充实精神文化生活。

反映消费者需要的发展阶段，第一是以满足衣食住等生活需要为中心；第二是以安全舒适为中心；第三则是以精神生活为中心，渴求情感上的满足和心灵上的认同，即所谓“感性消费”时代。目前，在发展中国家人们仍以满足基本生活需要为主，但随着生产力的提高和生活条件的改善，消费者的需要会不断变化，市场结构会越来越复杂，而在发达国家，人们的心理精神需要往往占重要地位，已进入“感性消费”时代。因此，许多商品营销者的成败，就取决于他们能否满足消费者心理精神上的需要。

在消费者购买动机的形成过程中，内在需要是产生购买动机的根本原因，而外界刺激因素，包括商品实体和促销服务的刺激，如商品的良好质量、美观新颖的造型、精致漂亮的包装、合理实惠的价格以及生动活泼的广告宣传及热情周到的服务等，也是激发消费者购买动机的重要原因。消费者购买动机是消费者内在需要与外界刺激相结合，使主体产生一种动力而形成的。

趣味阅读

亚伯拉罕·马斯洛

亚伯拉罕·马斯洛（Abraham H. Maslow，1908—1970），当代最伟大的心理学家之一，曾担任美国心理学学会主席。他是人本心理学的奠基者之一，有“人本心理学之父”之称。《动机与人格》是他最重要的著作之一。在这本著作中，他提出了许多精彩的理论，包括人本心理学科学观的理论、需要层次论、自我实现理论、无动机理论、心理治疗理论、高峰体验理论等。他的需要层次论的影响，已经远远超过了心理学，涉及多个领域。

马斯洛的心理学思想也有一个发展过程，他出身于俄罗斯裔的犹太教家庭，由于他自身的素质和童年的一些经历，使他对宗教有一定偏激的看法，马斯洛在年轻时形成了一种无神论的倾向，在马斯洛学习心理学时，受的是严格的实验心理学的训练，这使他在面对人的认知“朝着某种宇宙哲学、神学等方向发展”、“寻求意义”等特点时，有些犹豫，不知道如何归纳人的这些特征，这样，尽管马斯洛强调了心理学要以人为中心，强调了人性的高境界，但他对人性的模型仍然是不充足的。马斯洛毕竟是一位极具开发性和创造性的人，他自然会觉察到终极关切的含义。到了晚年，马斯洛对人的灵性更加关注，提出了心理学的第四思潮“后人本心理学”的思想。马斯洛说我们需要某种大于我们的东西作为我们敬畏和献身的对象，这更是明确地有了终极关切的含义。

资料来源：马斯洛著，徐金声译．动机与人格（第三版）［M］. 北京：中国人民大学出版社，2012.

第二节　消费者心理过程分析

消费者心理是指消费者在购买商品过程中的一种思维活动。消费者心理是复杂多变的，从消费品的购买到消费，消费者心理过程可以概括为三种不同的心理过程，即认知过程，情绪过程和意志过程，三个过程相互依赖和促进，能够激起人们进行一定的消费活动。

一、消费者的心理过程

消费者的心理活动过程，指的是消费者在其购买行为中的心理活动的全过程，是消费者的不同心理活动现象对商品现象的动态反映。消费者的心理过程，大致可以分为认知过程、情绪过程和意志过程三个部分，在这些不同的过程中，消费者的心理行为直接地反映出消费者个体的心理特征。

（一）消费者的认知过程（Cognition）

消费者购买行为的心理活动，是从对商品的认知过程开始的，这一过程构成了消费者对所购买商品的认识阶段和知觉阶段，是消费者购买行为的重要基础。在这里，认知过程指的是消费者对商品的个别属性（如形状、大小、颜色、气味等的各个不同感觉）相互间加以联系和综合的反映过程。在这一过程中，消费者通过自身的感觉、记忆和思维等心理活动，来完成认知过程的全部内容。消费者的感觉过程，是指商品直接作用于消费者的感官、对消费者加以刺激而引起的过程。在这一过程中，消费者获得有关商品的各种信息及其属性的材料，如厂牌、商标、规格、用途、购买地、购买时间和价格等，是消费者接触商品最简单的心理过程。在购买中，消费者借助于触觉、视觉、味觉、听觉和嗅觉等感觉来接受有关商品的各种不同信息，并通过神经系统将信息感觉传递到神经中枢，产生对商品个别的、孤立的和表面的心理印象。

在消费者对商品产生心理印象，也即对商品产生感觉之后，在感觉的基础上，消费者的意识还会随着对感觉材料的综合处理，把商品所包含的许多不同的特征和组成部分加以解释，在头脑中形成进一步反映商品的整体印象。这一过程，就是消费者的知觉过程。在这一过程中，消费者在头脑中形成了对商品的完整形象，从而对商品的认识更进了一步。当然，在日常生活中，消费者对商品从感觉到知觉的认识过程，在时间上几乎是瞬间或同步完成的。

感知是消费者对商品的外在特征和外部联系的直接反映，是原始形态的，是对商品认识的初级阶段。但是，消费者只有通过这一阶段，才能为进一步认识商品提供必要的材料，形成记忆、思维、想象等一系列复杂的心理过程。在此基础上，对商品产生信任情感，采取购买行为。在购买中，消费者借助于记忆，对过去曾经在生活实践中感知过的商品、体验过的情感或有关的知识经验，在头脑中进行反映的过程，也是异常复杂的认识过程。它包含对过去所经历过的事物或情感或知识经验的识记、保持、回忆和认识等过程，在消费者的购买行为中起着促进购买行为的作用。如果消费者的生活经验或购买经验在神经中枢中没有存贮，或者在消费者的神经中枢中没有存贮有关商品的任何信息的话，就必然会影响到消费者对商品的认识，使消费者难于完成对商品的认识过程，这样，就很难促成购买行为。所以，在广告宣传中，采取强化记忆的手段来强化认知，是相当重要的。

此外，在消费者发生对商品的表象认识，并在神经中枢中建立起商品的印象之后，他就会把对商品的认识过程更向前推进一步，使认知过程从表象形式向思维过渡，进一步认识商品的一般特性和内在联系，从而全面地、本质地把握住商品的内在品质。这一思维过程是认识过程的高级阶段——理性认识阶段。在这一过程中，消费者对商品在神经中枢中进行概括，产生间接的反映，从而使消费者间接地理解和把握那些没有感知过的或根本不可能感知的事物。在这一过程中，消费者还始终保持着与感知、表象的联系，即保持着商品的个别属性与整体形象的联系，以继续发挥感知和表象的认识功能，从而使认识的两个阶段互相转化，交替发展，相互制约和相互促进，完成对商品的认知过程。

在购买活动中，消费者借助于认识过程的感知与表象获得第一信号系统的信号，即形象的信息，而在思维过程中，则获得抽象思维的信息。两种系统信息在神经中枢的交替作用下直接影响消费者的购买决策。

（二）消费者的情绪过程（Emotion）

消费者对商品的认知过程，是采取购买行为的前提，但并不就等于他必然采取购买行为。因为消费者是生活在复杂的社会环境中的具有思维能力的人，是容易受影响的个体，因此，他们在购买商品时将必然地受到生理需求和社会需求的支配，两者构成其物质欲求的强度。由于生理欲求和社会欲求会引起消费者产生不同的内心变化，可以造成消费者对商品的各种情绪反应。如果情绪反应符合或满足了其消费需要，就会产生愉快、喜欢等积极态度，从而导致购买行为；反之，如果违反或不能满足其消费需要，则会产生厌恶态度，就不会产生购买欲望。消费者对待客观现实是否符合自己的态度而产生的行为态度，就是购买心理活动的情绪过程。情绪过程是消费者心理活动的特殊反映形式，贯穿于购买心理活动的评定阶段和信任阶段，因而，对购买活动的进行有着重要影响。

消费者的情绪表现，大多数是通过其神态、表情、语气和行为等来表达。各种情绪的表达程度也有着明显的差异。消费者在购买活动中的情绪表现，大致可以分为三大类：积极的、消极的和中性的。在购买活动中，消费者的情绪主要受购买现场、商品、个人喜好和社会环境的影响。

1. 购买现场环境的影响

购买现场环境条件，是影响消费者情绪的重要因素。宽敞明亮、色彩柔和、美观典雅、气氛祥和的商场，会引起消费者愉快、舒畅的情绪反应，使消费者处于喜悦、欢快的积极情绪之中，从而刺激消费者的购买欲望，反之，环境条件差的场所，则会使消费者产生厌恶、烦躁的情绪。

2. 商品因素的影响

商品本身是影响消费者情绪的另一个因素，当商品能使消费者产生符合自己过去经验所形成的愿望需要的想法时，就会产生积极的情绪，从而导致购买；反之，就会形成消极情绪，打消购买欲望。在现实购买活动中，消费者的情绪演化，是随着对商品的认识过程而发生变化的。随着对商品的深入了解，会产生对商品的“满意——不满意”、“愉快——失望”这样的对立性质的情绪变化。如在购买商品时，消费者发现某种商品的外观好，则会引起愉快情绪，但在深入认识商品时，发现商品的品质较差，则会转变情绪，产生对商品的不满意态度。

3. 社会环境的影响

影响消费者情绪的第三个因素，是消费者本人在进行购买活动时自身所带有的情绪态度，如欢愉、开朗、振奋或忧愁、悲观等。消费者的这种持久情绪的形成，是以他的心理状况为背景的。这种心理状况背景包含多项内容，如消费者的生理特点、性格倾向、生活经历、事业成败、需求顺逆、道德观念、社会地位、理想信念，乃至生活环境、身体状况和社会关系等。消费者的这些心理背景的差异，构成了各自不同的情绪状态，而这种状态是使消费者的购买心理和购买行为染上同质情绪色彩的根源。

由社会性需要所引起的情感，是人类的高级社会性情感，这种情感具有稳定的社会内容，往往以鲜明的、突发性的情绪表现形式表达出来。这种情感对消费者的购买行为也是具有很明显的影响的，因为它代表了人的社会欲求。

消费者的社会性情感可以分为三类：道德感、理智感和美感等。所谓道德感，就是消费者依据社会道德的行为规范去评价事物时产生的一种情感反应。如服务人员的热情、礼貌，因为符合道德原则，就会使消费者产生诸如赞赏、友谊、满足和人情归属的感觉，并以愉悦、兴奋和欣喜的情绪反应表现出来。所谓理智感，是消费者的求知欲望是否得到满足时产生的一种情感。消费者对一些结构新奇、功能特殊、性能复杂的商品进行认识活动时，所产生的疑惑、求知、好奇和自信、犹豫都属于理智感，他们都可能促使消费者作出某种情绪反应。所谓美感，是消费者出于审美的需要，对客观事物或社会现象和它们在艺术上的反映进行评价时产生的心理体验。

在购买活动中，消费者由于有着各自不同的心理背景和美感能力，必然使他们在购买过程中对客观事物或社会现象的反应具有不同的情绪方式，从而导致不同的购买行为。

（三）消费者的意志过程（Will）

在购买活动中，消费者表现出有目的的和自觉的支配和调节自己的行为、努力克服自己的心理障碍和情绪障碍、实现其既定购买目的的过程，这被称为消费者的心理活动的意志过程。它对消费者在购买活动中的行动阶段和体验阶段有着较大影响。

消费者的意志过程具有两个基本特征：一是有明确的购买目的；二是排除干扰和困难，实现既定目的。

消费者对商品的意志过程，可以在有目的的购买活动中明显地体现出来。在有目的的购买行为中，消费者的购买行为是为了满足自己的需要。因而，总是在经过思考之后提出明确的购买目标，然后有意识、有计划地去支配自己的购买行为。消费者的这种意志与目的性的联系，集中地体现了人的心理活动的自觉能动性。意志对人的心理状态和外部行为进行调节，推动人实现为达到预定目的所必须的情绪和行动，同时，还制止与预定目的相矛盾的情绪和行动。意志的这种作用，可以帮助人们在实现预定的目的的过程中克服各种阻挠和困难，使购买目的顺利实现。在意志行动过程中，消费者要排除的干扰和克服的困难是多种多样的，既有内在原因造成的，也有外部因素影响的结果。并且，由于干扰和困难的程度不同，以及消费者意志品质的差异，消费者对商品的意志过程有简单和复杂之分。简单的意志过程一般是这样的，在确立购买目的之后，立即就付诸行动，从决定购买过渡到实现购买；而复杂的意志过程则是这样的，在确立购买目的之后，从拟定购买计划到实现购买计划，往往还重要付出一定的意志努力，才能把决定购买转化为实行购买。

在消费者由作出购买决定过渡到实行购买决定的过程中，由于要克服主观和客观两方面的困难，使实行购买决定成为真正表现出消费者意志的中心环节，就不仅要求消费者克服内在困难，还需要他创造条件，排除外部障碍，为实现既定的购买目的付出意志的力量。

总而言之，消费者心理活动的认知过程、情绪过程和意志过程，是消费者决定购买的心理活动过程的统一，是密不可分的三个环节，其相互作用关系也是显而易见的。意志过程有赖于认知过程，并促进认知过程的发展和变化。同时，情绪过程对意志过程也具有深刻的影响，而意志过程又反过来调节情绪过程的发展和变化。

第三节　消费者购买动机分析

一、消费者购买需要、动机与行为

动机是指直接引发、维持个体的行为并将行为导向目标的心理动力。消费者购买动机就是指直接引发、维持消费者的行为并将其行为导向购买目标的心理动力。那么这种心理动力是什么呢？回答了这个问题，也就解决了消费者购买的直接原因。消费行为的产生，其直接的心理动因是消费者的购买动机，而隐藏在动机背后的原因则是消费者的需要。需要和动机、动机和行为之间的关系如图 4-3 所示。需要产生动机，动机产生行为，整个过程受到行为主体的人格因素和外在环境的影响。

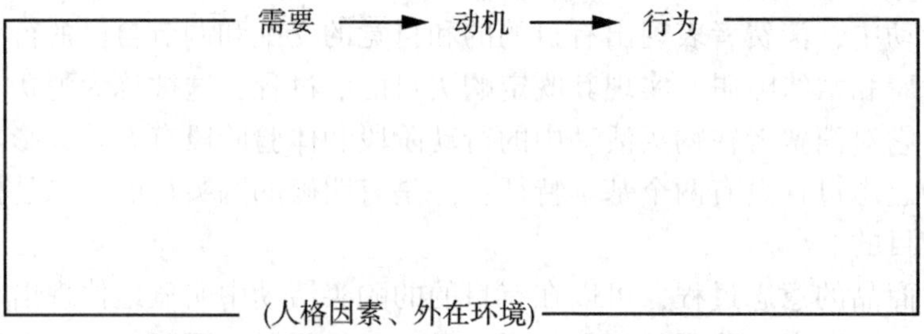

图 4-3　需要、动机、行为三者的关系

人是自然属性和社会属性的统一体，对其自身和外部生活条件有各种各样的要求。当某种生理或心理因素缺乏时，就导致生理或心理上的匮乏状态。当这种匮乏状态达到一定程度，必须进行调节时，个体就感到需要的存在，进而产生恢复平衡的要求。首先是生理平衡。人体内必须不断补充一定的物质和能量才能生存，如食物、水、热量等。这些物质与能量的吸入量由体内复杂的生理系统进行调节，维持着人的生理平衡状态。以饮食调节为例，人的生理调节机制时刻检测着食物和水的数量、时间。当达到某种临界值时，便产生某种生理需要，人受到激发从而产生饮食行为。其次，是心理平衡。人的生理失调主要在于有机体内部的刺激，而心理失调主要取决于有机体外部的刺激，这种外部刺激既有物质的，又有精神的。当心理失去平衡时，个体就产生心理上的需求，如有爱的需要、求知的需要、审美的需要等。因此，需要是个体缺乏某种东西时的一种主观状态。它是客观需求的反映，这种客观需求既包括人体内的生理需求，也包括外部的、社会的需求。它们在演化为心理现象之后，表现为需要。

二、消费者购买动机的类型

动机是由需要产生的，人的需要有多种多样，动机也有多种多样。消费者的需要可分为生理需要和心理需要两大类，因而购买动机也可分为生理性动机和心理性动机两大类。

(一) 生理动机

生理动机是由生理需求所引发的驱使力，有较强的同质性、普遍性。主要包含以下几种类型：

（1）维持生命动机。是由消费者在生理需求的最基本方面，如吃、喝等需求引起的购买动机。它是一种最低级的动机形式。

（2）保护生命动机。是由消费者在生理需求的基本方面，如穿、住等需求引起的购买动机。这种动机虽然有了一定的进步，但仍然属于低级的动机形式。

（3）延续生命动机。是由消费者在生理需求的较高级方面，如婚、丧、嫁、娶等需求引起的购买动机。这种动机属于生理动机的次高级形式。

（4）发展生命动机。是由消费者在生理需求的高级方面，如医疗、健康、保障等需求引起的购买动机。对生命的发展往往带有一定的社会属性，因而这种动机属于生理动机的高级形式。

（二）心理动机

心理动机由消费者心理变化所引发的驱使力，有较强的差异性。主要包含以下三个方面：

1. 理智动机

理智动机是建立在人们对所要购买的商品客观、全面认识的基础上，反复比较各个在线商场的商品之后所产生的购买动机。众多购物者大多是中老年，具有较高的分析判断能力。这种购买动机具有客观性、周密性和可控性的特点。在理智购买动机驱使下的消费者，首先注意的是商品的先进性、科学性和质量高低，其次才注意商品的经济性。这种购买动机的形成，基本上受控于理智，而较少受到外界信息的干扰。

2. 感情动机

感情动机是指消费者在购买活动中由于情绪和情感的变化而引起的购买动机。这种购买动机还可以分为情绪动机和情感动机两种形态。情绪动机是由人的喜、怒、哀、欲、爱、恶、惧而引起的。这种购买动机一般具有冲动性、不稳定性的特点；情感动机是由人的道德感、美感、理智感所引起的，具有稳定性、深刻性的特点。

3. 惠顾动机

惠顾动机是基于理智上和感情上的经验，对特定的商品产生特殊的信任与偏好而重复地、习惯性地前往购买的一种动机，也称信任动机。惠顾动机的形成，经历了人的意志过程。它之所以产生，或者是由于某一驰名商标具有相当的地位和权威性；或者是因为产品质量在消费者心目树立了可靠的信誉。

第四节　消费者购买行为分析

这里所说的购买行为是狭义的购买行为，是指消费者在购买动机的支配下进行实际购买的活动。对消费者购买行为进行分析，找出规律加以利用就可以使企业的市场销售达到事半功倍的结果。

一、消费者购买行为模式

消费者动机理论其着眼点是从宏观、整体上解释消费者为什么要购买产品，而消费者购买行为模式则是从中观的角度探讨消费者实际的购买行为。消费者购买行为模式是指用于表述消费者购买行为过程中的全部或局部变量之间因果关系的图式的理论描述。在西方理论界影响较大的、具有代表性的消费者购买行为模式，包括科特勒的刺激反应模式、马歇尔模式、巴甫洛夫模式、维布雷宁模式以及哈华德-希思模式，等等。这里主要介绍科特勒的刺激反应模式。

美国著名市场营销学家菲利普·科特勒在其《市场营销管理》亚洲版中提出了一个非常简洁的消费者购买行为模式，他认为，消费者行为模式一般由三部分构成（如图 4-4 所示）。

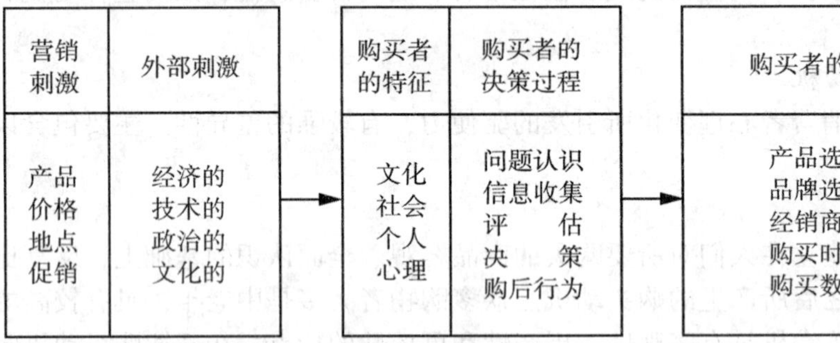

图 4-4　科特勒的刺激反映购买行为模式

第一部分包括企业内部的营销刺激和企业外部的环境刺激两类刺激，它们共同作用于消费者并引起消费者的注意；第二部分包括购买者的特征和购买者的决策过程两个因素，它们将得到的刺激进行加工处理；第三部分是购买者的反应，即决策过程加工处理的结果，它是消费者购买行为的实际外化，包括产品的选择、品牌选择等。三部分很清晰地把消费者的购买过程描述出来，如果我们想继续深入探讨，则可以从任何一部分入手，例如，对购买者的特征继续探讨，如图 4-5 所示。

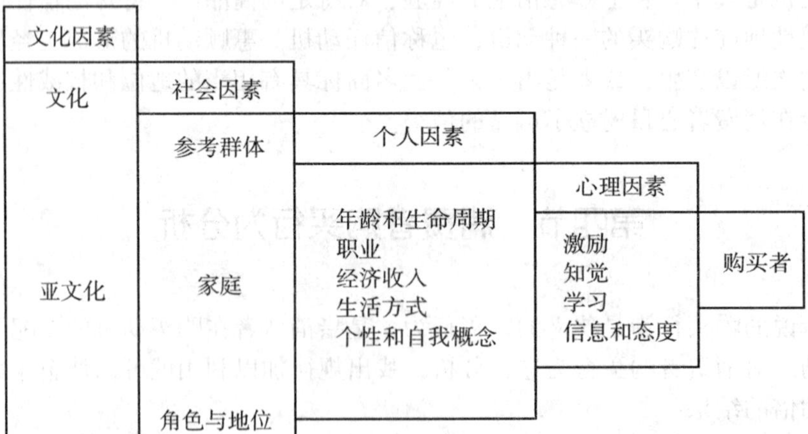

图 4-5　消费者特征因素细分

知识拓展

哈华德-希思模式

哈华德-希思模式包括四个变量，即投入因素（刺激因素）、内在因素、外在因素和产出因素。消费者内心接受投入因素的程度，受需求动机和信息反应敏感度的影响，而后者又决定于消费者购买欲望的强度和“学习”的效果。消费者往往对感兴趣的对象显示出“认知觉醒”，对无关的对象信息则表现出“认知防卫”。消费者的偏好选择受内心“决策仲裁规则”制约。“决策仲裁规则”是指消费者根据动机强度、需求紧迫度、预期效果、消费重要性和过去的学习等，把各种消费对象排列顺序、按序消费的心理倾向。

二、影响消费者购买行为的因素分析

消费者购买行为分析要解决的问题是“消费者是如何进行购买决策的?”假如我们能够掌握消费者的决策过程及其影响因素，就可以设法通过影响和控制这些因素来影响消费者的购买行为，从而达到提高营销绩效的目的。

消费者行为取决于他们的需要和欲望，而人们的需要和欲望以至消费习惯和行为，是在许多因素的影响下形成的。这些因素可分为：个人因素、心理因素、社会因素和文化因素。

（一）个人因素

个人因素是消费者购买决策过程最直接的影响因素，也是最易识别的因素。它包括消费者的年龄与人生阶段、职业、经济状况、生活方式、个性及自我观念的影响。年龄不同的消费者，需要与欲望是有所不同的，即使是相同的，其需求量也有较大差别。人们在一生中购买的商品和食品是不断变化的，幼年时吃婴儿食品，发育和成熟时期吃各类食物，晚年吃特殊食品。同样，人们对衣服、饰物和娱乐的喜好也同年龄有关。一个人的职业也影响他的消费观念，如蓝领工人一般会去买工作服，而白领人员一般都会去买西服、领带。可见职业对消费的影响常常是显而易见的。经济状况包括收入、储蓄、资产、债务、借贷能力以及对待消费与储蓄的态度等。消费者的经济状况既与个人能力有关，也与整个经济形势有关。生活方式就是人们在活动、兴趣和思想见解上表现出的生活模式。根据研究的目的不同，生活方式可以从不同的角度进行划分。个性是一个人所特有的心理特征，它导致一个人对其所处环境的相对一致和持续不断的反应。

营销实践

价格上涨如何影响消费者购买行为

“物价上涨”已成为中国快速消费品领域最敏感的话题之一。面对成本上涨、毛利锐减、盈利率下降的压力，很多企业不得不进行价格体系的调整。那么，价格上涨对消费者购买行为有何影响？

虽然价格上涨对整体市场影响不大，但对消费者的购买行为还是有一定的影响。从TNS Worldpanel China消费者指数研究数据看，整体市场虽然平静如镜，局部市场却波澜壮阔，消费者面对价格上涨的购买行为变化值得我们企业去关注、洞察和研究。

1. 价格上涨加大消费者对品类及品牌的转换

TNS Worldpanel China多品类研究表明，价格上涨对任何一个品类和品牌来说，都会产生短期的“市场休克”现象：价格一旦上涨，消费量就会马上下滑。这是由于消费者发生了品类或品牌转换。通过继续观察和研究我们发现这样一个转换规律普遍存在：品牌内转换跨品牌转换跨品类转换。面对价格上涨，消费者优先在品牌内进行转换，尽可能去找这个品牌的其他产品；如果这样难以满足他们的需求，就会跨品牌进行转换；如果这样还是不能满足他们的需求，则开始跨品类转换。而且，越是强势品牌，这种规律就越明显。

2. 面对价格上涨，中高收入家庭出现“两极跳”

面对价格上涨，低收入家庭普遍选择单价更低的产品，或减少自己的消费量，甚至短期内干脆停止消费原来所消费的品类或品牌。这种现象非常普遍，也容易理解。然而，中高收入家庭却呈现出不同的特征。面对价格上涨，他们也会寻找更便宜的产品，但与低收入家庭所不同的是，他们往两个方向都消费，即：要么选择更便宜的产品，要么选择更贵的产品。

3. 价格上涨过程中，重度消费者“镇定自若”

在价格上涨过程中，我们对不同品类的重、中、轻消费者进行跟踪发现，很多品牌的重度消费者在涨价面前表现出的消费行为非常稳定，这对整体市场的大体稳定起到至关重要的作用。产品价格的显著上涨就像地震，必然会引起大规模的恐慌和混乱。在很多品类的消费中，中度和轻度消费者成为导致这种“混乱”的因素。价格一旦上涨，他们就会纷纷进行品牌、品种和品类间的转换，甚至短期内干脆停止原来所消费的品牌或品类。然而，重度消费者没有这么做，他们虽然在一定程度上也出现转换、放弃等行为，但总体上非常稳定，持续消费自己该消费的产品或品牌。

我们把价格上涨过程中的消费者分为两大类：使用者和流失者。“使用者”的定义是，第一时间段购买某品牌特定产品，并且在第二时间段没有减少购买的消费者；而“流失者”则是，第一时间段购买某品牌特定产品，而第二时间段却没有购买或减少购买的消费者。把消费者这样分类后发现，价格上涨过程中，重度消费者确实功不可没，他们在很多品类的“使用者”消费总量中占到70%以上的份额，而在“流失者”消费总量中所占比例却低很多。

资料来源：根据百度学术文字整理。

思考题： 为什么经济因素会影响消费者的购买行为的转变？

（二）心理因素

这里所指的心理因素主要包括：动机、知觉、学习、信念和态度等，它们对消费者购买决策过程都有较强烈的影响。

1. 动机

动机是引起人们为满足某种需要而采取行动的驱动力量。一般地说，最缺乏的需要常常是行为的主要动机。因此，关于消费者动机的研究主要集中地转为对需要的研究。我们在前面也了解到动机就是由需要引起的、推动人们实施购买行为的驱动力。动机的产生必须具备两个条件，一是具有一定强度的需要；二是具有满足需要的目标和诱因。

2. 知觉

按照心理学说法，对事物各种属性的各个部分及其相互关系的综合反应，则称为知觉。对客观事物的综合反应可能是正确的，也可能是片面的，甚至错误的（错觉）。知觉是接受刺激的第一道程序，它对刺激进行筛选、组织、归类和抽象，找出它们之间的关系，再赋予一定的意义，然后形成经过提炼的信息，指导人的行动。产品、广告等营销刺激只有被消费者知觉才会对其行为产生影响。

3. 学习

学习是指人们经过实践和经历而获得的，能够对行为产生相对永久性改变的过程。消费者的需要和行为绝大部分是后天习得的。通过学习，消费者获得了丰富的知识和经验，提高了对环境的适应能力。同时，在学习过程中，其行为也在不断地调整和改变。消费者的学习与记忆是紧密联系在一起的，没有记忆，学习是无法进行的。

4. 信念与态度

信念与态度是同价值观念紧密相关的概念。价值观念对消费者行为有很大的影响。具有相同或相似观念的消费者对价格和其他营销刺激因素往往会有相同或相似的反应。通过行为和学习，人们获得了自己的信念和态度，而信念和态度又反过来影响人们的购买行为。

（三）社会因素

影响消费者行为的社会因素，主要包括消费者相关群体、家庭、社会角色与地位等。

1. 相关群体

从消费者行为分析角度，研究群体影响至关重要。首先，群体成员在接触和互动过程中，通过心理和行为的相互影响与学习，会产生一些共同的信念、态度和规范，它们对消费者的行为将产生潜移默化的影响。其次，群体规范和压力会促使消费者自觉或不自觉地与群体的期待保持一致。即使是那些个人主义色彩很重、独立性很强的人，也无法摆脱群体的影响。再次，很多产品的购买和消费是与群体的存在和发展密不可分的。

2. 家庭

家庭是社会的基本单位。在正常情况下，人的一生大多是在家庭中度过的。家庭对个体性格和价值观的形成，对个体的消费与决策模式均产生非常重要的影响。家庭既是很多产品的基本消费单位，又是重要的社会群体，消费者的购买模式无不受家庭影响。就一般情况而言，一个家庭消费决策过程中至少涉及5种角色，他们是倡议者、影响者、决策者、购买者和使用者。值得注意的是，家庭中产品的使用者通常都不是购买者，在有的购买活动中，大部分角色都由一个人来承担，在另外的购买中，则可能由多人分别承担不同的角色。

3. 社会角色和地位

每一个人都在社会或群体中占据一定的位置，围绕这一位置，社会对个体会有一定的要求或期待。当个体依照社会的期待去履行义务、行使权利时，他就是在扮演一定的角色。在现实生活中，人们需要扮演各种各样的角色。角色是个体在特定社会或群体中占有的位置和被社会或群体所规定的行为模式。虽然角色直接与社会的人相联系，而且必须由处于一定社会地位的人来承担，但它是建立在位置或地位的基础上的。在人的一生中，个人所承担的角色并不是固定不变的。随着生活的变迁和环境的变化，个体会放弃原有的一些角色，获得新的角色和学会从一种角色转换成另外的角色。在此过程中，个体的角色相应地发生了改变，由此也会引起他对与角色相关的行为和产品需求的变化。

（四）文化因素

文化因素包括文化、亚文化及社会阶层。社会文化常常直接或间接地影响消费者的兴趣、爱好、思想等，进而施加影响于消费者的行为。生活在不同文化环境的人，其价值观念、行为方式、行为习惯、行为准则等也就不同。社会文化分为地理文化、种族文化、民族文化、宗教文化等，因此不同的地理区域、不同的种族、不同的民族、有不同宗教信仰及风俗习惯的消费者，他们的消费行为可能是大相径庭的。一个总的趋势是，社会生产力发展水平越高，社会文明的发育程度越高，社会文化对于消费者行为影响的积极、进步因素就越多，社会整体的消费水平和消费质量就越高。

三、消费者购买行为决策的一般程序

消费者在各种因素影响下形成动机，引发消费行为。消费者行为集中表现为购买商品，但购买者作出决策并非一种偶然发生的孤立现象。购买者在实际购买商品之前，必然会有一系列的活动，购买之后还会有购后感受。购买者完整的决策过程是以购买为中心，包括购前购后一系列活动在内的行为过程。具体说来，购买者决策过程一般可分为五个阶段（见图4-6）。

（一）引起需要

引起需要是购买者行为的起点。这一阶段需要有新、奇、美的商品及广告刺激唤起及强化消费者的需要。当消费者在现实生活中感觉到或意识到实际与其企求之间有一定差距，并产生了要解决这一问题的要求时，购买决策过程就开始了。这种需要，可能是

图 4-6　购买决策过程

由内在的生理活动引起的，也可能是受外界的某种刺激引起的，如看到别人穿新潮时装，戴金首饰，自己也想购买；路过水果店看到新鲜的水果决定购买等，或者是由内外两方面因素共同作用的结果。

市场营销人员应注意识别引起消费者某种需要和兴趣的环境，并充分注意到两方面的问题：一是注意了解哪些与本企业的产品实际上或潜在的有关联的驱使力；二是消费者对某种产品的需求强度会随着时间的推移而变动，并且被一些诱因所触发。在此基础上，企业还要善于安排诱因，促使消费者对企业产品产生强烈的需求，并立即采取购买行动。

（二）搜集信息

如果唤起的需要很强烈，可满足需要的商品易于得到，消费者就会希望马上满足他的需要。多数情况下，消费者的需要并非马上就能获得满足。他必须积极寻找或搜集信息，以便尽快完成从知晓到确信的心理程序，作出购买决策。消费者获取信息的来源一般有以下四个：个人来源，即从家庭，朋友，邻居和其他熟人处得到信息；商业来源，即从广告、售货人员介绍、商品展览或陈列、商品包装和说明书等得到信息，这是消费者获取信息的主要来源；公众来源，即从报刊、电视等大众传播媒介的宣传报道和消费者组织的有关评论中得到信息；经验来源，即通过自己参观、试验和实际使用商品得来的经验。

在这一阶段中，市场营销人员既要千方百计地做好商品广告宣传，吸引消费者的注意力，又要努力做好商品陈列和说明，使消费者迅速获得对企业有利的信息。

（三）评估比较

对搜集到的信息进行比较评估，这是决策过程的决定性环节。这一阶段，企业应加大宣传，改变消费者对心目中的品牌、产品的信念和标准。消费者得到的各种有关信息，可能是重复的，甚至互相矛盾的，因此还要进行分析、评估和比较，这是决策过程中决定性的一环。

消费者的评估选择过程，有以下几点值得营销者注意：产品性能是购买者所考虑的首要问题；不同消费者对产品的各种性能给予的重视程度不同或评估标准不同；消费者中既定的品牌信念与产品的实际性能可能有一定差距；消费者对产品的每一性能都有一个效用函数；多数消费者的评选过程是将实际产品同自己理想中的产品相比较。

（四）购买决策

这是购买者决策过程的中心环节。购买决策通常有三种情况：一是消费者认为商品质量、款式、价格等符合自己的要求和购买能力，决定立即购买；二是认为商品的某些方面还不能完全满意而延期购买；三是对商品质量、价格等不满意而决定不买。消费者的购买决策是许多项目的总抉择，它包括购买何种产品，何种牌号、何种款式、数量多少、何时购买、何处购买，拟什么价格购买、以什么方式付款，等等。

购买决策是消费者购买行为过程中的关键阶段，营销者在这一阶段一方面要向消费者提供更多更详细的商品信息，以便使消费者消除各种疑虑；另一方面要通过提供各种销售服务，方便消费者选购，促进消费者作出购买本企业产品的决策。

（五）购后感受

产品在被购买之后就进入了购后阶段。此时，市场营销人员的工作并没有结束。购后感受是消费者对已购商品通过自己使用或通过他人评估，对满足自己预期需要的反馈，重新考虑购买了这种商品是否是正确选择，是否理想，从而形成的感受。这种感受，一般表现为满意、基本满意和不满意三种情况。消费者购后感受的好坏，会影响到消费者是否重复购买，并将影响到他人的购买问题，对企业信誉和形象关系极大。购买者购后感受是企业产品是否适销的一种极为重要的反馈信息，它关系到这个产品在市场上的命运。西方许多企业信奉的名言是："最好的广告是满意的顾客。"

消费者的满意程度，取决于消费者对产品的预期性能与产品使用中的实际性能之间的对比。也就是说，如果购后在实际消费中符合预期的效果，则感到基本满意；超过预期，则很满意；未能达到预期，则不满意或很不满意。实际同预期的效果差距愈大，不满意的程度也就愈大。市场营销人员应采取有效措施尽量减少购买者买后不满意的程度，并通过加强售后服务、保持与顾客联系、提供使他们从积极方面认识产品的特性等方式，以增加消费者的满意感。因此，企业要注意及时收集信息，加强售后服务，采取相应措施，进一步改善消费者购后感受和提高产品的适销程度。

市场营销人员通过了解购买者如何经历引起需要、寻找信息、评价行为、决定购买和购后行为的全过程，就可以获得许多有助于满足消费者需要的有用线索；通过了解购买过程的各种参与者及其对购买行为的影响，就可以为其目标市场设计有效的市场营销计划。

思考题：

1. 为什么说购买者行为模式从根本上讲是一种"认识—刺激—反应"模式？
2. 哪些因素会在消费者购买的时候产生影响？举例说明。
3. 针对消费者购买过程的特点，企业可采取哪些相应的营销策略？
4. 为什么说"银货两讫"后，企业营销工作还没有结束？

课后案例

谁告诉你年轻人更喜欢手机购物的？95 后可不是这样的

在买买买这件事情上，较之"前辈"80 后和 90 后们，95 后消费群体似乎"别具一格”，而其惊人的购买力也让商家们不得不把注意力聚焦在他们身上，想方设法地讨好之，但是……着手点对了吗？日前埃森哲发布《全球95后消费者调研中国洞察》报告中，总结了中国95后消费群体的几大特征，虎嗅摘贴如下，欢迎对号入座。

一、去哪买？电脑+实体门店胜过手机购物

调查显示，中国95后消费者前往门店购物的比例（31%）远高于其使用手机（24%）和平板电脑（4%）购物的比例。而从趋势来看，80后和90后选择去门店消费的比例分别为34%和33%，95后的31%略有缩减，但变化并不明显。但95后用电脑网购的比例远远高于80后（34%）和90后（30%）。可见，新一代消费者并没有大步迈入移动互联网时代，一定程度上反而是回归到了电脑购物。不过值得注意的是，在门店购物时，95后消费者往往非常看重数字化体验。

二、怎么买？社交媒体是好去处

就购物来说，95后消费者也更喜欢用社交媒体直接购物。70%的95后愿意在社交媒体上购物，并且用社交媒体进行网购的频次增长趋势高于80后和90后。与80后和90后偏向通过微信购物不同，95后更偏向于使用微博购物，后者比例高达36%。此外，直播、视频这类社交媒体也很受欢迎。

三、我行我素？不存在的，评价很重要，反馈也很重要

调查显示，相对于商品价格，95后消费者更在意品牌和评价。其中，只有不到10%的95后和90后会认准一家商店购买所需的全部商品，接近一半的95后会在购物时浏览至少四个线上或线下销售点。和80及90后不同的是，95后更喜欢从品牌的官网上获取商品信息，尤其是服装、电子产品和食品杂货品类，这个比例高达40%，而90后和80后搜索品牌官网的比例只有20%和26%，更多的通过零售平台获取信息。与此同时，与80后90后不同，社交媒体上的点赞数量对95后的购买决策有着显著影响。27%的95后会因为评价而决定是否购买，90后和80后受此影响的比例只有13%和16%。95后还热衷于反馈和分享他们的想法，72%的受访者表示他们经常或频繁提供反馈，远高于全球40%的比例。和80后及90后喜欢在零售商网站上留言不同，95后中有接近半数的消费者会到品牌生产商的网站上直接留言。

四、冲动消费，如果要就马上要，不能退就放弃

相较于80后（23%）和90后（19%），95后中国消费者更容易冲动购物（29%），常常为买而买。关于这一点想必不少快销时尚品牌已经深有感触了。而冲动消费的后遗症便是频繁地退货，因而需要注意的一个数据是：32%的95后会因为零售商退货政策模糊不清而不再继续购买，大约60%的95后称退货政策不清楚就可能不再购买。由于退货政策不明确而不会继续购买的90后和80后比例分别为22%和13%，明显低于95后。如果要就马上要，还表现为他们对于快速送货有着更高的期望和要求。90%的95后愿意为2小时内到货买单，80%的人愿意为半天内收货买单。

资料来源：虎嗅网 https：//www. huxiu. com/article/211734. html。

讨论题：95 后消费者的需求和购买行为有哪些特点？

课后实践

1. 目的

掌握消费者购买因素的影响、消费者购买过程。

2. 任务

销售产品。

3. 内容与步骤

（1）建立两个小组，并选出小组组长，由组长带领其他同学共同完成作业，一组销售快消品，一组销售非必需品，比如珠宝。

（2）以小组为单位，认真讨论该组如何销售产品，研究消费者行为，写出书面报告及制作 PPT。

（3）各小组依次推选出发言人就本小组收集的资料和讨论情况在课堂上进行陈述，同时鼓励其他小组成员进行提问，并作出回答。

第五章　市场调研与预测

☞【学习目标】

1. 明确市场营销信息系统的构成及运作原理；

2. 明确市场营销调研的内容、步骤与方法；

3. 列举和解释预测未来需求的几种方法，包括购买者意向调查、销售人员意见及专家意见、市场测试、时间序列分析、前兆因素分析和统计需求分析。

☞【核心概念】

信息；市场信息；市场营销信息系统；内部报告系统；市场营销情报系统；市场调查系统；营销调研；定性调研；定量调研；探测性调研；描述性调研；因果关系调研；抽样；非概率抽样；方便取样；判断抽样；配额抽样；滚雪球抽样；概率抽样；简单随机抽样；系统抽样；分层抽样；整群抽样

案例引入

“状元红”——你了解到了什么?

“状元红”酒是河南上蔡酒厂生产的享誉300多年的历史名酒。这种酒不但红润晶莹、醇香可口，而且是补血的好酒。1980年获得优质产品证书后，“状元红”酒畅销北国。上蔡酒厂决定向上海市场推销“状元红”酒。首批“状元红”酒运至上海试销，鲜有人问津，试销失败。“状元红”酒为什么在上海市场会遭受冷遇？经过市场调查发现，“状元红”酒在北方名声远播，但在上海却很少有人知道。一些消费者误以为“状元红”酒是单纯的药酒，因此年轻人不来购买，中老年人也不图“状元”的名声，这样，“状元红”酒就很少有人购买了。而且，“状元红”的包装陈旧不符合上海市民的要求，产品也只在经销单位销售。为了打开上海市场，上蔡酒厂联合其他特约经销单位对5家大酒店进行了调查

调查结果是：

(1) 购买者年龄：老年人占8%；中年人占28%；青年人占64%。

(2) 购买目的：自用的占37%；送礼的占52%；外流的占11%。

(3) 购买档次：购买2元以下的占32%；购买2—5元的占40%；购买5—8元的占26%；购买8元以上的占2%。

通过市场调查，准确地了解了上海市场购买“状元红”酒的人群、目的和愿意接

受的价位与包装，及时调整营销策略，使产品畅销上海市场。

资料来源：根据网络资料整理。

思考题：

1. “状元红”一开始为什么试销失败？
2. 从案例里“状元红”了解到哪些信息，你认为还可以了解那些信息？

第一节　市场营销信息系统

一、市场营销信息

（一）信息与市场信息

信息（Information）是事物运动状态以及运动方式的表象。最早记录于（南唐）李中《暮春怀故人》诗：“梦断美人沉信息，目穿长路倚楼台。”人类信息活动经历了语言的获得、文字的创造、印刷术的发明、摩尔斯电报技术的应用、贝尔电话的发明、计算机网络的应用六个阶段。信息有广义与狭义的理解，广义上信息是指物质的一种普遍属性，是物质存在方式和运动规律与特点的表现形式，并普遍存在于自然界、人类社会和思维活动之中。

市场信息（Market Information）是指与企业所处市场的各种经济活动和相关环境有关的数据、资料、情报等经过加工整理，反映市场客观状态及其运动表征。市场信息包括的内容非常广泛复杂，归纳起来，主要包括市场环境信息、产品信息、价格信息、销售渠道信息、促销信息和竞争信息。

市场环境信息主要指与企业营销活动有关的政治、经济、法律、社会文化、人口、技术和自然等方面的信息。产品信息主要包括企业所处的国内外市场，特别是目标市场对企业经营的相关产品的去留情况，产品的服务水平、性能质量、寿命周期，以及替代品和互补品的情况。价格信息主要包括市场上同类产品的平均价格水平、产品的价格弹性、价格的未来变化趋势等。销售渠道信息主要包括市场上同类产品分销渠道的种类、不同渠道的特点及优劣、各渠道成员的关系及各自的实力、渠道的未来发展趋势等。促销信息则是指市场上有关人员推销、广告、营业推广和公共关系方面的情况。主要有不同促销方式在营销中所起到的作用，与销售有关的人力资源状况，广告的方式及相关媒体的主要情况，营销推广的主要形式及效果，在公众中树立良好企业形象的方式等。竞争信心是指与本企业存在市场竞争关系（或潜在市场竞争关系）的其他单位的相关信息，包括竞争对手的公司规模、产品构成、产品特色、经济实力、产品策略、竞争战略、市场份额和地位、对企业营销活动的反应等。

（二）市场营销信息的概念

市场营销信息（Marketing Information）是指各市场营销主体之间交流能产生经济效益的市场营销活动的信息。从市场营销的角度来看，企业与市场联系包括三种流：货物或劳务由企业流向买主（物流）；货币由买主流向企业（商流）；企业与市场、环境之间的信息沟通（信息流）。而且，可以认为信息是营销活动形成要素之一。市场营销大师菲利普·科特勒称，营销胜利的基础越来越取决于信息，而非销售力量。

企业市场营销信息所涉及的内容有：

1. 市场动态信息

指有关市场需求、市场供给及市场行情方面的信息。包括市场需求及其变化；人口的数量和结构；国民收入和收入的构成；影响消费的因素及消费倾向、消费结构的变化；货源渠道变化，资源数量和资源结构；商品价格及其变化，供求关系及其发展趋势；国际市场及其变化等。

2. 科技动态信息

指有关技术的成熟程度、先进程度和发展动向；新技术、新材料的利用和新产品开发等信息。

3. 竞争信息

有关同行业企业的各项技术经济指标，竞争对手的人力、物力、财力状况，技术力量和技术水平状况；竞争产品的数量、质量、规格、价格、市场占有率等；有竞争力企业的数量、类型、动向、优势、劣势等信息。

4. 本企业自身的信息

指本企业的技术力量、生产能力、销售能力；经济管理水平、人员状况；本企业的优势、弱点及本企业在同行业中的地位等信息。

5. 社会、经济、政治动向信息

关于社会、经济、政治的整个动向，包括工农业发展水平、科技发展水平、自然资源与能源、政府的有关经济政策、地理位置、气候、交通运输情况，以及社会网络、生活习惯、审美观点等方面的信息。

6. 法规方面的信息

有关能源、环境保护、卫生、安全、财政、金融、进出口贸易等方面的法规。包括市场管理方面的各种法律、条例、规章制度、具体办法；银行信贷政策和现金管理办法的变化、外汇管理政策与外汇比价的变动情况等信息。

7. 营销管理信息

有关同行业企业的营销组织和管理方面的信息，国内外先进的营销管理方法与经验等信息。

市场信息要求真实、及时、适用、经济性好，即市场信息必须能够如实反映市场变化的客观实际，适合企业的具体情况，及时有效地为企业营销决策服务，并且获得信息的费用较低。

知识拓展

信息化时代的市场营销

随着社会经济的发展，互联网已经深深地融入到人们的日常生活中。互联网的发展极大地改变了人们的生活方式，网络的便利性极大地提高了人们的工作效率和质量，也使得人们的生活节奏日益加快，电脑已经成为了人们办公、娱乐的重要方式，而传统的电视、广播、报刊则因为电脑、网络的发展而深受影响。信息化时代的到来影响着社会的方方面面，而在这个时代的市场营销也面临着挑战和机遇。

瑞典互联网市场研究公司 Royal Pingdom 发布研究报告称，2012 年全球网民总量已经达到 22.7 亿，较 5 年前的 11.5 亿将近翻番。而中国互联网络信息中心（CNNIC）19 日发布的报告也显示，截至 2012 年 6 月底，我国网民数量达到 5.38 亿。网民数量的急剧增长，使营销者不得不重视网络这一平台，网络营销应运而生。

信息化时代的到来以因特网出现为代表，在短短的几十年里使人们的生活方式发生了翻天覆地的变化，催生了电子商务的出现，改变了传统的销售方式。智能机的普及、平板电脑的发展使移动互联网用户急剧增长，让人们看到了 LBS 无限的发展前景。而如今刚刚起步的物联网、云计算在将来也势必会再次改变人们的生活方式，为营销开启另一扇大门。信息化的发展不仅改变了营销环境，也使新的信息技术不断运用于营销之中，信息化时代的营销创新重点就体现在对信息技术的应用。

目前，信息化时代对市场营销的影响主要体现在以下几个方面：

1. 信息化时代网络提供着大量的数据、信息，知识的传播更加趋于人性化、便利化，信息的获取在广度、深度、及时性上都有了很大的提高，为营销分析提供了充足的资料。信息系统的发展使许多企业在多年的工作实践中存储了丰富的数据、信息，为企业的营销决策提供了支持。网络的交互性特征为网络营销提供了极大的便利，使得普通顾客拥有了话语权，他们可以通过网络发表关于新产品体验的意见与建议。

2. 数据分析技术为营销决策提供了新的手段，比如数据仓库（Data Warehouse）技术、数据挖掘（Data Mining）技术，其中网络挖掘和文本挖掘应用较为广泛。

3. 软件集成和知识管理为营销决策提供了应用平台。CRM 客户关系管理系统、POS 销售管理系统等如果没有数据分析工具的支持，单单停留在数据录入、保存、查询阶段，难以有效地为管理决策服务，所以，SPSS 等数据分析工具的出现为营销工作提供了大量的支持。

4. 网络技术的发展、网络群体的独特性也为精准化营销提供了更广阔的空间，借助于对不同网络群体及用户上网习惯的分析，网络广告商可以更精确地帮助广告主锁定目标受众。

信息化时代，营销者面对更多的是机遇，信息技术对市营销的影响会越来越大。

资料来源：根据百度百科文字整理：http：//baike.baidu.com/。

（三）市场营销信息的特征

1. 时效性

市场营销活动与市场紧密联系在一起，信息的有效性具有极强的时间要求。这是由于作为国民经济大系统的中心位置的市场，受到错综复杂的要素的影响和制约，处于高频率的不断变化中，信息一旦传递加工不及时，就很难有效地利用。对此，日本的商业情报专家认为：一个准确程度达到百分之百的情报，其价值还不如一个准确程度只有50%，但赢得了时间的情报。特别是在竞争激烈之际，企业采取对策如果慢了一步，就会遭到复灭的命运。可见，加强信息的收集能力，提高信息的加工效率，尽可能缩短从收集到投入使用的时间，对于最大限度地发挥营销信息的时效性是十分重要的。

马云曾说过，当你规模变大的时候，如果察觉到有什么不妥的地方，你需要提前六个月做变动。因为当你意识到要改变的时候，通常都迟了，就像泰坦尼克号撞冰山那样，会很快沉掉。

2. 更新性

市场营销信息随市场的变化与发展处于不断的运动中，这一运动客观上存在着新陈代谢。因此，市场活动的周期性并不意味着简单的重复，而必定是在新环境下的新过程。虽然新过程与原有的过程有着时间上的延续性，但绝不表明可以全部沿用原有的信息，企业营销部必须不断地、及时地收集、分析各种新信息，以不断掌握新情况，研究问题，取得营销主动权。

以微信为例，虽然微信支付目前只有2000万用户，但是使用微信的用户却达到了6亿，拥有强大的用户群体作为微信支付的基础。另外，微信最大的优势并不是用户群的多少，而是用户每天使用微信的时间都在几个小时以上，这个频率大大高于支付宝钱包。只要微信支付在用户使用的这几个小时里面推荐一些交易信息，完成交易也是很自然的事情。

3. 双向性

在商品流通中，商品的实体运动表现为从生产者向消费者的单向流动，而市场营销信息的流动则不然，它带有双向性：一面是信息的传递；另一面是信息的反馈，因此，收集市场信息就显得格外重要。

4. 针对性

我们在市场营销过程中要具有针对性，把握好最佳消费群体的消费动态。今天是以信息为基础的社会。一个良好有效率的信息系统可以使公司更贴近客户和目标消费者，及时有效地了解客户和目标消费者的需求、市场环境的变化、竞争者的动态以及行业的发展趋势，不断快速地捕捉新的市场机会，更好地为客户服务，也为公司带来更高的利润。企业对营销信息的要求：准确、及时、恰当、系统、费用代价合理。

营销实践

日本企业界有一则流传甚广的故事：日本人对英国纺织面料在世界久享盛誉一直不服，却无从得知其中奥秘。于是便萌生一计，集中对本国丝绸行业的部分专家进行意调培训，然后派往英国在最有名的纺织厂附近开设餐馆。餐馆集中了不少纺织厂员工前来就餐，日本人便千方百计向他们打探信息，搜集情报，但结果还是一无所获。不久餐馆宣布"破产"，由于很多"厨工"已同工厂的主管人员混熟，所以部分人就进入这家工厂工作。一年后，日本人分批辞职回国，成功地把技术带回了日本，并改进为更先进的工艺，产品返销英国。

资料来源：根据网络资料整理。

思考题：为了掌握先进技术和竞争对手的情报，日本人可谓煞费苦心，采取"迂回战术"获取情报，除此"迂回战"，还可以通过什么方式手段获取市场信息，试举例说明。

二、市场营销信息系统

随着市场地域的扩大、购买者的购买行为复杂化、竞争由价格竞争转向非价格竞争，企业对信息需求越来越强烈。现代技术的发展为企业大规模搜集信息提供了有效手段，然而这不意味着企业能够有效地利用信息，企业缺少的是与现代信息技术相结合的配套的管理系统。

所谓市场营销信息系统（Marketing information system，MIS），是指一个由人员、机器和程序所构成的相互作用的复合体。企业借以收集、挑选、分析、评估和分配适当的、及时的和准确的信息，为市场营销人员改进市场营销计划、执行和控制工作提供依据。

市场营销信息系统包括四个子系统：内部报告系统、市场营销情报系统、市场营销调研系统、市场营销分析系统。

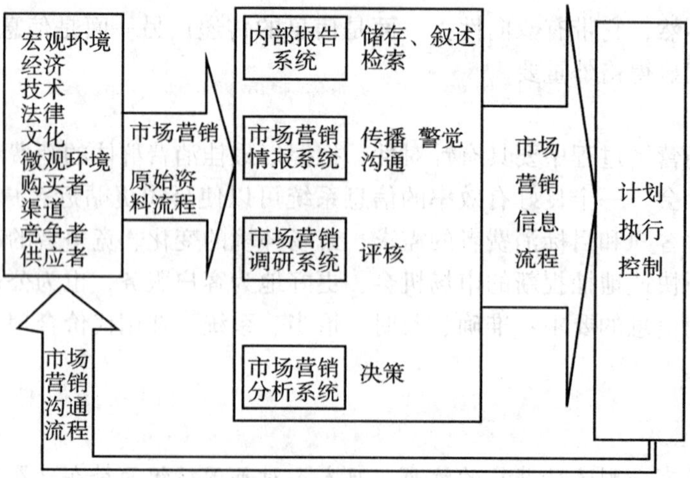

图 5-1　市场营销信息系统基本框架

1. 内部报告系统（Internal Reporting System）

内部报告系统（图 5-2）以企业内部会计系统为主，辅之以销售信息系统组成，是营销信息系统中最基本的子系统。其作用在于报告订货、库存、销售、费用、现金流量、应收款、应付款等方面的数据资料。

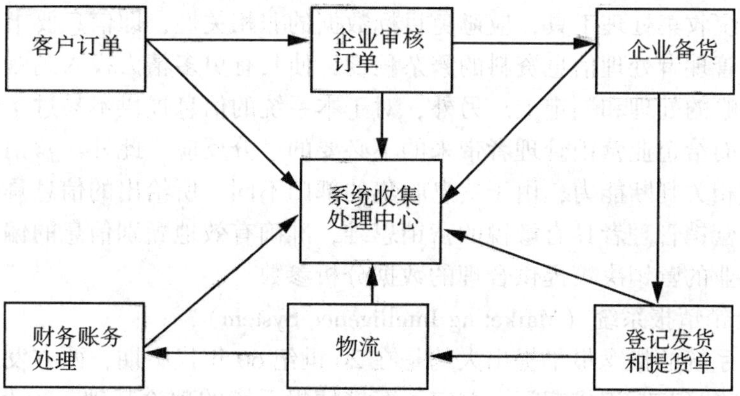

图 5-2 内部报告系统

内部报告系统的核心是订单——发货——账单的循环。销售人员把订单送至企业，负责管理订单的机构把有关订单的信息送至企业内的有关部门，然后企业把账单和货物送至购买者的手中。这是一般营销企业的常规操作程序，然而是否具有措施以保证这一循环中的各个步骤快速而准确地完成，则明显地反映着企业不同的营销能力和营销效率。

内部报告系统还包括及时、全面、准确的销售报告。这个功能应该主动地为决策者提供他们认为需要的，以及他们暂时还不了解但实际需要的信息，以帮助决策者把握最佳的决策时机，提高企业的竞争优势。就现实情况而言，由于信息网络的普及，企业基本上都建立了比较健全的销售报告系统，完全有条件在瞬间就清晰地集中反映分散在各处的关联企业过去及现在的销售和库存数据。

通过分析内部报告系统所提供的信息，能发现重要的机会和问题。但应注意尽量避免该系统提供重复信息，那样会造成营销成本上升和相关人员陷入繁琐的销售资料堆中。

内部报告系统是营销管理中使用最多、最基本的信息收集处理系统。这一系统主要通过企业的财务管理系统和统计系统向营销管理者呈报相关营销信息资料，包括订单、销售额、存货、应收账款等信息，主要为管理者提供参考资料，以利于对市场机会的把握和潜在问题的处理。

为了能够有效地运行此系统，企业除了要规范运作外，还要注重报告信息提供的及时性。首先，规范化运作是企业内部报告系统数据稳定性的基础，如果不能保证系统信息数据的准确性，就无法保证分析结果的安全性，因此而作出的市场战略和策略也不会具有针对性。其次，内部信息收集整理的时效性也至关重要。市场如战场，尤其在目前的市场环境下，市场机会和市场高峰期瞬息万变，在激烈的市场竞争中，竞争者及时有效的营销战略和策略的运用，往往可能导致本企业市场机会的丧失和市场份额的下降。同样，由于及时的信息提供和战备策略的运用，极有可能获得较为可观的市场收益。

企业内部报告系统实质上是各种销售信息在此子系统中的传递。高效信息技术的运用，为本系统的良性运行提供了技术保障。企业在设计本系统时要具有针对性。此系统是一实用型系统收集处理工具，应避免目标数据的非相关性，即信息要求准确且信息量少，减少营销管理者处理信息资料的繁杂程度，使其有更多精力投入到营销分析、营销战略和营销策略的处理和制定上。另外，对于本系统的信息提供不易过于敏感，减少因市场微小变动而给企业营销管理者带来的不必要的过分反应。此外，营销管理者要对信息具有一定的相关判断能力，由于信息收集的部门不同，所给出的信息具有的服务目的也不同，要求营销管理者具有敏锐的营销思维，准确有效地甄别信息的偏向性，合理利用信息，为企业的营销决策提供合理的数据分析参数。

2. 市场营销情报系统（Marketing Intelligence System）

营销情报系统的概念最早提出大约是在20世纪60年代中期，西方发达国家尤其是美国，在60年代到70年代期间，奠定了营销情报系统的理论基础。20世纪80年代以来由于计算机技术的不断突破和计算机的普遍应用，营销情报系统应用日益广泛。目前，国外公司高层管理人员、市场营销人员，对于日常市场分析、数据管理、指导销售活动等已经离不开营销情报系统。

营销情报系统指的是营销管理人员用以了解有关市场营销环境发展趋势的各种信息来源与程序。借助该系统，将环境最新发展的信息传递给有关的管理人员。因此说，内部报告系统提供的是事后的数据，而市场营销情报系统提供的则是当前的信息。企业一般可通过销售代表，分销商，情报供应商等来获取情报信息，并可建立内部的市场营销信息中心来收集和传递市场营销情报。

营销情报系统是企业日常收集有关企业营销环境发展变化信息的一些来源或程序，往往通过企业的各级营销人员，中间商以及专职的营销信息收集人员完成。一般而言，内部报告系统向营销决策者提供的是实际数据信息，而营销情报系统提供的则是偶发事件的信息。

菲利普·科特勒教授提出企业可以通过下面的6种方法提高营销情报的质量：

（1）企业可以训练和鼓励自己的销售人员发现并报告相关市场出现的新动向。企业的销售代表常常可以为企业发现其他途径所不能获得的信息。但是销售代表常常会因为工作繁忙而忽略向企业传递重要的竞争情报。因此，企业一方面要让销售人员明白自己在企业情报收集过程中的重要性，另一方面要为自己的销售人员提供方便和易于操作的情报录入端口。

（2）企业可以鼓励分销商以及其他一些营销中介机构向自己提供竞争情报。

（3）企业可以通过购买竞争者的相关产品、参加产品展销会和新产品发布会、阅读竞争者的宣传手册和广告及行业公告等途径获得竞争情报。

（4）企业可以挑选几个最重要或最具代表性的顾客组成顾客咨询小组。通过这种方式，企业可以从顾客那里获得有价值的信息，同时加深同顾客间的了解和联系。

(5) 企业可以从企业外的信息中介机构购买自己所需要的情报。

(6) 企业可以建立营销信息中心收集和传递自己所需的竞争情报。它能收集相关竞争信息并分类存档，同时也能帮助决策制定者评估新信息。

营销情报系统的建立和使用，使企业情报处理的重点由围绕生产数据统计转变为以市场为主体，越来越重视营销情报的搜集及其管理，同时增加与外部市场环境的情报交换，增加营销情报的总量，提高公司营销情报处理的能力。

营销情报系统的目的就是对市场诸要素的控制和决策提供支持，帮助你认清市场需求的导向，以不断提高你的市场占有率，增加企业对市场环境的适应能力。

3. 市场调查系统（Marketing Research System）

营销调研系统是设计、收集、分析和提供与特定的营销问题相关的数据资料的信息系统，它的主要任务是收集、评估、加工、传递信息，供管理人员制定决策时使用。营销调研系统是营销信息系统的有机组成部分。具体运作过程见图 5-3。

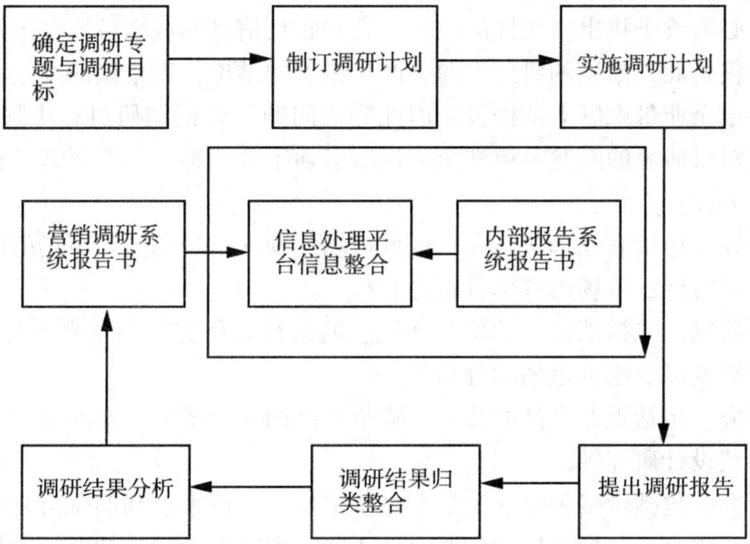

图 5-3　市场调查系统

除了收集内部会计信息和营销情报以外，企业管理人员有时需要对特定的问题或机会进行深入研究，这时，必须有针对性地开展市场营销调研活动。营销调研是系统地设计、搜集、分析和提出资料数据及提出与企业所面临的营销状况有关的调查研究结果。

公司可以用自己的调研部门进行营销调研，也可以借助其他公司。公司是否利用其他公司调研取决于自身内部的调研技术和资源。一般来说，中小规模的公司可委托专门的咨询公司或市场调研公司进行调研；大企业自设营销调研部门，一般由营销副总裁领导，由统计、行为科学等方面的专门人才组成。美国 73% 以上的大公司都设有营销调研部门，其规模大小不等，大者数十人，小者一两人。我国汽车业的后起之秀——北汽福田在营销公司下设市场调研办公室，有 30 人左右的市场调查队，全部由受过正规市场营销学习的青年大学生组成，他们的任务就是根据公司的需要，搜集、整理、评估各方面的信息，包括消费者信息、竞争者信息、产品信息、经销商信息等。当然，营销调研部门也经常利用外部公司来做专项调查或研究。美国企业的营销调研预算约占销售额的0.01%—3.5%。

调研公司一般有三类：一是综合性调研公司，其业务是经常定期搜集消费者和贸易的信息，开展收费出售信息的业务；二是接受顾客委托的营销调研公司，这些公司接受企业委托，进行特定的项目调研。公司人员参与设计调查研究，调查产生的报告成为委托单位的财产；三是特定专业营销调研公司，这些公司为其他的营销公司或企业营销部门提供特定的专业服务；四是高等院校经济学科的教师，他们出于更好地服务于教学的目的，也经常接受企业的委托，从事这方面的调研工作。

营销调研系统进行的是有计划、有步骤的营销信息收集和分析过程，应该注意克服盲目性。营销调研系统的有效运转一般包括以下五个步骤。

（1）确定问题。营销调研的内容十分广泛，首先要求调研人员认真地确定要研究的问题，从而商定调研的目标。在企业的营销活动中，任何一个问题都会存在许多可以调研的方面，必须善于找出实质性的内容，否则收集信息的成本可能会远远超过调研结果的价值。不仅如此，错误的研究方向会产生错误的结论，而错误的结论所导致的错误措施，必然会给企业带来巨大的损失。因此确定问题是营销调研过程中最困难的环节，要求调研人员对所研究的问题及所涉及的领域必须十分熟悉。一般而言，营销调研的问题有以下六个方面：

①市场研究。包括商业趋势研究；区域市场、国内市场和国际市场的潜在需求量研究，地区分布及特性、市场占有率分析等。

②消费者研究。包括消费者的购买动机、购买行为研究；消费者产品的满意程度、对品牌的偏好程度以及细分市场的分析等。

③产品研究。包括现有产品的改良，竞争产品的对比研究；新产品的开发、品牌名称的设计、包装设计研究等。

④价格研究。包括价格弹性、竞争产品价格研究；成本、利润分析及需求分析等。

⑤分销渠道研究。包括工厂和货源仓储研究；现有分销渠道的业绩分析；营销辐射区域研究及最佳分销渠道建设研究等。

⑥促销研究。包括促销手段研究；媒体选择、促销效果分析；企业形象研究；竞争对手的促销手段分析；销售人员报酬、销售配额及地区结构研究等。

（2）确定信息来源。拟定营销调研所需资料最有效的收集计划，是调研能否成功的关键。有效的调研计划包括五个方面（表5-1），企业应该根据调研目标、实际情况确定具体的实施方案。

（3）信息的收集。营销调研的价值取决于调研的结果，而调研结果则建立在所能收集的信息基础上。应该如何收集营销信息、收集哪些营销信息、如何将所收集的信息提炼出恰当的调查结果等，是营销调研的实际操作阶段，也是整个营销调研过程的中心。关于营销信息如何收集的具体内容，将在本章第二节论述。

表 5-1　　　　　　　　调研计划设计

资料来源	第一手资料、第二手资料
调研方法	观察法、询问法、实验法、调研法
调研工具	调查表、机械设备
抽样计划	抽样范围、抽样程序
接触方法	电话、邮寄、面谈

(4) 信息的分析。营销信息的收集是为营销决策服务，能否恰当地、综合地分析所收集的营销信息，是实现其价值的保证。资料分析是从数据中提炼出恰当的调查结果，已经有许多规范和科学的分析方法。一般而言，营销信息的分析有以下四种情况：

①探测性分析。即借助一些初步的数据资料，更好地阐明某个营销问题的性质和可能提出的某些问题。如对企业区域销售情况信息的分析。

②描述性分析。即借助某个营销问题的一些影响因素，分析它们的关联性。如对市场规模、产品形象、消费者购买行为、竞争对手特点、经销方式、分销渠道等情况信息的分析。

③因果性分析。即借助企业营销环境变化信息，分析它们的企业营销活动关系。如对政府的方针、竞争对手的行动、消费者爱好变化所引起的企业销售量变化、市场占有率变化，及企业营销策略调整引起的市场变化分析。

④预测性分析。即通过对市场过去、现在的数据资料及市场将来的信息，对企业营销活动进行发展可能和发展趋势的分析。如对目标市场大小、顾客兴趣、促销预算、产品价格、边际毛利、投资金额、目标退货率，重复购买率等信息分析某项新产品的开发前途。

(5) 提出结论。营销调研最终必须形成书面报告，并把调研结论送交有关人员和部门。调研报告书的类型通常有两种：

①专门性报告书纲要。这类调查报告技术性比较强，报告的内容要尽可能详尽。包括：研究结果纲要、研究目的、研究方法、资料分析、结论与建议、附录（附表、统计公式、测量方法说明等）。

②一般性报告书纲要。这类调查报告主要提供给业务主管使用，他们比较关注的是研究发现和结果，所以报告要求生动和重点突出。包括：研究发现与结果、行动建设、研究目的、研究方法、研究结果、附录。

调研报告没有一定的规定格式，但无论哪一类调研报告，都必须注意突出调研目的，内容要简明、客观、完整。

4. 营销分析系统（Marketing Analysis System）

营销分析系统是指企业以一些先进技术分析市场营销数据和问题的营销信息子系统。营销分析系统是营销信息系统的组成部分。

营销分析系统由先进的统计步骤和统计模型构成。该系统的作用是利用科学的技术、技巧来分析营销信息，从中得出更为精确的研究结果，以帮助决策者更好地进行营销决策。

营销分析系统的构成：

（1）统计工具库。

这是一组统计方法，用来从所收集的各种数据资料中抽取有意义的信息，以供营销决策的需要。统计方法本身就是一门专业技术，在营销分析系统中常用计算平均数、测量离散度、资料交叉列表等统计方法。另外，也常运用各种多变数统计技术去发现资料中的重要关系，如回归分析、相关分析、因素分析、聚类分析等。

（2）模型库。

模型的设计是用来表达某些系统或过程的一组变量及它们之间的相互关系，帮助回答“假设某条件下，可能有哪些情况？什么是最佳情况？”等问题。营销分析系统的模型库就收集能帮助营销人员制定更好的营销决策的各种模型。包括：最佳产品特征模型、价格模型、销售区域优化模型、广告媒体组合模型、营销组合预算模型等。

营销分析系统的建立和运用是运用科学方法对某些营销问题的理解、预测和控制，需要营销者对统计学、管理学及计算机应用等科学知识的综合掌握和研究。

第二节　市场营销调研

一、市场营销调研的概念

市场营销调研，即市场营销调查与研究的简称，是指个人或组织为某一个特定的营销决策问题而进行的收集、记录、整理、分析、研究市场的各种状况及其影响因素，并由此得出结论的系统活动过程。市场营销是以市场和消费者需求为基础而开展的经营活动，科学地认识市场和消费者，准确地把握市场和消费者的实际情况是市场营销的出发点。为了了解和掌握市场和消费者的实际情况，市场营销调研也就成了市场营销活动一个必不可少的、最基本的环节。从营销调研的定义中，我们可以看出它应当具备以下几个基本特点：

（1）营销调研方法的科学性。有效的营销调研活动必须使用科学的研究方法，在调研活动的整个过程中都要按照科学的原则和步骤来进行。

（2）营销调研的系统性。一项营销调研活动对研究程序都有周密的规划和安排，研究人员一般要遵循既定的研究程序和日程安排去开展活动。

（3）营销调研的客观性。它要求研究人员在研究活动中应当以公正和中立的态度对信息进行收集、整理和分析，而不应受个人或其他权威人士的价值取向及信仰的影响。

（4）营销调研的针对性。它是指营销调研往往是针对某个特定的营销问题而展开的，它并不是组织中的一项连续的营销职能，而是根据需要间断进行的。

（5）营销调研的局限性。营销调研知识信息管理的工具和手段，它能够在一定程度上提供营销决策所需要的信息，降低决策风险和失误率，但是它不能保证决策一定是正确的。

营销实践

2014年中秋节礼品市场调研报告

随着国家经济的不断发展，人们的消费能力逐渐增强，“礼仪之邦”的“礼意”也随着中国消费者渗透到生活中的各个领域。中国的礼品市场总额已经超过了2000亿元，巨大的市场机遇吸引着中国各家礼品制造企业，围绕打造自身礼品品牌，推出符合市场需求同时又不同于他人的创意礼品。同时，普通消费品企业也在节庆期间，大力推出礼品装，希望在节日期间实现销量和利润的双丰收。

中秋节临近，又是一个国人表达感恩情感的日子。数字100市场研究公司近期完成了一份关于礼品消费的调研，希望在下一波的中秋营销中，能够给企业的产品开发和定制带来一些帮助，也让送礼的人脱离月饼的千篇一律，送出更多的创意。

调查范围：北京、上海、广州、沈阳、成都、武汉、长沙

调查方法：在线调查

样本量：个人消费者500样本

一、送礼的四大时机和四大节日

中国是一个讲究礼仪的国家，礼尚往来是中国人的传统，数据表明，中国人送礼的四大时机是看望长辈、逢年过节、亲朋生日和情侣之间，这些都是企业在礼品定制可以精准切入的送礼时机。(图1)

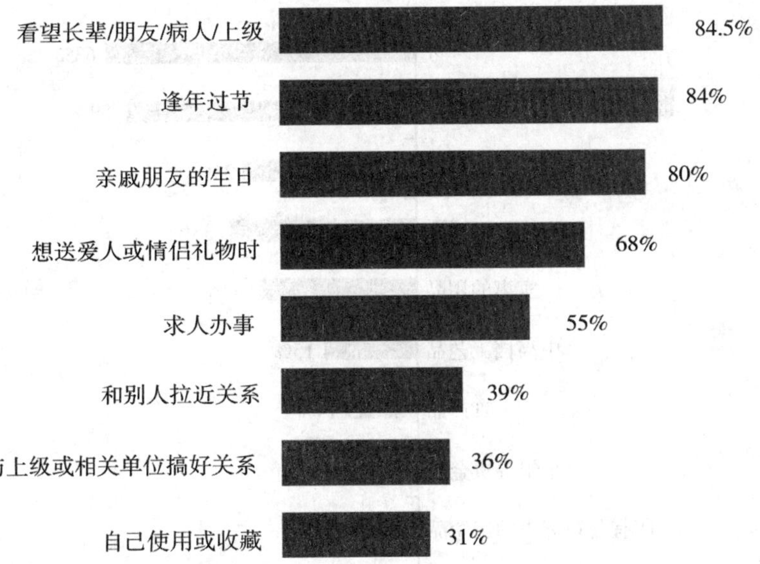

图1　送礼的时机

具体到逢年过节，春节、中秋节、情人节、圣诞节送礼的比例都超过50%，是中国送礼的四大节日。其中春节送礼比例最高，达到91%；中秋节紧随其后，达到68%。对于企业来说，开发针对这四个节日的定制礼品或礼品装具有较大的市场机会。(图2)

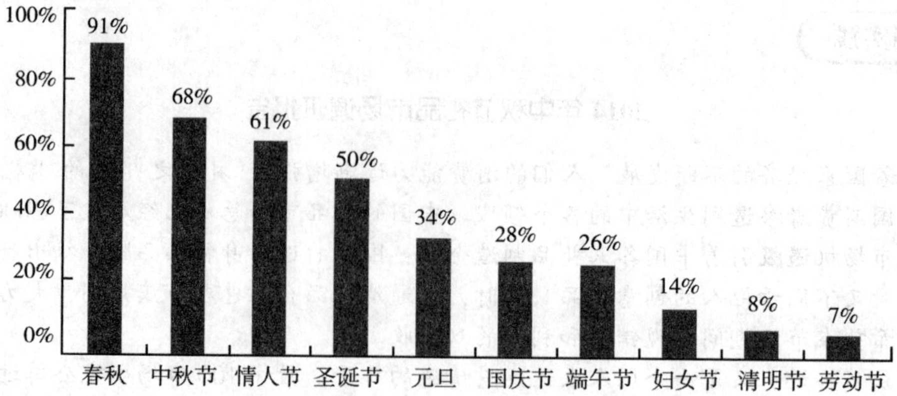

图 2　备节日送礼的比例

二、特色创意礼品有很大潜力

月饼是中秋节最常选择的礼品，但有中秋特色的创意礼品也有很大的市场，包括有创意的中高档礼品，实用的物品也有一定比例的人选择，这给中秋送礼的方式带来了很多可能性和想象空间。中秋礼品市场也不再是月饼的天下，企业可以只要有创意，都能够在竞争激烈的中秋节日获得自己的市场。对于企业来说，利用中秋节日，给自己的产品赋予中秋故事和创意特色，完全有可能在礼品市场获得消费者的青睐。（图 3）

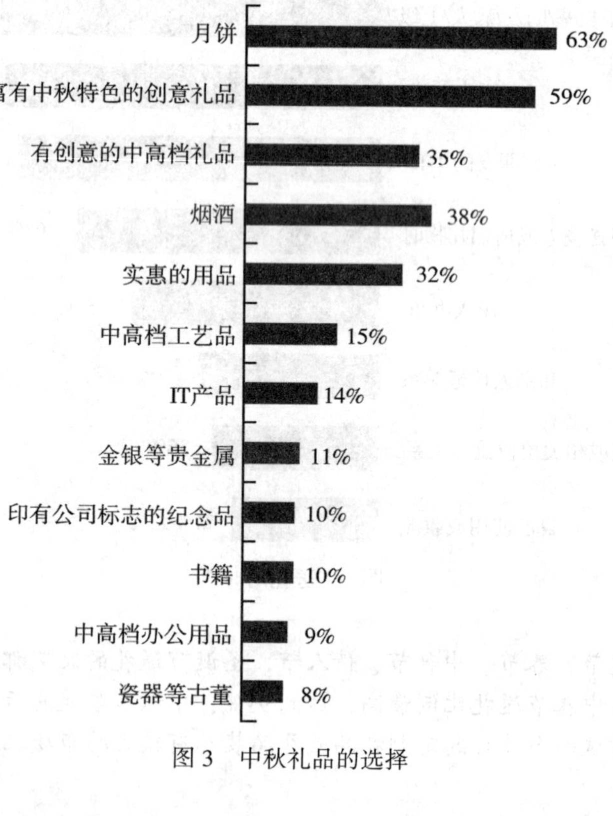

图 3　中秋礼品的选择

三、什么是好的中秋礼品？——实用、创意、高品质

从消费者对中秋礼品的需求和期望看，月饼仅仅在高品质方面能够得到满足，在实用和创意方面则表现的较弱，特别是实用性。这就给中秋礼品市场留下了很大的空白机会，什么样的礼品能够同时满足消费者对实用、创意、高品质的需求，同时能够具有一些中秋节日的特色和文化，就具有取代月饼成为中秋礼品新宠的机会。（图 4）

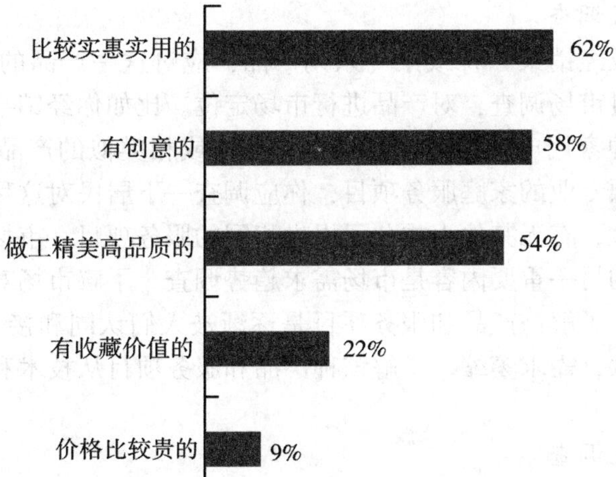

图 4　对中秋礼品的需求

资料来源：郑直. 2014 年中秋节礼品市场调研报告［J］. 销售与市场（评论版），2014（9）.

二、市场营销调研的内容

市场营销调研活动涉及组织营销管理中的整个过程，针对每个环节出现的特定的营销问题，可以通过营销调研活动来提供解决问题的参考信息。因此，营销调研的内容可能涉及的范围非常广泛，这也就使得营销调研活动的规模具有较大的伸缩性。市场营销调研的内容包括市场环境调查、市场需求调查、顾客情况调查、竞争对手调查、产品调查、销售调查、广告效果调查等。

（一）市场环境调查

1. 政策、法律环境调查

调查你所经营的业务、开展的服务项目有关政策法律信息，了解国家是鼓励还是限制你所开展的业务，有什么管理措施和手段。当地政府是如何执行有关国家法律法规和政策，对你的业务有何有利和不利的影响。

2. 行业环境调查

调查你所经营的业务，开展的服务项目所属行业的发展状况、发展趋势、行业规则及行业管理措施。“家有家法，行有行规”。进入一个新行当，应充分了解和掌握该行业信息，这样，才能有助于你尽快实现从“门外汉”到内行的转变。

3. 宏观经济状况调查

宏观经济状况是否景气，直接影响老百姓的购买力。如果企业效益普遍不好，经济不景气，生意就难做，反之生意就好做，这就叫作大气候影响小气候。因此，掌握大气候的信息，是做好小生意的重要参数。经济景气宜采取积极进取型经营方针，经济不景气也有挣钱的行业，也孕育着潜在的市场机遇，关键在你如何把握和判断。了解客观经济形势，掌握经济状况信息，是经营环境调查的一项重要内容。

（二）市场需求调查

如果你要生产或经销某一种或某一系列产品，应对这一产品的市场需求量进行调查。也就是说，通过市场调查，对产品进行市场定位。比如你经销某种家用电器，你应调查一下市场对这种家用电器的需求量，有无相同或相类似的产品，市场占有率是多少。比如你提供一项专业的家庭服务项目，你应调查一下居民对这种项目的了解和需求程度，需求量有多大，有无其他人或公司提供相同的服务项目，市场占有率是多少。

市场需求调查的另一重要内容是市场需求趋势调查。了解市场对某种产品或服务项目的长期需求态势，了解该产品和服务项目是逐渐被人们认同和接受，需求前景广阔，还是逐渐被人们淘汰，需求萎缩。了解该种产品和服务项目从技术和经营两方面的发展趋势如何，等等。

（三）顾客情况调查

这些顾客可以是你原有的客户，也可能是你潜在的顾客。顾客情况调查包括两个方面的内容：一是顾客需求调查。例如购买某种产品（或服务项目）的顾客大都是什么人（或社会团体、企业），他们希望从中得到哪方面的满足和需求（如效用、心理满足、技术、价格、交货期、安全感等），现时哪些产品（或服务项目）能够或者为什么能够较好地满足他们某些方面的需要等。二是顾客的分类调查。重点了解顾客的数量、特点及分布，明确你的目标顾客，掌握他们的详细资料，如果是某类企业和单位的话，应了解这些单位的基本状况，如进货渠道、采购管理模式，取系电话、办公地址，某项业务负责人具体情况和授权范围，对某种产品和服务项目的需求程度，购买习惯和特征。如果顾客是消费者个人，应了解消费群体种类，即目标顾客的大致年龄范围、性别、消费特点、用钱标准，对某种产品和服务项目的需求程度，购买动机、购买心理、使用习惯。掌握这些信息，将为你有针对性开展业务作准备。

（四）竞争对手调查

在开放的市场经济条件下，做独家买卖太难了，在你开业前，也许已有人做相同或类似的业务，这些就是你现实的竞争对手。也许你开展的业务是全新的，有独到之处，在你刚开始经营的时候，没有现实的对手；一旦你的生意兴旺，马上就会有许多人学习你的业务，竞相加入你的竞争行列，这些就是你潜在对手。“知己知彼，方能百战不殆”，了解竞争对手的情况，包括竞争对手的数量与规模，分布与构成，竞争对手的优缺点及营销策略，做到心中有数，才能在激烈的市场竞争中占据有利位置，有的放矢地采取一些竞争策略，做到人无我有，人有我优，人优我更优。

（五）产品调查

产品调查包括许多种类型，常见的有产品创意检测、新产品测试、包装测试、品牌研究等内容。产品创意检测是一种普遍使用的产品调查，它包括对新产品创意和对现有产品和服务有重大改进的创意进行的检测。新产品测试是新产品研制和开发过程中的一项重要活动。这些新产品在原则上都是按产品创意筛选和产品评估检测发展起来的，其中常用的方法就是将新产品提供给目标顾客，供他们使用，并在使用一段时间后对他们进行访问，访问的目的是了解顾客是否喜爱这一产品，他们对产品各个属性重要性的评价，以及产品上市后他们购买的可能性。包装测试主要是为了检测包装的促销功能。营销调研者常常通过测试来判断货架上哪种颜色和图案的包装更能吸引顾客注意，购买者更希望何种包装方式以及哪种包装的外形更受顾客欢迎等。品牌研究也是市场营销调研中一个经常涉及的领域，其主要内容有品牌的知名度、美誉度、忠诚度以及消费者对品牌的认知途径和评价标准等。

（六）销售调查

重点调查了解目前市场上经营某种产品或开展某种服务项目的促销手段、营销策略和销售方式主要有哪些。如销售渠道、销售环节，最短进货距离和最小批发环节，广告宣传方式和重点，价格策略，有哪些促销手段，有奖销售还是折扣销售，销售方式有哪些，批发还是零售，代销还是传销，专卖还是特许经营等，调查一下这些经营策略是否有效，有哪些缺点和不足，从而为你决策采取什么经营策略、经营手段提供依据。

（七）广告效果调查

广告效果调查是利用有关市场调查的方式和方法，对影响广告活动有关因素的状况及其发展进行调查研究的活动。广告效果调查是指围绕广告活动所进行的一切调查活动，其目的是通过科学的方法获得信息，并对所获的信息进行分析和整理，对开展科学的广告活动提供依据，为制定和评估广告战役、广告以及媒体战役而系统地收集和分析信息的活动。

广告效果调查分事前调查和事后调查。事前调查又称广告试查，是指广告在实施前对广告的目标对象进行小范围的抽样调查，了解消费者对该广告的反应，以此而改进广告策划及广告表现，提高随后的广告效果。这种调查由于是广告发布前所开展的工作。事后调查是指在广告之后的一段时间里，对于广告的目标对象所进行的较大规模和较广泛范围的调查，通过对广大消费者对该广告运动的反应，而测定广告效果的调查工作。其目的在于测定广告预期目标与广告实际效果的态势，反馈广告活动的受众信息，为修正广告策略和随后进一步开展广告工作奠定量化基础，以便广告主或广告公司的广告活动更好地促进企业目标的实现。

三、市场营销调研的类型

对市场营销调研的分类方法有很多种。主要介绍两种分类方法：一种是按照调查方法将其分为定性调研和定量调研；另一种是按照营销调研本身的性质来进行分类，即将它分为探测性调研、描述性调研、因果关系调研和预测性调研四种类型。

（一）按调研方法分类

定性调研（Qualitative Research）也称质化研究，是社会科学领域的一种基本研究范式，也是科学研究的重要步骤和方法之一。定性研究是指通过发掘问题、理解事件现象、分析人类的行为与观点以及回答提问来获取敏锐的洞察力。几乎每天在每个工作场所和学习环境下都会进行定性研究。定性研究通过分析无序信息探寻某个主题的“为什么”，而不是“怎么办”，研究者运用历史回顾、文献分析、访问、观察、参与经验等方法获得处于自然情境中的资料，并用非量化的手段对其进行分析、获得研究结论的方法。与定量研究不同的是它并不仅仅依靠统计数据或数字来得出结论。定性研究的主要方法有焦点小组访谈法、深度访谈法、观察法、投射法等。

定量调研（Quantitative Research）也称量化研究，是与定性研究相对的概念。定量研究是指确定事物某方面量的规定性的科学研究，就是将问题与现象用数量来表示，进而去分析、考验、解释，从而获得意义的研究方法和过程。定量，就是以数字化符号为基础去测量。定量研究通过对研究对象的特征按某种标准作量的比较来测定对象特征数值，或求出某些因素间的量的变化规律。由于其目的是对事物及其运动的量的属性作出回答，故名定量研究。定量研究设计的主要方法有调查法、相关法和实验法。

定量研究与定性研究是社会科学领域两种对立的研究范式，两者在研究目标、对象及方法上都存在着明显的区别。

首先，研究目标上，定量研究重视预测控制而定性研究重视对意义的理解；其次，研究对象上，定量研究强调事实的客观实在性而定性研究强调对象的主观意向性；第三，研究方法上，定量研究注重经验证实而定性研究注重解释建构。由于方法论上的不同取向，导致了在实际应用中定量研究与定性研究存在明显的差别。这主要体现在如下几个方面：

（1）着眼点不同。定量研究着重事物量的方面，定性研究着重事物质的方面。

（2）在研究中所处的层次不同。定量研究是为了更准确地定性。

（3）依据不同。定量研究依据的主要是调查得到的现实资料数据，定性研究的依据则是大量历史事实和生活经验材料。

（4）手段不同。定量研究主要运用经验测量、统计分析和建立模型等方法；定性研究则主要运用逻辑推理、历史比较等方法。

（5）学科基础不同。定量研究是以概率论、社会统计学等为基础，而定性研究则以逻辑学、历史学为基础。

（6）结论表述形式不同。定量研究主要以数据、模式、图形等来表达；定性研究结论多以文字描述为主。定性研究是定量研究的基础，是它的指南，但只有同时运用定量研究，才能在精确定量的根据下准确定性。

（二）按调研性质分类

1. 探测性调研（Exploratory Research）

探索性调研一般是在调研专题的内容与性质不太明确时，为了了解问题的性质，确定调研的方向与范围而进行的搜集初步资料的调查，通过这种调研，可以了解情况，发现问题，从而得到关于调研项目的某些假定或新设想，以供进一步调查研究。探索性调研是为了界定问题的性质以及更好地理解问题的环境而进行的小规模的调研活动。探索性调研特别有助于把一个大而模糊的问题表达为小而精确的子问题以使问题更明确，并识别出需要进一步调研的信息。

2. 描述性调研（Descriptive Research）

描述性调研是一种常见的项目调研，是指对所面临的不同因素、不同方面现状的调查研究，其资料数据的采集和记录，着重于客观事实的静态描述。大多数的市场营销调研都属于描述性调研。例如，市场潜力和市场占有率，产品的消费群结构，竞争企业的状况的描述。在描述性调研中，可以发现其中的关联因素，但是，此时我们并不能说明两个变量哪个是因、哪个是果。与探测性调研相比，描述性调研的目的更加明确，研究的问题更加具体。描述性调研处理的是总体的描述性特征。描述性调研寻求对“谁”、“什么”、“什么时候”、“哪里”和“怎样”这样一些问题的回答。不像探索性调研，描述性调研基于对调研问题性质的一些预先理解。尽管调研人员对问题已经有了一定理解，但对决定行动方案必需的事实性问题作出回答的结论性证据，仍需要收集。

3. 因果关系调研（Causal Research）

因果关系调研是指为了查明项目不同要素之间的关系，以及查明导致产生一定现象有原因所进行的调研。通过这种形式调研，可以清楚外界因素的变化对项目进展的影响程度，以及项目决策变动与反应的灵敏性，具有一定程度的动态性。因果关系调研的目的是找出关联现象或变量之间的因果关系。描述性调研可以说明某些现象或变量之间相互关联，但要说明某个变量是否引起或决定着其他变量的变化，就用到因果关系调研。因果关系调研的目的就是寻找足够的证据来验证这一假设。在因果性调研中，一般对要解释的关系有一种期望，如预期价格、包装、广告花费等对销售额有影响。这样，研究人员对研究课题必须要有相当的知识，理想的状况是研究人员能估计一种事件（如店内展示）是产生另一种事件（销售量的增加）的手段。因果性调研试图认定当我们做一种事情时，另一种事情会接着发生。

4. 预测性调研（Predictive Research）

预测性调研是指专门为了预测未来一定时期内某一环节因素的变动趋势及其对企业市场营销活动的影响而进行的市场调研。如市场上消费者对某种产品的需求量变化趋势调研，某产品供给量的变化趋势调研等。这类调研的结果就是对事物未来发展变化的一个预测。

四、市场营销调研的程序

市场营销调研具有系统性的特点，所以有一个普遍适用的一般程序。尽管不同的学者对营销调研程序中应该具体包括哪些步骤尚且存在不同看法，但是所有的程序模式所包含的内容却是大同小异。

（一）确定问题和研究目标

确定所要研究及解决的问题是调研活动的首要步骤，也是调研过程中最重要的一个部分，它的正确界定可以为整个调研过程提供保证和方向。调研问题的确定必须在调研活动委托者的参与下来完成，因为它反映了委托者对本项调研活动的真实需求。对调研问题的表述应当清晰易懂，所给出的定义不能过于宽泛也不能过于狭窄，否则会影响到调研成果的质量。

在调查了市场环境、完成了探索性任务后，调研人员就应着手界定管理决策问题将其转化为市场调研课题。管理决策问题主要与决策者要做什么有关，而市场调研课题主要与需要什么信息，以及如何以最佳方式获取这些信息有关。管理决策问题是以行为为导向的，它与决策人可能采取的行动有关，比如应如何遏制市场份额的损失？应以何种方式细分市场？是否应该推出新产品？是否应当增加促销预算？

市场调研课题是以信息为导向的，它的主要内容是确定需要什么信息，以及如何有效地获取信息。例如，设想一个特定产品线正在失去市场份额，决策者面临的决策课题是怎样弥补这一损失。假设决策者和调研人员都认为问题是由于不适当的市场细分引起的，并都希望市场调研能够提供该方面的信息，市场调研课题就可以被界定为对各种市场细分新方法的评估。表 5-2 以对照的方式给出了有关管理决策课题和市场调研课题的示例，目的是帮助市场调研人员区别这两类课题。

（二）制定调研计划

调研计划是营销调研中重要的指导性文件。在设计的一个调研计划时，一般需要作出以下几方面的决策：资料来源、调研方法、调研工具、抽样方案、时间安排与研究经费。

表 5-2 **管理决策问题与市场调研课题的示范**

管理决策问题	市场调研课题
应该推出新产品吗	确认目标消费者对计划推出新产品的偏好和购买意愿
应该改变广告促销方式吗	确认现行的广告促销方式的效果
应该提高这个品牌的价格吗	确认价格弹性对销售量的影响

1. 确定资料来源

根据调研内容来确定具体资料的来源。营销调研所收集的资料分为第一手资料和第二手资料两种。第一手资料是为当前特定的调研目标而自己亲自收集的信息。第二手资料是为其他特定的调研目标而收集的已存的现成资料。一般指企业在以往营销过程中收集、整理、可以运用、保存起来的信息，以及存在于企业外部有关市场营销信息的政府资料、商业资料、行业资料。一般来说，一次调查活动，两方面资料都需要收集。

2. 拟定调查方法

当企业决定需要收集第二手资料时，可以采用资料调查方法。当企业决定需要收集第一手资料时，可以采用的调查方法主要有：询问法、观察法和实验法。总之，可根据调研课题要求及自身条件来确定具体的调查方法。一般来说，首先考虑运用资料调查法，在满足不了调查的需要情况下，再考虑运用实地调查法。

3. 选择调研工具

在收集第一手资料时，可以使用的调研工具主要有调查问卷，问卷就是根据调查目的和内容而设计的调查表。在收集第二手资料时，可以使用的调研工具应该是搜索。

4. 抽样方案

大多数市场营销调研都要进行抽样调查，即从调研对象总体中抽取具有代表性的样本来进行调查，并根据样本的特征去推断总体的特征。样本的性质、大小及抽样方法的选择是抽样方案中的重要内容，这些内容受到研究经费、所允许的误差及所愿意承担的风险等因素的影响，一个合适的抽样方案是调研结果质量的重要保证。

5. 时间安排与研究经费

调查组织者要对整个调查在时间上作周密的安排，要确定调查的总时间及阶段时间，并规定每个阶段要完成的目标或任务。调查地点选择是一个城市，还是几个城市；是选择某城市的一个区，还是一个街道；是选择现场调查，还是网络调查，应该根据具体的调查项目来选择的。调查费用一般包括劳务费、问卷费、差旅费和设备使用费。在编制调查预算时，通常先把某项调查的所有活动或事件都一一列明，然后估算每项活动的费用，最后再汇总。预算仅仅是一种估计，应有一定灵活性，即预算金额要有一个上下差异幅度。如某调研项目的预算为58000元±10%。

知识拓展

间接数据来源

内部来源包括公司损益表、资产负债表、销售数据、发票、仓储记录和以前的研究报告。

政府出版物每年发布的《美国统计报告》能够提供人口、经济、社会等美国社会经济资料。《美国工业一览》提供美国工业活动的情况，包括生产、销售、运输及就业等。《市场营销信息索引》提供有注释的商业信息索引。其他政府出版物包括《制造业年报》、《商业统计》、《制造商目录》、《人口统计》、《零售统计》、《批发统计》、《服务行业统计》、《联邦储备银行报告》和《新商业统计》。

杂志和图书。《S&P 工业统计》提供最新的工业方面的统计与分析。《Moody's 手册》提供财务数据和主要公司的人员名单。市场营销杂志包括《市场营销》、《市场营销研究》、《消费者研究》等。其他有关贸易的杂志包括《广告时代》、《连锁店时代》、《杂货》、《销售与经营》和《商店》等。一般商业杂志有《商业周刊》、《连锁店时代》、《财富》、《哈佛商业周刊》等。

商业数据。下面列举的只是众多商业研究单位中的一些，这些公司把数据销售给它们的用户。尼尔森市场研究公司提供超级市场销售、市场份额、零售价格以及居民购物情况和电视观看情况的数据。信息源公司（Information Resource，Inc.）提供超级市场数据，为的是追踪百货的零售情况。阿比舜公司（Arbitron Company）提供地方广播的听众及广告支出的信息，也提供其他媒介的广告收入及支出的信息。西蒙斯市场研究中心（Simmons Market Research Bureau）提供许多年报，年报涉及电视、运动器材、药物专卖等，并包括消费者的性别、年龄、收入、生活方式、地理分布和品牌偏好等内容。

国际信息。下面只是许多信息来源中的一些：联合国的出版物有《统计年鉴》及与社会经济有关的《人口统计年鉴》，后者收集了220个国家的主要人口统计数据，其他还有介绍各国外贸情况的《国际贸易统计年鉴》。《欧洲统计年鉴》提供了世界多数国家和组织的历史、政治、经济和自然资源情况。其他还有《政治风险年鉴》、《国家研究》、《欧佩克经济统计》、《欧洲经济统计》、《亚洲经济手册》和《国际财务统计》等。

资料来源：根据百度百科文字整理：http：//baike. baidu. com/。

（三）执行研究计划

下一步就是研究人员去实施计划，这包括收集、处理和分析信息。数据收集可由公司自己的研究人员进行或由其他公司代办。自己人员做时，公司对收集数据的过程及数据质量的控制会好一些；请专业公司承担时，工作进行得快，成本也低。一般说来，数据收集阶段在研究过程中所花经费最多，也最易出错。研究人员必须加强监督，保证计划正确执行，避免访问中的问题，避免被访问者拒绝合作或提供有偏差的信息，避免访问人员出错或图省事。研究人员必须分析所收集的数据，并从中提炼出有价值的内容。他们要检查问卷中的数据，看看是否准确和完整，并转成可用计算机分析的形式。最后，研究人员要把结果做成表格，并计算出平均值等统计数值。此外，对一些较大的定量调研活动还会用到相关分析、回归分析、方差分析、聚类分析等更加复杂的统计方法。

（四）解释和报告研究成果

研究人员需要解释自己的发现，提出结论，并向管理部门报告。研究人员不应有用数值和复杂的统计方法难倒管理人员的打算，而应将有用的研究结果摆出来，帮助管理部门决策。光是研究人员懂得研究结果是不行的，虽然他们可能是调研和统计的专家。销售经理可能了解更多的问题，并要作出决策。许多时候，研究结果可通过多种途径来解释，研究人员和管理人员一起讨论会使问题更清楚。管理人员也需要了解研究计划执行得是否正确，是否做了必要的分析。管理人员看了研究结果后，可能还会提出一些其他问题，这些问题或许需要重新筛选数据才能找到答案。管理人员是最后决定研究结果使用问题的人，研究人员甚至可以将数据直接给市场部门经理，他们自己会进行分析和检验这些数据的关系。解释研究结果是市场营销过程中的重要一步，如果管理人员听信研究人员的错误解释，再好的研究也没有意义。同样，管理人员也会作出有偏差的解释，他们期待和他们想法一致的研究结果，拒绝与他们期望不一致的研究结果。因此管理人员和研究人员必须一起研讨研究结果，双方要对研究过程和相应的决策负责。

调研报告是调研活动的最终成果，也是评价调研活动质量的重要文件。一般来说，调研报告从形式上可分为书面报告和口头报告。书面报告没有完全统一的格式，但一份翔实、完整的报告应该包括以下基本内容：

（1）调研问题及目标。

（2）主要背景信息。

（3）调研方法的介绍及评价。

（4）以表格或形象化的方式来展示调研结果。
（5）调研结果的文字摘要。
（6）调研结论及建议。
（五）评估调研成果
调研程序的最后一个步骤是跟踪研究调研报告的使用情况，并对它的有效性进行评估。由于调研报告的撰写者和使用者往往是不同的主体，二者之间甚至有可能有一定的冲突，所以调研者应当关注他们所提供的报告是如何被调研委托者使用的，并在报告的使用过程中提供进一步解释和建议。这一工作一方面可以提高调研成果的使用效率，另一方面也可以为今后的调研活动积累经验。

五、市场营销调研方法

（一）抽样（Sampling）
抽样又称取样。从欲研究的全部样品中抽取一部分样品单位。其基本要求是要保证所抽取的样品单位对全部样品具有充分的代表性。抽样的目的是从被抽取样品单位的分析、研究结果来估计和推断全部样品特性，是科学实验、质量检验、社会调查普遍采用的一种经济有效的工作和研究方法。
1. 非概率抽样（Non-probability Sampling）
又称非随机抽样，指根据一定主观标准抽取样本，令总体中每个个体被抽取不是依据其本身的机会，而是完全决定于调研者的意愿。其特点为不具有从样本推断总体的功能，但能反映某类群体的特征，是一种快速、简易且节省的数据收集方法。当研究者对总体具有较好的了解时可以采用此方法，或是总体过于庞大、复杂，采用概率方法有困难时，可以采用非概率抽样来避免概率抽样中容易抽到实际无法实施或“差”的样本，从而避免影响对总体的代表度。常用的非概率抽样方法有以下四类：
（1）方便抽样（Convenience Sampling）。指根据调查者的方便选取的样本，以无目标、随意的方式进行。例如：街头拦截访问（看到谁就访问谁）；个别入户项目谁开门就访问谁。适用于总体中每个个体都是“同质”的，最方便、最省钱；可以在探索性研究中使用，另外还可用于小组座谈会、预测问卷等方面的样本选取工作。由于抽样偏差较大，不适用于要做总体推断的任何民意项目，对描述性或因果性研究最好不要采用方便抽样。
（2）判断抽样（Judgment Sampling）。指由专家判断而有目的地抽取他认为“有代表性的样本”。例如：社会学家研究某国家的一般家庭情况时，常以专家判断方法挑选“中型城镇”进行；也有家庭研究专家选取某类家庭进行研究，如选三口之家（子女正在上学的）；在探索性研究中，如抽取深度访问的样本时，可以使用这种方法。适用于总体的构成单位极不相同而样本数很小，同时设计调查者对总体的有关特征具有相当了解（明白研究的具体指向）的情况下，适合特殊类型的研究（如产品口味测试等）；操作成本低，方便快捷，在商业性调研中较多用。但该类抽样结果受研究人员的倾向性影响大，一旦主观判断偏差，则很易引起抽样偏差；不能直接对研究总体进行推断。
（3）配额抽样（Quota Sampling）。指先将总体元素按某些控制的指标或特性分类，然后按方便抽样或判断抽样选取样本元素。相当于包括两个阶段的加限制的判断抽样。在第一阶段需要确定总体中的特性分布（控制特征），通常，样本中具备这些控制特征的元素的比例与总体中有这些特征的元素的比例是相同的，通过第一步的配额，保证了在这些特征上样本的组成与总体的组成是一致的。在第二阶段，按照配额来控制样本的抽取工作，要求所选出的元素要适合所控制的特性。例如：定点街访中的配额抽样。适用于设计调查者对总体的有关特征具有一定的了解而样本数较多的情况下，实际上，配额抽样属于先“分层”（事先确定每层的样本量）再“判断”（在每层中以判断抽样的方法选取抽样个体）；费用不高，易于实施，能满足总体比例的要求。

（4）滚雪球抽样（Snowball Sampling）。指先随机选择一些被访者并对其实施访问，再请他们提供另外一些属于所研究目标总体的调查对象，根据所形成的线索选择此后的调查对象。第一批被访者是采用概率抽样得来的，之后的被访者都属于非概率抽样，此类被访者彼此之间较为相似。例如：目前中国的小轿车车主等。

2. 概率抽样（Non-probability Sampling）

又称随机抽样，指在总体中排除人的主观因素，给予每一个体一定的抽取机会的抽样。其特点为抽取样本具有一定的代表性，可以从调查结果推断总体；操作比较复杂，需要更多的时间，而且往往需要更多的费用。

（1）简单抽样（Simple Sampling）。即简单随机抽样，指保证大小为 n 的每个可能的样本都有相同的被抽中的概率。例如：按照“抽签法”、“随机表”法抽取访问对象，从单位人名目录中抽取对象。简单随机抽样随机度高，在特质较均一的总体中，具有很高的总体代表度；是最简单的抽样技术，有标准而且简单的统计公式。但当未使用可能有用的抽样框辅助信息抽取样本，可能导致统计效率低；有可能抽到一个“差”的样本，使抽出的样本分布不好，不能很好地代表总体。

（2）系统抽样（Systematic Random Sampling）。将总体中的各单元先按一定顺序排列，并编号，然后按照不一定的规则抽样。其中最常采用的是等距离抽样，即根据总体单位数和样本单位计算出抽样距离（即相同的间隔），然后按相同的距离或间隔抽选样本单位。例如：从 1000 个电话号码中抽取 10 个访问号码，间距为 100，确定起点（起点<间距）后每 100 号码抽一访问号码。

（3）分层抽样（Stratified Random Sampling）。是把调查总体分为同质的、互不交叉的层（或类型），然后在各层（或类型）中独立抽取样本。例如：调查零售店时，按照其规模大小或库存额大小分层，然后在每层中按简单随机方法抽取大型零售店若干、中型若干、小型若干；调查城市时，按城市总人口或工业生产额分出超大型城市、中型城市、小型城市等，再抽出具体的各类型城市若干。

（4）整群抽样（Cluster Sampling）。是先将调查总体分为群，然后从中抽取群，对被抽中群的全部单元进行调查。例如：入户调查，按地块或居委会抽样，以地块或居委会等有地域边界的群体为第一抽样单位，在选出的地块或居委会实施逐户抽样；市场调查中，最后一级抽样时，从居委会中抽取若干户，然后调查抽中户家中所有 18 岁以上成年人。

（二）调研方法

1. 传统的电话访问

传统的电话访问就是按照样本名单，选择一个调查者，拨通电话，询问一系列的问题。访问员（调查员）按照问卷，在答案纸记录被访者的回答。调查员集中在某个场所或专门的电话访问间，在固定的时间内开始面访工作，现场有督导人员进行管理。调查员都是经过专门训练的，一般以兼职的大学生为主，或其他一些人员。

2. 计算机辅助电话访问（CATI）

在发达国家，特别是在美国，集中在某一中心地点进行的计算机辅助电话访问比传统的电话访问更为普遍。目前在国内有少数调查公司采用。计算机辅助电话访问使用一份按计算机设计方法设计的问卷，用电话向被调查者进行访问。计算机问卷可以利用大型机、微型机或个人用计算机来设计生成，调查员坐在 CRT 终端（与总控计算机相联的带屏幕和键盘的终端设备）对面，头戴小型耳机式电话。CRT 代替了问卷、答案纸和铅笔。通过计算机拨打所要的号码，电话接通之后，调查员就读出 CRT 屏幕上显示出的问答题并直接将被调查者的回答（用号码表示）用键盘记入计算机的记忆库之中，计算机会系统地指引调查员工作。在 CRT 屏幕上，一个问答题只出现一次。计算机会检查答案的适当性和一致性。数据的收集过程是自然的、平稳的，而且访问时间大大缩减，数据质量得到了加强，数据的编码和录入等过程也不再需要。由于回答是直接输入计算机的，关于数据收集和结果的阶段性的和最新的报告几乎可以立刻就得到。

3. 入户访问

入户访问指调查员到被调查者的家中或工作单位进行访问，直接与被调查者接触。然后或是利用访问式问卷逐个问题进行询问，并记录下对方的回答；或是将自填式问卷交给被调查者，讲明方法后，等待对方填写完毕或稍后再回来收取问卷的调查方式。这是目前国内最为常用的一种调查方法。调查的户或单位都是按照一定的随机抽样准则抽取的，入户以后确定的访问对象也有一定的法则。

4. 拦截访问

拦截访问是指在某个场所（一般是较繁华的商业区）拦截在场的一些人进行面访调查。这种方法常用于商业性的消费者意向调查中。拦截面访的好处在于效率高，但是，无论如何控制样本及调查的质量，收集的数据都无法证明对总体有很好的代表性。这是拦截访问的最大问题。

5. 小组（焦点）座谈

小组（焦点）座谈（Focus Group）是由一个经过训练的主持人以一种无结构的自然的形式与一个小组的被调查者交谈。主持人负责组织讨论。小组座谈法的主要目的，是通过倾听一组从调研者所要研究的目标市场中选择来的被调查者，从而获取对一些有关问题的深入了解。这种方法的价值在于常常可以从自由进行的小组讨论中得到一些意想不到的发现。

6. 深度访谈法

深度访谈法是一种无结构的、直接的、个人的访问，在访问过程中，一个掌握高级技巧的调查员深入地访谈一个被调查者，以揭示对某一问题的潜在动机、信念、态度和感情。比较常用的深度访谈技术主要有三种：阶梯前进、隐蔽问题寻探以及象征性分析。深度访谈主要也是用于获取对问题的理解和深层了解的探索性研究。

7. 投影技法

所谓投影技法是一种无结构的非直接的询问形式，可以鼓励被调查者将他们对所关心问题的潜在动机、信仰、态度或感情投射出来。在投影技法中，并不要求被调查者描述自己的行为，而是要他们解释其他人的行为。在解释他人的行为时，被调查者就间接地将他们自己的动机、信仰、态度或感情投影到了有关的情景之中。因此，通过分析被调查者对那些没有结构的、不明确而且模棱两可的“剧本”的反应，他们的态度也就被揭示出来了。剧情越模糊，被调查者就更多地投影他们的感情、需要、动机、态度和价值观，就像在心理咨询诊所中利用投影技法来分析患者的心理那样。和心理学中的分类一样，投影技法可分成联想技法、完成技法、结构技法和表现技法。

第三节　市场预测

一、市场需求测量的有关概念

市场需求（Market Demand）指一定的顾客在一定的地区、一定的时间、一定的市场营销环境和一定的市场营销计划下对某种商品或服务愿意而且能够购买的数量。可见市场需求是消费者需求的总和；自然也是需求侧的管理或者改革的理论、实践的重要课题。

市场潜量（Market Potential）是指市场需求的最高界限，既指在一定区域、一定时间内以及一定营销环境和一定的营销费用水平条件下，消费者可能购买的商品总量。

很显然，企业需求的绝对极限是市场潜量，当企业的市场占有率为百分之百时，即企业成为独占者时，企业潜量就等于市场潜量。但在大多数情况下，企业潜量低于市场潜量，即使企业的市场营销费用大大超过竞争对手。这是由于每个企业都有自己的忠诚购买者，他们一般不会转而购买其他企业的产品。

市场潜量和企业潜量的预测是市场需求预测的重要内容。市场潜量是从行业的角度考虑某一产品的市场需求的极限值，企业潜量则是从企业角度考虑某一产品在市场上所占的最大的市场份额。市场潜量和企业潜量的预测是企业制定营销决策的前提，也是进行市场预测和企业销售预测的基础。

趣味阅读

乔布斯为什么说“市场调研是坨翔”？

乔布斯公开宣称，“苹果从不做市场调研，市场调研就是＊＊，没有任何用处”。

为什么乔布斯这样鄙视其他企业看成法宝的市场调研？从不市场调研的苹果，为什么能够生产出受欢迎的产品呢？

一、乔布斯认为“消费者并不知道自己需要什么”

很多公司把消费者奉为上帝，想尽办法摸透上帝的心思。戴尔公司的CEO说：“我的竞争者（苹果）不是先去弄清楚市场真正需要什么，再去开发新产品。这很荒唐。”包括戴尔、微软等硅谷巨擘的产品开发流程第一步是进行细致的顾客需求调查。然而，乔布斯认为虽然产品的生死存亡掌握在消费者的手中，但“消费者并不知道自己需要什么，直到我们拿出自己的产品，他们就发现，这是我要的东西”。

乔布斯最喜欢引用美国汽车业鼻祖亨利·福特的名言“你没法走到大街上去问别人，说，下一件伟大的产品会是什么？”福特曾说：“如果我当年去问顾客他们想要什么汽车产品，他们肯定会告诉我，‘一匹更快的马’。”

因此，乔布斯认为顾客是无知的，并认为自己可以代替顾客进行判断，并用完美的产品来激发顾客的需求。苹果公司从不做市场调研，也不招聘市场顾问，乔布斯的体验就是一切，产品只要能够通过乔布斯这一关，就能成功。

乔布斯的理论可以延伸为，市场调研可以验证顾客对已经存在的产品是否感兴趣，但无法对并未面世的新产品进行预测。就像亨利·福特当初碰到情况一样，在没有见到汽车产品的时候，市场调研得出的结论是，顾客需要更快的马车。因此，对于时刻都在创新的科技行业来说，市场调研是没有任何用处的。推出Mac前，个人电脑市场有多大呢？推出iPhone前，智能手机市场有多大呢？市场调研完全无法回答这些问题，甚至会给出错误的答案。如果通过市场调研可以把握未来，那么世界上最好的科技企业应该是市场调研公司。

二、用“最小化快速实验”取代“市场调研”

高科技产品的失败率通常都在90%以上，原因在于，至少有一半以上的产品，其最根本的市场愿景就错了。而且最要命的是，这种市场愿景的成败，在产品成产出现之前，是无法通过市场调研来搞清楚的——这个愿景究竟是一个伟大的理想还是一个愚蠢的幻想。

也正是因为这一点，乔布斯在iPod发布前几个月因为缺乏信心放弃了一大笔苹果股票的期权，而换来了一个执行价格更低数量更少但风险锁定的期权（放弃了25亿美元，换来了8亿美元）。

资料来源：http：//www. sohu. com/a/131315344_ 622301。

二、估计市场总需求

在成熟的和非扩展性市场销售的公司常常根据初始需求（Primary Demand）进行销售，初始需求是所有品牌的某种产品或服务的总需求。这些公司通过创造选择性需求（Selective Demand）来开辟市场，这里所说的选择性需求就是对这些公司自己品牌的需求。例如在美国，软饮料就是一个成熟的和非扩展性市场，可口可乐公司全力造就消费者 对它的可乐（Coke）、无糖可乐（Diet Coke）、雪碧（Sprit）和其他产品的偏好。但在一些国家比如中国或俄罗斯，有许多尚未开发的潜在市场，可口可乐公司就试图建立消费者对软饮料的初始需求，让大家喜欢它的品牌。不同的市场营销环境生成不同的市场需求曲线。例如，经济兴旺时比在经济萧条时的新汽车市场要大。一定水平的市场营销投入，在兴旺期比在萧条期能带来更多的市场需求，要紧的是市场营销人员估计市场需求时，要仔细分析形势。公司开发了许多预测市场总需求的实际方法。我们只列举两个。假设沃拿公司（Warner Communications Company）希望估计激光唱片的年销售量，常用的估计需求的方法如下所示：

$$Q = n \times q \times p$$

Q—— 市场总需求

N—— 市场购买者人数

Q—— 每年平均每个购买数量

P ——激光唱片平均价格

因此，如果每年有 1 亿激光唱片的购买者，平均每人每年买 6 张，每张平均价格为 14 美元，市场总需求就是 84 亿美元（=100000000×6×14 美元）。这种方法的一个分支是系列百分比法，它用一个基础数值去乘一系列定义了的百分比。例如，假设汤普逊公司，即 TCE 公司，（Thompson Consumer Electronics）要估计它的 RCA 数字卫星系统（RCA Digital Satellite System）的潜在需求。这个系统用一个安在屋顶、窗台或门廊上的 18 英寸家用卫星电视接收天线，接收两个空间卫星传来的强电视信号。整个系统起价 700 美元，包括卫星天线、解码器和遥控器，消费者可以接收 150 个以上的频道，全部有超清晰度画面和激光唱片水平的伴音。起初，TCE 公司认为目标家庭是在小城镇和农村，因为那里缺乏有线电视广播或受条件限制。用下列方法，TCE 公司可以估计美国市场上对 RCA 数字卫星系统的需求：

美国家庭总数×在小城镇或农村，没有有线电视家庭的百分比×小城镇和农村，时常和经常观看电视家庭的百分比×有足够收入能够购买 RCA 家用卫星天线而又时常和频繁看电视的家庭的百分比

这个简单的系列计算方法，只能大概地估计一下潜在需求。详细的计算包括另外一些子市场和其他因素，它能给出更准确和更精细的估计。

三、需求预测的主要方法

已经讨论了估计当前市场需求的方法，现在让我们来研究预测将来需求的方法。预测将来需求是一门艺术，目的是看在给定的未来条件下，消费者会是怎样的。预测起来很简单的产品或服务是很少的，有些产品销售稳定，销售额在一个稳定的竞争环境中增长，预测起来就很简单。多数市场需求和公司需求不稳定，准确的预测就成了公司成功的关键。不准确的预测造成大量库存，降价赔钱，再不就是因为供货不及时，减少了销

售。需求越是不稳定，就越是需要准确的预测和细致的预测过程。公司通常用三个步骤来完成销售预测。首先，预测环境；然后，预测行业；最后，预测公司的销售。预测环境需要考察通货膨胀、失业率、利息率、消费者支出与储蓄、企业投资、政府支出、净出口以及其他对于公司来说是重要的因素。这实际是在预测国内总产值，这个数据将和其他数据一起用在行业销售预测中。然后公司预测自己的销售额，以这个预测结果为基础，公司确定在行业销售中所占的份额。公司运用几种特定的技术预测销售，表 5-3 列出了这些技术中的一部分。所有预测都建立在三种信息的基础上：人们说什么？人们做什么？人们做过什么？第一个基础“人们说什么”包括调查人们对购买者和身边人的看法，比如销售人员或专家。这包括三种方法：购买者意向分析、综合销售人员意见，听取专家意见。预测“人们做什么”时，需要把产品投放市场，并做测试，以此来评估人们的反应。最后一个基础是“人们做过什么”，它包括分析过去购买行为方面的记录，或是用时间序列和统计需求分析。

表 5-3　　**常用销售预测技术**

预测基础	方法
人们说什么	购买者意向调查 综合销售人员意见 听取专家意见
人们做什么	市场测试
人们做过什么	时间序列分析 前兆因素分析 统计需求分析

1. 购买者意向调查

预测购买者意向的方法之一是直接问他们，这意味着需要调查访问他们。当购买者意向已经形成的时候，调查是特别有价值的，因为他们能讲出来，能向访问人员描述具体情况。但是，有时情况不是这样，运用消费者调查数据时，市场营销人员必须仔细。有几个研究组织进行了关于消费者意向的系列调查，它们所问的问题如下：6 个月内您会买汽车吗？其概率分布情况如表 5-4 所示。

表 5-4　　**购买者意向的概率分布**

0	0.1	0.2	0.3	0.4	0.5	0.6	0.7	0.8	0.9	1
绝无可能		可能很小		机会一般		有可能		很有可能		肯定买

此外，还有一些调查涉及消费者现在或将来的财务情况，他或她对经济的期望等；

综合各种信息可得到消费者感觉测量指数或消费者自信度测量指数。生产耐用消费品的公司根据这些数据预测消费者购买意向的变动，并及时调整生产和营销计划。对于集团购买来说，也对各种各样的机构进行意向调查，内容包括工厂、设备和材料购买情况。两个最有名的调查是美国商业部和麦克古奥·休尔公司（McGraw-Hill）作的，绝大多数的估计误差在10%以内。

2. 综合销售人员意见

当不容易访问购买者时，公司会从销售人员那里获取信息。一般公司会要求销售人员估计产品其销售区域的情况，然后把每个销售人员的看法综合，得出公司未来总销售的预测。很少的公司直接使用销售人员的估计，因为销售人员的观察常常有误差，也许原本就是乐观的或悲观的，或者是因为目前销售糟糕（或兴旺）而走极端。另外，他们不知道整个经济的发展情况，也不知道自己公司未来的营销策略，对自己的销售工作会有什么影响。他们低估需求时，公司也可能随着定一个较低的指标。销售人员可能没时间仔细估计，或者干脆认为没必要估计。假设这些偏差能被克服，通过营销人员的估计来预测，就有许多益处。销售人员可能比任何人都了解变化的潮流，参加预测过程后，他们可能更具信心去完成指标和取得成果。当然，这类“草根式（深入到下面的意思）”预测也因产品、地区、顾客和销售人员的不同，有失败的时候。

3. 听取专家意见

公司也从专家们那里获得信息，这些专家来自销售商、分销商、供应商、市场营销咨询机构和各种商业组织。汽车制造公司定期调查销售商的情况，为的是预测短期需求。不过，像销售人员评估时存在的问题一样，销售商的评估也会有强弱两个方面。许多公司从知名的公司购买经济和工业预测信息，这些知名公司有雷塔公司（Data Resources）、沃顿公司（Wharton Econometric）、柴斯公司（Chase Econometric）等。这些专业人员比起公司人员来说，预测水平要高得多，因为他们的数据来源更多一些，专业知识也更强。公司偶然也会邀请一些专家来预测。专家们在一起交换意见，提出预测（小组讨论法）。或者让他们提出个人看法，然后公司人员总结专家们的看法，归纳出一种预测结果。也可以由专家提交自己的预测，再由公司分析人员修订，其后，如此再进行一次评估（称作德尔菲法（Delphi））。如果可能，公司应该支持专家们用其他方法得出的预测。不过，专家们有时也出错。例如，1943 年，IBM 公司的首席执行官预测说：“我认为全世界的计算机市场需求是 5 台。”在 1946 年，20 世纪福克斯公司（20th Century Fox）的首席执行官德瑞尔·扎那克（Daryl F. Zanuck）说：“电视机在开辟市场六个月后，就不会有进展了，人们每晚盯着一个厚木箱子看，不久就会腻的。”

4. 测试市场

在一些地方如果购买者不仔细盘算购买，或者公司找不到专家或可靠的专家，公司可以进行直接的市场测试。直接测试对于新产品或新开发的销售渠道来说，是特别有用的。

5. 时间序列分析

许多公司的预测是在过去的销售情况基础上进行的，他们认为过去的销售情况，经过统计分析后可得出新的东西，分析人员可以用普通的关系去预测未来的销售。时间序列分析（Time-Series Analysis）将原来的销售分解为四部分来看——趋势、周期、时期和不稳定因素，然后综合这些因素，提出销售预测。趋势是长期的，表示在人口、资本构成和技术变化下，销售增长或衰退的情况。人们根据过去销售的记录，做出一条直线或曲线来描绘趋势。周期是关于中期波浪形的销售变化，这些变化的形成，是因为一般的经济和竞争活动。周期性的因素可以用在中期预测中，不过中期波动的情况是很难预测的，因为这些变动的节奏总是在变化。时期描述了一年中销售的固定节奏的变化，如每小时、每周、每月或每季度的销售。时期这个因素可以同天气、假日和商业习惯等因素联系起来。时期这种形式为短期销售预测提供了标准。最后一个部分是不稳定事件，包括时尚、罢工、暴风雪、地震、暴乱、枪击或其他动乱。从名称上也可看出，这些因素是不可预测的，因此，有关这方面的数据要撤出来，以便预测常规性的销售情况。假如一个保险公司今年卖出了 1. 2 万个新政策下的人寿保险，并准备预测明年 12 月的销售。长期趋势显示有一个每年有 5%的增长率，这个信息表明，明年的销售能达 1. 26 万个（=12000×1. 05）。但是，预计明年有经济衰退，原来预测的销售只能实现 90%，因此，明年的销售更像是下面这种情况，即：12600×0. 9=11340。如果每月销售量相同，则是 11430÷12=945。但是，12 月是保险销售的旺季，时期指数为 1. 30，因此，12 月销售应为 945×1. 3=1228. 5。公司预计没有其他的不稳定因素会出现，比如罢工或新的保险条例等，因此，明年 12 月的销售应为 1228. 5。

6. 前兆因素分析

许多公司通过发现前兆因素（Leading Indicators）来预测销售。前兆因素是时间序列中的另一类因素，它发生在公司销售之前。例如，一个管道公司发现自己落后于房屋建设启动指数 4 个月，这时，房屋建设启动指数就是一个有用的前兆因素。国家经济研究局（National Bureau of Economic Research）公布了 12 个最有用的前兆因素，这些前兆因素的值每月发表在《商情调查》（*Survey of Current Business*）上。

7. 统计需求分析法

时间序列分析把过去和将来的销售看作是时间的函数，而不是其他什么实际需求因素的函数，但是许多实际的因素影响着产品销售。统计需求分析法（Statistical Demand Analysis）是一个统计程序，人们用它来发现影响销售及有关事物的那些因素。常用的分析因素是价格、收入、人口和促销。统计需求分析由因变量（Q）表示，并试图说明它是一系列需求的自变量 X_1，X_2，…，X_n 影响的结果。

$Q=f(X_1, X_2, \cdots, X_n)$ 使用多元回归分析，可以根据所收集的数据找出因变量和自变量的函数关系，用于预测。例如，一个软饮料公司发现，各州人均消费软饮料的情况可由下列式子求出：

$$Q=-145.5+6.46X_1-2.37X_2$$

这里，X_1=州年平均温度（华氏），X_2= 州年人均收入（单位：100 美元）。例如，新泽西州年平均温度是 54 度，年人均收入为 2 400 美元，用上述公式，我们可以求出新泽西州每年每人消费的软饮料的数量。

$$Q=-145.5+6.46(54)-2.37(24)=146.6$$

实际上每人消费的情况是 143。如果这个公式预测其他州的情况时也是准确的，就可以用来作为一个有效的预测工具。市场营销的管理人员会预测明年的气温和收入情况，并用这个公式来预测明年的销售情况。统计需求分析有时十分复杂，市场营销人员必须仔细注意设计、执行和解释这些分析。不过，不断改进的计算机技术会使统计需求分析方法在预测中变得更普遍。

思考题：

1. 营销信息系统的内容有哪些？
2. 营销信息系统对企业经营有何作用？
3. 定性调研与定量调研有何区别？它们各自的优缺点是什么？
4. 企业在营销调研中应如何选择不同的调研方法？
5. 市场需求预测中可能出现的失误有哪些？如何避免？

课后案例

“中间”之痛——2013 年泛家居市场预测

2013 年年关将至，市场行情如何，什么市场好做、什么市场难做？这是广大家居建材企业时下最关心的问题。

一、市场基本面：不温不火

根据宏观经济及上游房地产的形势来判断，2013 年泛家居行业将延续“不温不火”的态势，理由如下：

其一，来自住建部的数据显示：中国城镇居民人均住宅建筑面积在 2009 年年底就已达到 30 平方米，这虽然不及欧美发达国家（欧洲国家人均住宅面积大多在 35 平方米—40 平方米），但已超过同处亚洲的发达国家日本与韩国（日、韩人均居住面积为 20 平方米左右，其中日本人均 19.6 平方米，韩国人均 19.8 平方米）。另据浙江大学不动产投资研究中心、清华大学媒介调查实验室等研究机构最近联合发布的《中国居住小康指数》报告显示（40 城市 10308 份问卷调查结果），北、上、广、深等一线城市居民自有住房拥有率在 70%左右，其他省会城市及发达地级城市大多在 70%—80%，这不仅高于世界平均水平，也高于多数的欧美国家（例如，美国 65%、英国 70%、日本 60%）。这意味着中国城镇居民的住房及装修刚性需求高峰期已过，今后不大可能会出现房地产长期火爆增长的局面。

其二，国人在消费观念上与欧美国家不同。目前中国城镇居民仍有 20%—30%的人口（为 1.5 亿—2 亿人，6000 万个左右的家庭）具有初次购房及住房初次装修的潜在刚性需求，加之每年新增 1%城市化率所带来的新城市人口（每年新增 1500 万左右城市人口，约合 500 万个城镇家庭），城市改造及旧房改造，居住环境改善两次、三次购房等因素。未来10年，每年的住宅需求仍可维持在1000万套左右，与目前的商品住宅年销售量大体相等。因此，中国的住宅销售及家居建材产品消费，在10年内持续下滑衰退的可能性也较小。总量稳定，既不会持续大幅度下滑，也不大可能长期持续高速成长，这就是所谓的“不温不火”。

市场大势如此，那么各细分市场又将呈现什么样的特征趋势呢?

二、细分市场——“中间”之痛

“中间”市场，是指城镇中档大众消费市场。这一市场的表现取决于哪些因素呢?

市场环境。当市场需求旺盛，日子最好过的是“中间”市场：既有庞大的市场容量，又有可观的利润空间。如今，总量不再有火爆成长的潜力；泛家居领域多数行业产能严重过剩，无法依靠后续高速增长的需求来消化已经过剩的产能。这时既有销量保证又有一定利润空间，现有对手最多的城镇中档大众市场的竞争将加剧。2012年，促销大战确实也主要集中在现今的城镇中档大众消费市场。

市场结构。随着原有城镇人口购房及装修“刚需”高峰期的结束，城镇尤其是一、二线城市的中等收入大众的“刚需”总需量的比例下降，农村转移人口在城镇购房装修、现有城镇低收入人群刚性买房装修占总需量的比例上升。市场需求结构从“中间大、两头小”的纺锤形结构开始转变为金字塔结构，“中间”市场的容量与份额呈现下降趋势。同时，宏观经济增长放缓、悲观预期心理作祟又进一步推动原有部分中档消费人群转化为中低消费人群。原本定位高端的一些厂商，为了在不温不火的市场环境下保销量、保增长，又实施对下挤压的产品、市场的渗透延伸策略与促销策略，从而使“中间市场”两头受气。

事实上，泛家居领域定位较高端的品牌，比如卫浴领域的TOTO、科勒，地板领域的大自然、生活家·巴洛克，瓷砖领域的马可波罗、东鹏，厨柜衣柜领域的欧派、索菲亚等2012年以来也确实纷纷加大了对原来定位较低的三、四线市场的渗透力度及在一、二线城市的促销力度。

“中档消费者”将日益挑剔。由于现有城镇中档“刚需”消费人群日益萎缩稀缺，高端品牌向下延伸“教育”，加之自我意识、个性主张及消费主权意识强烈的“80后”、“90后”、“00后”们逐渐取代“60后”、“70后”们成为未来“中档消费”主力，未来“中档市场”的消费者将越来越挑剔。

高端消费稳中有升。住房及装修的高端消费绝大多数都不是第一次刚性消费，受经济大气候影响较小。而且随着经济的发展及人们收入水平的提高，高端消费人群数量有增加趋势，市场容量稳中有升。从顾客价格接受力方面来看，高端细分市场对企业吸引力最大。但由于高端市场所占总体市场比例有限，顾客的品牌意识强烈，品牌培养塑造周期较漫长，因此对企业的综合竞争力比如经济实力、产品开发创新能力、产品质量水平、服务能力、品牌塑造能力等都要求较高。因此，企业也不可脱离现有资源状况，只凭主观意愿盲目定位追逐高端市场。

低端市场需求量趋升。随着原本的城镇“中端”市场消费主力客户的“刚需”逐步得以满足释放，取而代之的将是较低收入的农村人口和城镇低收入人群，他们将逐步成为未来泛家居产品的购买消费主力，低端市场总量及份额将日益放大成为金字塔的“塔底”。低端市场虽然量大，但产品盈利空间有限。一些“中间企业”如果未来既不能固守原有“中档”市场、又不能有效跻身“高端”市场，那么必须提前做好调整准备，未来在低端市场谋求生路。

三、向“两极”分化突围

如以上分析，现有“中间”市场人群日渐萎缩，且受到上、下两端竞争对手的挤压，日子日益难过。留在“中间”消费的顾客，对产品的创新、个性需求及品牌、质量要求，将变得日益挑剔。现有的“中间”企业要么通过产品创新、提升品牌逐步调整市场定位，逐步进入高端市场；要么进一步降低成本售价，有效抢占中低端市场；要么通过产品创新、品牌拉力，结合良好的产品性价比优势维持在“中间市场”的生存竞争能力，继续“留守”在“中间市场”。在以上3个方面都不能有所作为的“中间企业”，将可能在这一场“中间市场危机”中沦为“牺牲品”。

资料来源：第一营销网 http：//www.cmmo.cn。

讨论题：

1. 泛家居市场是如何预测消费者需求的？
2. 泛家居市场的市场调研与预测是否合理，为什么？

课后实践

1. 目的

通过课后实践，帮助学生认识到调查计划在市场调研中的重要作用。调查计划是营销调研的第二步，调查计划是指导市场调研工作的总纲，是整个市场调研活动的指导，能够保证整个调研活动有条不紊地进行。

2. 任务

要求学生把市场调研技术运用于营销实践，根据调研课题为某一产品或店铺开发的营销调研制定一份“市场调查计划”。

要求学生在教师指导下，能够独立完成本次“营销调研计划”制定。“营销调研计划”采用表格形式，便于操作和掌握。

要求通过“调研计划制定”课业实践操作，更好理解营销调查计划的重要性，掌握调查计划制定的基本技能。

3. 内容与步骤

（1）建立学习小组（5—6人为宜），并选出小组组长，由组长带领其他同学共同完成课外作业。

（2）“调查计划”运用表格方法。

调查项目	市场状况调查	消费者状况调查	竞争者状况调查	宏观营销环境调查	创业优劣势调查	
资料来源						
调查对象						
调查时间						
调查地点						
调查方法						
调查工具						
调查分工						
费用预算						

（3）按照书中要求完成“调查计划”各操作步骤。

（4）各小组依次推选出发言人就本小组收集的资料和讨论情况在课堂上进行陈述，同时鼓励其他小组成员进行提问，并作出回答。

第六章　目标市场营销战略

☞【学习目标】

1. 了解市场细分、目标选择和市场定位的含义及联系
2. 掌握市场细分的作用和依据
3. 解释企业如何识别具有吸引力的细分市场并选择目标市场策略
4. 掌握定位的分类与步骤，并讨论企业如何差异化和定位其产品以获得最大竞争优势

☞【核心概念】

市场细分；细分市场；目标市场；目标市场战略；市场定位

案例引入

从宝洁衰退看消费趋势变化

全球日化巨头宝洁，宣布在未来两年内将砍掉旗下100个品牌，以摆脱日益衰退的市场窘境。断臂求生，如此惨烈的一幕发生在巨无霸宝洁身上，让人唏嘘不已。宝洁曾是世界消费品之王，在消费品市场占据统治地位时间之长、地位之稳固、经营范围之广至今都无人可比拟。宝洁的衰退清晰地显现出当今消费趋势发生了根本性的变化。

一、大众时代落幕，个性化才是王道

宝洁是产品大众化时代最优秀的代表，其产品几乎覆盖了所有群体和所有功能，可以卖给所有人，不分年龄，不分区域，不分国界，不分层级。从高端到低端，从美国到中国再到肯尼亚，从鱼尾纹到脚底的死皮，都在宝洁的覆盖范围内，都是宝洁的目标受众。现在，宝洁的最大优势可能会变成其最大短板，满足所有人，也可能是谁都满足不了。宝洁的产品不可谓不优秀，也都具备很强的竞争力，但其产品缺乏个性却是不争的事实。再好的产品，用久了总会审美疲劳，再好的衣服、鞋子，一旦与人撞衫，顾客也就失去了再消费和使用的兴趣了。仔细想想，这还真不是宝洁的错，就像诺基亚被收购时CEO蒂芬·埃洛普说的：我们其实没犯任何错误。只是，他忘记时代发生了变化。

企业要想赢得市场，则需要针对不同顾客群体，设计出不同的产品特性，来满足顾客的个性需求：这就是我想要的，这就是专门为我设计的。iPhone最大的成功就在于依靠其应用商店最大限度满足了不同人的个性需求。

二、个性化时代的特征

个性化时代已然全面来临，个性化才是王道。谁比谁个性才应该是企业追求的目标

与方向。

(1) 个性化的精髓是：少而精，少而美。速写服饰每季每款产品不会超过3件，既保障了顾客的个性化需求又让其价值感得到了提升。物以稀为贵，但很多企业的思维惯性是，一旦发现某款产品好卖，恨不得24小时开足马力狂生产。大众化时代提高生产率是企业的根基，个性化时代限量版才是企业的成功要诀。

(2) 个性化的特征：出生即是死亡。大众化时代产品要遵循产品生命周期（导入、成长、成熟、衰退），如此漫长的周期在个性化时代肯定不具备任何竞争力。个性化时代的产品从一出生就已经进入死亡清单，产完这一批不再生产下一批，企业需要在销售过程中不断微创新才可能迎合顾客不断变化求新的需求。大众化时代的调整都集中在广告创意环节，通过不断转换概念和创意来赢得消费购买。个性化时代则需不断改进和完善产品来赢得消费需求。谁换季更快，谁的产品微创新更频繁，谁的产品规格更符合便利性需求，谁则能赢得市场。

(3) 个性化的灵魂：品牌威力趋于零，体验无价。宝洁旗下的品牌个个响当当，全球闻名，但依然无法阻挡衰退的步伐。不要再在品牌上玩花样了，那是广告公司与企划部门的自娱自乐，为了证明自己的存在感。个性化时代，需要的是超出预期的产品体验，小米1999元的智能手机，体验价值是3000元左右，想不卖疯也难。个性化时代应把广告的巨资用于产品的免费体验上，多送些给顾客总好过你拿银子去砸广告。巨额的广告投入，谁看了谁没看都傻傻地分不清，还花那冤枉钱干嘛？

因此，精确的市场定位不仅要符合消费者的需求，还能帮助企业成功地快速占领市场，实现飞速增长。

资料来源：窦林毅. 销售与市场 [J]. 2014 (10).

☞【营销启示】

当今企业纷纷意识到，购买者的数量众多、种类太分散，他们的需要和购买时机有太多的不同，企业也不可能对市场中的所有消费者产生吸引力。因此，每个企业必须善于依据潜在顾客的特征、行为进行分类，从中寻找并辨认最有价值并有能力和愿意为之提供服务的特定部分，作为自己的目标市场，从而形成自己的竞争优势。而大多数公司已经从大众市场营销转移至目标市场营销即辨别其细分市场，在整个大市场中选择其中一个或多个子市场进行开发，并为其量身定做产品和营销项目。

图6-1显示了目标市场战略分为了三个步骤。首先，公司要选择顾客，市场细分（Market Segmentation）根据消费者的特征、需求或行为，把市场分为不同的消费者群体。目标市场选择（Market Targeting）包括选择评估各个细分市场吸引力并选择一个或几个细分市场作为目标市场。最后，公司将决定其价值定位，将产品差异化（Differentiation）从而创造出色的顾客价值。而市场定位（Positioning）则是推出一种产品，使其相对于竞争对手产品在目标消费者群体中占据一个清晰、独特和优越的位置。

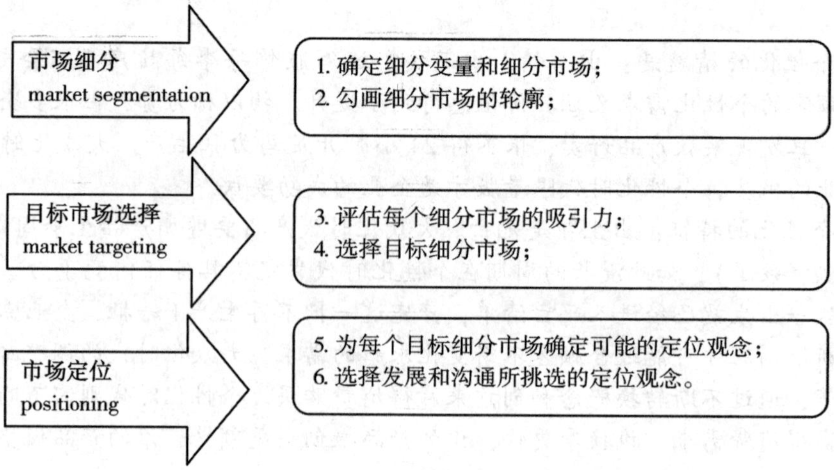

图 6-1 目标市场战略示意图

第一节 市场细分

一、市场细分的概念

任何市场中的消费者都在购买欲望、购买态度和购买行为上有所差异。按照消费者欲望与需求把因规模过大导致企业难以服务的总体市场划分成若干具有共同特征的子市场，处于同一细分市场的消费群被称为目标消费群，相对于大众市场而言这些目标子市场的消费群则是分众。市场细分（Market Segmentation）是指营销者通过市场调研，依据消费者的需要和欲望、购买行为和购买习惯等方面的差异，把某一产品的市场整体划分为若干消费者群的市场分类过程。每一个消费者群就是一个细分市场，每一个细分市场都是具有类似需求倾向的消费者构成的群体。

知识拓展

STP 理论的产生

市场细分（Market Segmentation）的概念是美国营销学家温德尔·史密斯（Wended Smith）在 1956 年最早提出的，此后，美国营销学家菲利浦·科特勒进一步发展和完善了温德尔·史密斯的理论并最终形成了成熟的 STP 理论［市场细分（Segmentation）目标市场选择（Targeting）和市场定位（Positioning）］。它是战略营销的核心内容。STP 理论的演变经历了三个发展时期。19 世纪末 20 世纪初，卖方市场倡导“生产观点”支配着企业的行为，因此称为大量营销阶段（Mass Marketing）；从 20 世纪 20 年代开始以美国为代表的西方国家企业产品产量迅速提高，逐渐出现“生产过剩”现象，企业想在供大于求的市场中寻找自己的市场定位，必然要想尽办法提高核心竞争力。此阶段成为产品差异化营销阶段（Product Differentiated Marketing）。20世纪50年代后，西方发达国家科技快速发展，人们的生活水平明显提高，市场的供求关系由卖方市场转为买方市场，消费者购买需求的特征等有了很大变化。进入目标市场营销阶段（Target Marketing）STP理论的主要观点在于选择确定目标消费者或客户，或称市场定位理论。

资料来源：根据百度百科文字整理 https：//baike. baidu. com。

理解市场细分的含义包括以下两点：

①市场细分的理论基础是消费者需求偏好的绝对差异性和相对同质性。市场细分的对象是对某一特定产品有现实或潜在需求的目标顾客群，而不是产品本身。我们把这部分子市场的消费者群体称为细分市场，是整体市场的一部分。在同一整体市场的不同细分市场中，消费者在需要、偏好、购买动机等方面对产品有着明显的差异性；而同一子市场的顾客（需求或愿望大体相同的消费者）对某种产品的需求有着明显的共性。因此，市场细分是子市场之间求异、子市场内部求同的过程。

②市场细分的外在强制条件是企业资源的限制和进行有效的竞争。由于企业本身拥有物力、人力、财力的内部资源以及外部环境（如社会、经济、自然条件等因素）分配的不均，不可能向市场提供所有的产品，满足市场所有的购买或消费需求。任何一个企业由于资源限制和其他约束，都不可能在市场营销全过程中占有绝对优势。这就要求企业根据内外部环境和企业资源的配置努力提高自身竞争力，与其他企业进行抗衡，而从获取自己的市场份额。

营销实践

明治 VS 森永

日本有两家最大的糖果公司，以前生产的巧克力都是满足儿童消费市场的，森永公司为增强其竞争能力，经过市场调查与充分论证，研制出一种“高王冠”的大块巧克力，定价70日元，推向成人市场。明治公司也不甘示弱，通过市场细分，选择了3个子市场；初中学生市场、高中学生市场和成人市场。该公司生产出两种大块巧克力，一种每块定价40日元，用于满足十二三岁的初中学生；一种每块定价60日元，用于满足十七八岁的高中学生；两块合包在一起，定价100日元，适宜于满足成人市场。明治公司的市场细分策略，比森永公司高出一筹。

资料来源：央视网 http：//news. cntv. cn/20120813/108227. shtml。

二、市场细分的作用

细分市场不是根据产品品种、产品系列来进行的，而是从消费者（指最终消费者和工业生产者）的角度进行划分的，是根据市场细分的理论基础，即消费者的需求、动机、购买行为的多元性和差异性来划分的。通过市场细分对企业的生产、营销起着极其重要的作用。

1. 有利于选择目标市场和制定市场营销策略

市场细分后的子市场比较具体，比较容易了解消费者的需求，企业可以根据自己的经营思想、方针及生产技术和营销力量，确定自己的服务对象，即目标市场。针对着较小的目标市场，便于制定特殊的营销策略。同时，在细分的市场上，信息容易了解和反馈，一旦消费者的需求发生变化，企业可迅速改变营销策略，制定相应的对策，以适应市场需求的变化，提高企业的应变能力和竞争力。

例如，联想的产品细分策略，正是基于产品的明确区分，联想打破了传统的“一揽子”促销方案，围绕“锋行”“天骄”“家悦”三个品牌面向的不同用户群需求，推出不同的“细分”促销方案。选择“天骄”的用户，可优惠购买让数据随身移动的魔盘、可精彩打印数码照片的3110打印机、SOHO好伴侣的M700多功能机以及让人尽享数码音乐的MP3；选择“锋行”的用户，可以优惠购买“数据特区”双启动魔盘、性格鲜明的打印机以及“新歌任我选”MP3播放器；钟情于“家悦”的用户，则可以优惠购买“电子小书包”魔盘、完成学习打印的打印机、名师导学的网校卡，以及成就电脑高手的XP电脑教程。

2. 有利于发掘市场机会，开拓新市场

通过市场细分，企业可以对每一个细分市场的购买潜力、满足程度、竞争情况等进行分析对比，探索出有利于本企业的市场机会，使企业及时作出投产、异地销售决策或根据本企业的生产技术条件编制新产品开拓计划，进行必要的产品技术储备，掌握产品更新换代的主动权，开拓新市场，以更好适应市场的需要。

3. 有利于集中人力、物力投入目标市场

任何一个企业的资源、人力、物力、资金都是有限的。通过细分市场，选择了适合自己的目标市场，企业可以集中人、财、物及资源，去争取局部市场上的优势，然后再占领自己的目标市场。

4. 有利于企业提高经济效益

前面三个方面的作用都能使企业提高经济效益。除此之外，企业通过市场细分后，企业可以面对自己的目标市场，生产出适销对路的产品，既能满足市场需要，又可增加企业的收入；产品适销对路可以加速商品流转，加大生产批量，降低企业的生产销售成本，提高生产工人的劳动熟练程度，提高产品质量，全面提高企业的经济效益。

三、市场细分的依据

（一）消费者市场细分的依据

市场中消费者的需求千差万别，通过市场细分，企业可以将大的一致性市场划分为较小的细分市场，从而更有效和更高效地制定符合这类目标顾客群的产品或服务。市场细分的方法不止一种。为了找到观察市场结构的最佳方式，营销者必须尝试不同的细分变量以及不同的组合方式。表 6-1 列出来细分市场中可能被用到的一些细分变量，例如：地理变量、人口变量、心理变量和行为变量。

表 6-1　　　　**消费者市场的主要细分变量**

细分变量	变量因素
地理变量	地区：华东、华南、东北、中南、华北、西南、西北 人口密度：特大城市、大城市、中小城市、城镇、乡村 经济分布：商业区、文化区、工业区
人口统计变量	年龄：幼儿 、青少年、成人、老年 性别：男性、女性 收入：高收入、中等收入、低收入 家庭生命周期：单身、已婚、已婚有子女 职业：工人、农民、公职人员、私营雇主等 受教育程度：中学以下、大专、大学、硕士、博士 宗教：基督教、佛教、伊斯兰教 、印度教 、其他
心理变量	生活方式：时尚型、简朴型、高雅型 社会等级：成功人士、中产阶级、弱势群体 个　　性：黏液型、多血型、胆汁型、忧郁型
行为变量	使用时机：常规时机、特殊时机 利益偏好：消遣娱乐、知识更新、教育学习 使用状况 ：从未使用、初次使用、经常使用 品牌忠诚度：坚定忠诚者、弹性忠诚者、随机者

1. 地理变量（Geographic Segmentation）

按照消费者所在的地理位置以及其他地理变量来细分，如城市农村、地形气候、交通运输、人口密度、自然环境。地理细分的主要理论依据：处在不同地理位置的消费者对企业的产品各有不同的需要和偏好，对企业所采取的市场营销战略也各有不同的反应。企业可以将它们的产品、广告、促销和销售策略本土化，用以适应单个地区、城市的需求。例如，我国北方冬季相对寒冷，暖气设备成为北方家庭的必备物品；而南部地区，特别是珠三角一带，对暖气设备的需求则不明显。又如，在我国南方沿海一些省份，某些海产品被视为上等佳肴，而内地的许多消费者则觉得味道平常。

地理变量易于识别，是细分市场应予考虑的重要因素，但处于同一地理位置的消费者需求仍会有很大差异。比如，在我国的一些大城市，如北京、上海，流动人口逾百万，这些流动人口本身就构成一个很大的市场，很显然，这一市场有许多不同于常住人口市场的需求特点。所以，简单地以某一地理特征区分市场，不一定能真实地反映消费者的需求共性与差异，企业在选择目标市场时，还需结合其他细分变量予以综合考虑。

2. 人口统计变量（Demographic Segmentation）

人口统计变量是按照人口变量（年龄、性别、收入、职业、教育水平、家庭规模等）来细分。人口变量很久以来一直是细分消费者市场的重要变量，一个主要原因是人口变量比其他变量更容易测量；另一方面是，消费者的需求、偏好和使用率通常与人口统计变量密切相关。由此构成了企业经常以它作为市场细分依据的重要原因。

（1）年龄和生命周期。消费者的需求和偏好会随着年龄而变化。一些公司使用年龄和生命周期细分（Age and Life-Cycle Segmentation）把市场分为具有不同年龄和不同生命周期的群体。不同年龄的消费者有不同的需求特点，如青年人对服饰的需求，与老年人的需求差异较大。青年人需要鲜艳、时髦的服装，老年人需要端庄素雅的服饰。

在运用年龄和生命周期进行细分市场时营销者要避免生搬硬套。不同年龄的消费者有不同的需求特点，消费者的需求和购买能力随着年龄的变化而变化。企业在根据年龄进行市场细分时，不仅要重视消费者的生理年龄，还要注意他们的心理年龄。比如，尽管我们都认为70岁以上的老年人没什么社会需求，但是也有一些会学习广场舞或打网球等运动。

（2）性别。性别细分（Gender Segmentation）很早就被应用于服装、化妆品、理发等行业。由于生理上的差别，男性与女性在产品需求与偏好上有很大不同，如在服饰、发型、生活必需品等方面均有差别。像美国的一些汽车制造商，过去一直是迎合男性要求设计汽车，现在，随着越来越多的女性参加工作和拥有自己的汽车，这些汽车制造商正研究市场机会，设计具有吸引女性消费者特点的汽车。

（3）收入。收入细分（Income Segmentation）长期以来一直被应用于汽车、理财服务、旅游行业。高收入消费者与低收入消费者在产品选择、休闲时间的安排、社会交际与交往等方面都会有所不同。比如，同是外出旅游，在交通工具以及食宿地点的选择上，高收入者与低收入者会有很大的不同。正因为收入是引起需求差别的一个直接而重要的因素，在诸如服装、化妆品、旅游服务等领域根据收入细分市场相当普遍。只有收入水平很高的消费者才可能成为高档服装、名贵化妆品、高级珠宝等的经常买主 。

（4）职业与教育。指按消费者职业的不同，所受教育的不同以及由此引起的需求差别细分市场。比如，农民购买自行车偏好载重自行车，而学生、教师则是喜欢轻型的、样式美观的自行车；又如，由于消费者所受教育水平的差异所引起的审美观具有很大的差异，诸如不同消费者对居室装修用品的品种、颜色等会有不同的偏好。

3. 心理变量（Psychographic Segmentation）

心理变量通常按照消费者的生活方式、个性、社会阶层、购买动机等来细分。

（1）社会阶层。社会阶层是指在某一社会中具有相对同质性和持久性的群体。处于同一阶层的成员具有类似的价值观、兴趣爱好和行为方式，不同阶层的成员则在上述方面存在较大的差异。很显然，识别不同社会阶层的消费者所具有不同的特点，对于很多产品的市场细分将提供重要的依据。

（2）生活方式。通俗地讲，生活方式是指一个人怎样生活。人们追求的生活方式各不相同，如有的追求新潮时髦，有的追求恬静、简朴，有的追求刺激、冒险，有的追求稳定、安逸。西方的一些服装生产企业，为“简朴的妇女”、“时髦的妇女”和“有男子气的妇女”分别设计不同服装；烟草公司针对“挑战型吸烟者”、“随和型吸烟者”及“谨慎型吸烟者”推出不同品牌的香烟，均是依据生活方式细分市场。

（3）个性。个性是指一个人比较稳定的心理倾向与心理特征，它会导致一个人对其所处环境作出相对一致和持续不断的反应。俗语说：“人心不同，各如其面”，每个人的个性都会有所不同。通常，个性会通过自信、自主、支配、顺从、保守、适应等性格特征表现出来。因此，个性可以按这些性格特征进行分类，从而为企业细分市场提供依据。在西方国家，对诸如化妆品、香烟、啤酒，保险之类的产品，有些企业以个性特征为基础进行市场细分并取得了成功。

4. 行为变量（Behavioral Segmentation）

根据购买者对产品的了解程度、态度、使用情况及反应等将他们划分成不同的群体，叫行为细分。许多人认为，行为变数能更直接地反映消费者的需求差异，因而成为市场细分的最佳起点。按行为变量细分市场主要包括：

（1）购买时机。根据消费者提出需要、购买和使用产品的不同时机，将他们划分成不同的群体 。例如，城市公共汽车运输公司可根据上班高峰时期和非高峰时期乘客的需求特点划分不同的细分市场并制定不同的营销策略；生产果珍之类清凉解暑饮料的企业，可以根据消费者在一年四季对果珍饮料口味的不同，将果珍市场消费者划分为不同的子市场。

（2）追求利益。消费者购买某种产品总是为了解决某类问题，满足某种需要。然而，产品提供的利益往往并不是单一的，而是多方面的。消费者对这些利益的追求时有侧重，如对购买手表有的追求经济实惠、价格低廉，有的追求耐用可靠和使用维修的方便，还有的则偏向于使用显示出社会地位等不一而足。

（3）使用者状况。根据顾客是否使用和使用程度细分市场。通常可分为：经常购买者；首次购买者；潜在购买者；非购买者。大公司往往注重将潜在使用者变为实际使用者，较小的公司则注重于保持现有使用者，并设法吸引使用竞争产品的顾客转而使用本公司产品。

（4）使用数量。根据消费者使用某一产品的数量大小细分市场。通常可分为大量使用者、中度使用者和轻度使用者。大量使用者人数可能并不很多，但他们的消费量在全部消费量中占很大的比重。美国一家公司发现，美国啤酒的80%是被50%的顾客消费掉的，另外一半的顾客的消耗量只占消耗总量的12%。因此，啤酒公司宁愿吸引重度饮用啤酒者，而放弃轻度饮用啤酒者，并把重度饮用啤酒者作目标市场。公司还进一步了解到大量喝啤酒的人多是工人，年龄在25—50岁，喜欢观看体育节目，每天看电视的时间不少于3—5小时。很显然，根据这些信息，企业可以大大改进其在定价、广告传播等方面的策略。

（5）品牌忠诚程度。企业还可根据消费者对产品的忠诚程度细分市场。有些消费者经常变换品牌，另外一些消费者则在较长时期内专注于某一或少数几个品牌。通过了解消费者品牌忠诚情况和品牌忠诚者与品牌转换者的各种行为与心理特征，不仅可为企业细分市场提供一个基础，同时也有助于企业了解为什么有些消费者忠诚本企业产品，而另外一些消费者则忠诚于竞争企业的产品，从而为企业选择目标市场提供启示。

(6) 购买的准备阶段。消费者对各种产品了解程度往往因人而异。有的消费者可能对某一产品确有需要，但并不知道该产品的存在；还有的消费者虽已知道产品的存在，但对产品的价值、稳定性等还存在疑虑；另外一些消费者则可能正在考虑购买。针对处于不同购买阶段的消费群体，企业进行市场细分并采用不同的营销策略。

趣味阅读

监狱酒吧

美国佛罗里达州罗德岛上有一个“监狱酒吧”，戒备森严，一般人不能进入。狱中的“囚徒”都是百万富翁，他们厌倦了花花世界中的豪华生活，特地来铁窗体验岁月，来这里的“囚徒”要登记“入狱”日期，定好假释时间，领一件黑白的囚衣方可“入狱”，囚徒的房间费用比一般旅馆高，普通床位每天 125 美元，高级房间高达 300 美元。自开办以来，生意兴隆，收入可观。靠的就是“新奇”及独特的“感受”。

(二) 生产者市场细分的依据

许多用来细分消费者市场的标准，同样可用于细分生产者市场。如根据地理、追求的利益和使用率等变量加以细分。不过，由于生产者与消费者在购买动机与行为上存在差别，所以，除了运用前述消费者市场细分标准外，还可用一些新的标准来细分生产者市场。

1. 用户规模

在生产者市场中，用户经营规模决定其购买能力的大小。有的用户购买量很大，而另外一些用户购买量很小。按用户经营规模划分，可分为大用户、中用户、小用户。大用户户数虽少，但其生产规模、购买数量大，注重质量，交货时间等；小客户数量多，分散面广，购买数量有限，注重信贷条件等。以钢材市场为例，像建筑公司、造船公司、汽车制造公司对钢材需求量很大，动辄数万吨的购买，而一些小的机械加工企业，一年的购买量也不过几吨或几十吨。企业应当根据用户规模大小来细分市场，并根据用户或客户的规模不同，企业的营销组合方案也应有所不同。比如，对于大客户，宜于直接联系，直接供应，在价格、信用等方面给予更多优惠；而对众多的小客户，则宜于使产品进入商业渠道，由批发商或零售商去组织供应。

2. 产品的最终用途

产品的最终用途不同也是工业者市场细分标准之一。工业品用户购买产品，一般都是供再加工之用，对所购产品通常都有特定的要求。比如，同是钢材用户，有的需要圆钢，有的需要带钢，有的需要普通钢材，有的需要硅钢、钨钢或其他特种钢。企业此时可根据用户要求，将要求大体相同的用户集合成群，并据此设计出不同的营销策略组合。

3. 工业者购买状况

根据工业者购买方式来细分市场。工业者购买的主要方式如前所述包括直接重购，修正重购及新任务购买。不同购买方式的采购程度、决策过程等不相同，因而可将整体市场细分为不同的小市场群。例如：日本汽车厂商为了进入美国市场，将美国的汽车市场细分为客车市场和货车市场，再把客车市场划分为大客车市场和小客车市场，而小客车市场再细分为豪华轿车市场、廉价轿车市场及日本汽车厂商的目标市场。

四、有效细分的原则

企业进行市场细分的目的是通过对顾客需求差异予以定位，来取得较大的经济效益。而且，市场细分的方式有很多，但并不是所有的细分都是有效的。众所周知，产品的差异化必然导致生产成本和推销费用的相应增长，所以，企业必须在市场细分所得收益与市场细分所增成本之间作一权衡。由此，我们得出有效的细分市场必须具备以下特征：

①可衡量性。指各个细分市场的购买力和规模能被衡量的程度。如果细分变数很难衡量的话，就无法界定市场。

②可赢利性。细分后向企业提供的子市场有足够的需求量且有一定的发展潜力。

③可进入性。指所选定的细分市场必须与企业自身状况相匹配，企业有优势占领这一市场。可进入性具体表现在信息进入、产品进入和竞争进入。考虑市场的可进入性，实际上是研究其营销活动的可行性。

④差异性。指细分市场在观念上能被区别并对不同的营销组合因素和方案有不同的反应。

⑤相对稳定性。指细分后的市场有相对应的时间稳定。细分后的市场能否在一定时间内保持相对稳定，直接关系到企业生产营销的稳定性。特别是大中型企业以及投资周期长、转产慢的企业，更容易造成经营困难，严重影响企业的经营效益。

第二节　目标市场选择

著名的市场营销学者麦卡锡提出了应当把消费者看作一个特定的群体，称为目标市场。通过市场细分，有利于明确目标市场，通过市场营销策略的应用，有利于满足目标市场的需要。即：目标市场就是通过市场细分后，企业准备以相应的产品和服务满足其需要的一个或几个子市场。目标市场是企业决定要进入的那个市场，也就是企业拟投其所好、为之服务的那个顾客群。市场细分后，企业根据自己的任务目标、资源、特长、竞争能力、产品的特性等，权衡利弊，选择一个或几个有利于发挥企业优势、最具吸引力、又能达到最佳或满意的经济效益的细分市场作为目标市场。

一、评估细分市场

企业在评估不同细分市场的过程中，企业必须考虑三个因素：细分市场规模和增长率、细分市场的结构吸引力、企业目标和资源。而评估目标市场的目的在于弄清这些细分市场是否具有值得公司进入的各种条件，及其程度如何。

（一）细分市场规模和增长率

企业进入某一市场是期望能够有利可图，想要选择那些具有适当规模及成长性的细分市场，但“适当规模和成长性”是一个相对的概念。如果市场规模较小或者趋于萎缩状态，企业进入后难以获得发展，此时，应审慎考虑，不宜轻易进入。当然，企业也不宜以市场吸引力作为唯一取舍，特别是应力求避免“多数谬误”，即与竞争企业遵循同一思维逻辑，将规模最大、吸引力最大的市场作为目标市场。因此，企业大家共同争夺同一个顾客群的结果是，造成过度竞争和社会资源的无端浪费，同时使消费者的一些本应得到满足的需求遭受冷落和忽视。现在国内很多企业动辄将城市尤其是大中城市作为其首选市场，而对小城镇和农村市场不屑一顾，很可能就步入误区，如果转换一下思维角度，一些目前经营尚不理想的企业说不定会出现“柳暗花明”的局面。

（二）细分市场的结构吸引力

所谓结构吸引力，就是不仅要考虑一个细分市场在规模和增长程度方面所具有的吸引力，还要考虑可能使细分市场失去利润吸引力的其他因素。迈克儿·波特认为有五种力量决定整个市场或其中任何一个细分市场的长期的内在吸引力。这五个群体是：同行业竞争者、潜在的新进入的竞争者、替代产品、购买者和供应商的议价能力。他们具有如下五种威胁性：

1. 同行业竞争者的威胁

如果某个细分市场已经有了众多的、强大的或者竞争意识强烈的竞争者，那么该细分市场就会失去吸引力。如果出现该细分市场处于稳定或者衰退，生产能力不断大幅度扩大，固定成本过高，撤出市场的壁垒过高，竞争者投资很大，那么情况就会更糟。这些情况常常会导致价格战、广告争夺战，新产品推出，并使公司要参与竞争就必须付出高昂的代价。

2. 新竞争者的威胁

如果某个细分市场可能吸引有很强的生产能力和拥有大量资源并争夺市场份额的新的竞争者，那么该细分市场就会没有吸引力。问题的关键是新的竞争者能否轻易地进入这个细分市场。如果新的竞争者进入这个细分市场时遇到严重的壁垒，并且遭受到细分市场内原来行业的强烈报复，他们便很难进入。保护细分市场的壁垒越低，原来占领细分市场的公司的报复心理越弱，这个细分市场就越缺乏吸引力。某个细分市场的吸引力随其进退难易的程度而有所区别。根据行业利润的观点，最有吸引力的细分市场应该是进入的壁垒高、退出的壁垒低。在这样的细分市场里，新的竞争者很难打入，但经营不善的公司可以安然撤退。如果细分市场进入和退出的壁垒都高，那里的利润潜量就大，但也往往伴随较大的风险，因为经营不善的公司难以撤退，必须坚持到底。如果细分市场进入和退出的壁垒都较低，公司便可以进退自如，然而获得的报酬虽然稳定，但不高。最坏的情况是进入细分市场的壁垒较低，而退出的壁垒却很高。于是在经济良好时，大家蜂拥而入，但在经济萧条时，却很难退出。其结果是大家都生产能力过剩，收入下降。

3. 替代产品的威胁

如果某个细分市场存在着替代产品或者有潜在替代产品，那么该细分市场就失去吸引力。潜在的或现存的替代品的存在可能会限制产品价格和从细分市场中赢得利润，公司应密切注意替代产品的价格趋向。如果在这些替代产品行业中技术有所发展，或者竞争日趋激烈，这个细分市场的价格和利润就可能会下降。

4. 购买者讨价还价能力加强的威胁

如果某个细分市场中购买者相对于销售商具备更强的讨价还价能力，该细分市场就没有吸引力。购买者便会迫使价格降低，对产品质量和服务提出更高的要求，并且使竞争者互相斗争，这些都会导致销售商的利润降低。如果购买者比较集中或者有组织，或者该产品在购买者的成本中占较大比重，或者产品无法实行差别化，或者顾客的转换成本较低，或者由于购买者的利益较低而对价格敏感，或者顾客能够向后实行联合，购买者的讨价还价能力就会加强。销售商为了保护自己，可选择议价能力最弱或者转换销售商能力最弱的购买者。较好的防卫方法是提供顾客无法拒绝的优质产品供应市场。

5. 供应商讨价还价能力加强的威胁

如果公司的供应商——原材料和设备供应商、公用事业、银行、公会等，能够提价或者降低产品和服务的质量，或减少供应数量，那么该公司所在的细分市场就会没有吸引力。如果供应商集中或有组织，或者替代产品少，或者供应的产品是重要的投入要素，或转换成本高，或者供应商可以向前实行联合，那么供应商的讨价还价能力就会较强大。因此，与供应商建立良好关系和开拓多种供应渠道才是防御上策。

（三）企业目标和资源

即使某些细分市场具备了合适的规模和成长性，同时具有很大结构吸引力，企业还必须考虑自身的目标和资源。一个具有较大吸引力的细分市场，如果不能推动企业实现发展目标，甚至分散企业的精力，使之无法完成其主要目标，这样的市场应考虑放弃。同时还应考虑企业的资源条件是否适合在某一细分市场经营。只有选择那些企业有条件进入、能充分发挥其资源优势的市场作为目标市场，企业才会立于不败之地。

营销实践

美国米勒公司营销案

在20世纪60年代末，米勒啤酒公司在美国啤酒业排名第八，市场份额仅为8%，与百威、蓝带等知名品牌相距甚远。为了改变这种现状，米勒公司决定采取积极进攻的市场战略。

他们首先进行了市场调查。通过调查发现，若按使用率对啤酒市场进行细分，啤酒饮用者可细分为轻度饮用者和重度饮用者，而前者人数虽多，但饮用量却只有后者的1/8。他们还发现，重度饮用者有着以下特征：多是蓝领阶层；每天看电视3个小时以上；爱好体育运动。米勒公司决定把目标市场定在重度使用者身上，并果断决定对米勒的“海雷夫”牌啤酒进行重新定位。

重新定位从广告开始。他们首先在电视台特约了一个“米勒天地”的栏目，广告主题变成了“你有多少时间，我们就有多少啤酒”，以吸引那些“啤酒坛子”。广告画面中出现的尽是些激动人心的场面：船员们神情专注地在迷雾中驾驶轮船，年轻人骑着摩托冲下陡坡，钻井工人奋力止住井喷等。结果，“海雷夫”的重新定位战略取得了很大的成功。到了1978年，这个牌子的啤酒年销售达2000万箱，仅次于AB公司的百威啤酒，在美名列第二。

资料来源：http：//doc. mbalib. com/view/553c18a5c58f3e4797ec419fa3e97d33. html。

二、目标市场选择策略

在评估过不同的细分市场之后，企业必须决定要瞄准哪个或哪几个目标市场。根据各个细分市场的独特性和公司自身的目标，企业的定位可以很广泛（无差异营销）、很集中（微观营销），或者介于两者之间（差异化营销或集中化营销）。如图6-2所示。

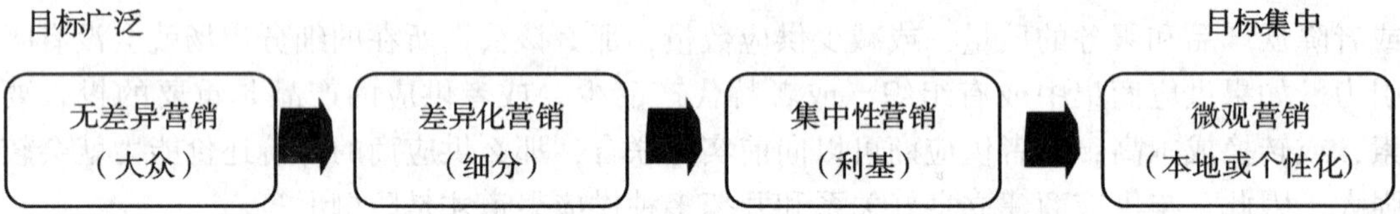

图6-2　目标市场选择策略

1. 无差异化市场营销策略

无差异营销（Undifferentiated Marketing）或大众营销（Mass Marketing），就是企业把整个市场作为自己的目标市场，忽略细分市场之间的区别，只考虑市场需求的共性，运用一种产品、一种价格、一种推销方法，吸引可能多的消费者。美国可口可乐公司从1886年问世以来，一直采用无差别市场策略，生产一种口味、一种配方、一种包装的产品满足世界156个国家和地区的需要，称作“世界性的清凉饮料”，资产达74亿美元。由于百事可乐等饮料的竞争，1985年4月，可口可乐公司宣布要改变配方的决定，不料在美国市场掀起轩然大波，许多电话打到公司，对公司改变可口可乐的配方表示不满和反对，不得不继续大批量生产传统配方的可口可乐。可见，采用无差别市场策略，产品在内在质量和外在形体上必须有独特风格，才能得到多数消费者的认可，从而保持相对的稳定性。

这种策略的优点是产品单一，容易保证质量，能大批量生产，降低生产和销售成本。但如果同类企业也采用这种策略时，必然要形成激烈竞争。闻名世界的肯德基炸鸡，在全世界有800多个分公司，都是同样的烹饪方法、同样的制作程序、同样的质量指标、同样的服务水平，采取无差别策略，生产很红火。1992年，肯德基在上海开业不久，上海荣华鸡快餐店开业，且把分店开到肯德基对面，形成“斗鸡”场面。因荣华鸡快餐把原来洋人以面包做主食改为以蛋炒饭为主食，西式沙拉土豆改成酸辣菜、西葫芦条，更取悦于中国消费者。所以，面对竞争强手时，无差别策略也有其局限性。

2. 差别性市场营销策略

差别化营销（Differentiated Marketing）或细分营销（Segmented Marketing）就是把整个市场细分为若干子市场，针对不同的子市场，设计不同的产品，制定不同的营销策略，满足不同的消费需求。如美国有的服装企业，按生活方式把妇女分成三种类型：时髦型、男子气型、朴素型。时髦型妇女喜欢把自己打扮得华贵艳丽，引人注目；男子气型妇女喜欢打扮的超凡脱俗，卓尔不群；朴素型妇女购买服装讲求经济实惠，价格适中。公司根据不同类妇女的不同偏好，有针对性地设计出不同风格的服装，使产品对各类消费者更具有吸引力。又如某自行车企业，根据地理位置、年龄、性别细分为几个子市场：农村市场，因常运输货物，要求牢固耐用，载重量大；城市男青年，要求快速、样式好；城市女青年，要求轻便、漂亮、刹车灵。针对每个子市场的特点，制定不同的市场营销组合策略。这种策略的优点是能满足不同消费者的不同要求，有利于扩大销售、占领市场、提高企业声誉。其缺点是由于产品差异化、促销方式差异化，增加了管理难度，提高了生产和销售费用。目前只有力量雄厚的大公司采用这种策略。如青岛双星集团公司，生产多品种、多款式、多型号的鞋，满足国内外市场的多种需求。

3. 集中性市场营销策略

集中性市场策略也称为密集性营销策略或产品——市场专业化策略或利基营销（Concentrated Marketing），即企业对整体市场进行细分以后，选择一个相对较小的细分市场中的大份额，而不是追求大市场中的小份额。采用这种策略的企业对目标市场有较深的了解，这是大部分中小型企业应当采用的策略。日本尼西奇起初是一个生产雨衣、尿布、游泳帽、卫生带等多种橡胶制品的小厂，由于订货不足，面临破产。总经理多川博在一个偶然的机会，从一份人口普查表中发现，日本每年约出生250万个婴儿，如果每个婴儿用两条尿布，一年需要500万条。于是，他们决定放弃尿布以外的产品，实行尿布专业化生产。一炮打响后，又不断研制新材料、开发新品种，不仅垄断了日本尿布市场，还远销世界70多个国家和地区，成为闻名于世的“尿布大王”。

利基营销让中小企业能够将有效的资源集中在大企业并不重视或忽略的利基市场上，使企业能集中优势力量，有利于产品适销对路，降低成本，提高企业和产品的知名度。但有较大的经营风险，因为它的目标市场范围小，品种单一。如果目标市场的消费者需求和爱好发生变化，企业就可能因应变不及时而陷入困境。同时，当强有力的竞争者打入目标市场时，企业就要受到严重影响。因此，许多中小企业为了分散风险，仍应选择一定数量的细分市场为自己的目标市场。

4. 微观营销策略

三种目标市场策略各有利弊。选择目标市场时，必须考虑企业面临的各种因素和条件，如企业规模和原料的供应、产品类似性、市场类似性、产品寿命周期、竞争的目标市场等。但是，他们并没有针对每个个体顾客来定制产品或服务。微观营销（Micro-Marketing）则是指企业必须研究消费者的特点，根据特定个体或本地化消费者的需求来定制产品和服务，使自己的营销方案与地理、人口、心理和行为因素相适应。微观营销并不是在每个个体中发现消费需求，而是在每个消费者中发现独特的需求。包括本地化营销和个性化营销。

（1）本地化营销。本地化营销（Local Marketing）是指企业把品牌和促销定位于本地顾客群的需要和欲望，包括城市、居民区域，甚至是具体的商场。如 DELL 公司在跨国经营中，注重产品制造的本地化，讲求技术创新、服务与信誉的整合效率，使消费者群体迅速扩大，市场快速裂变与发展。DELL 公司运用因特网等现代营销方式与客户直接联系，通过产品本土化制造，确保在 365 天内将根据顾客个性化需求设计生产的产品交到顾客手中，其价格低于工厂产品的 10%以上，并有一流的技术和服务保证，从而获得了极大的市场份额。

（2）个性化营销。最简单的理解就是量体裁衣。个性化营销（Individual Marketing）就是企业面向消费者，直接服务于顾客，并按照顾客的特殊要求制作个性化产品的新型营销方式。它避开了中间环节，注重产品设计创新、服务管理、企业资源的整合经营效率，实现了市场的形成和裂变发展，是企业制胜的武器。特别是随着信息技术的发展，个性化营销的重要性日益凸显。

在消费时尚的年代，消费者越来越追求具有个性化、情感化的商品，而不再满足于一般的大众化商品。客户消费观念从理性消费走向情感消费，因此，满足不同消费个体的差异化需要的能力（如个性化的营销和个性化的生产能力等）是企业生存发展的核心能力，营销特征全面转向个性化，企业需要在消费者的个性化需求和规模效益之间找到最佳契合点。

营销实践

AMAZON 个性化推荐系统

AMAZON 是一个虚拟的网上书店，它没有自己的店面，而是在网上进行在线销售。它提供了高质量的综合节目数据库和检索系统，用户可以在网上查询有关图书的信息。如果用户需要购买的话，可以把选择的书放在虚拟购书篮中，最后查看购书篮中的商品，选择合适的服务方式并且提交订单，这样读者所选购的书在几天后就可以被送到家。

AMAZON 书店还提供先进的个性化推荐系统，能为不同兴趣偏好的用户自动推荐符合其兴趣需要的书籍。AMAZON 使用推荐软件对读者曾经购买过的书以及该读者对其他书的评价进行分析后，将向读者推荐他可能喜欢的新书，只要鼠标点一下，就可以买到该书了；AMAZON 能对顾客购买过的东西进行自动分析，然后因人而异的提出合适的建议。读者的信息将被再次保存，这样顾客下次来时就能更容易地买到想要的书。此外，完善的售后服务也是 AMAZON 的优势，读者可以在拿到书籍的 30 天内，将完好无损的书和音乐光盘退回 AMAZON，AMAZON 将原价退款。当然，AMAZON 的成功还不止于此，如果一位顾客在 AMAZON 购买一本书，下次他再次访问时，映入眼帘的首先是这位顾客的名字和欢迎的字样。

资料来源：根据网络资料整理。

选择适合本企业的目标市场策略是一个复杂多变的工作。企业内部条件和外部环境在不断发展变化，经营者要不断通过市场调查和预测，掌握和分析市场变化趋势与竞争对手的条件，扬长避短，发挥优势，把握时机，采取灵活的适应市场态势的策略，去争取较大的利益。

三、影响目标市场选择的因素

上述几种策略各有利弊，企业在进行决策时要具体分析产品和市场状况和企业本身的特点。影响企业目标市场策略的因素主要有企业资源、产品特点、市场特点和竞争对手的策略四类（如表 6-2 所示）。

表 6-2　　目标市场策略的选择

目标营销策略	企业资源	产品同质	市场同质	竞争者策略	竞争者数目
无差异营销	多	高	高	—	少
差异化营销	多	低	低	差异	多
集中化营销	少	低	低	—	多

1. 企业的资源特点

资源雄厚的企业，如拥有大规模的生产能力、广泛的分销渠道、程度很高、产品标准化、好的内在质量和品牌信誉等，可以考虑实行无差异市场营销策略；如果企业拥有雄厚的设计能力和优秀的管理素质，则可以考虑施行差异市场营销策略；而对实力较弱的中小企业来说，适于集中力量进行集中营销策略。企业初次进入市场时，往往采用集中市场营销策略，在积累了一定的成功经验后再采用差异市场营销策略或无差异市场营销策略，扩大市场份额。

2. 产品同质性

产品的同质性表明了产品在性能、特点等方面的差异性的大小，是企业选择目标市场时不可不考虑的因素之一。一般对于同质性高的产品，如食盐等，宜施行无差异市场营销；对于同质性低或异质性产品，差异市场营销或集中市场营销是恰当选择。此外，产品因所处的生命周期的阶段不同，而表现出的不同特点亦不容忽视。产品处于导入期和成长初期，消费者刚刚接触新产品，对它的了解还停留在较初浅的层次，竞争尚不激烈，企业这时的营销重点是挖掘市场对产品的基本需求，往往采用无差异市场营销策略。等产品进入成长后期和成熟期时，消费者已经熟悉产品的特性，需求向深层次发展，表现出多样性和不同的个性来，竞争空前的激烈，企业应适时地转变策略为差异市场营销或集中市场营销。

3. 市场特点

供与求是市场中两大基本力量，它们的变化趋势往往是决定市场发展方向的根本原因。在市场供不应求时，企业重在扩大供给，无暇考虑需求差异，所以采用无差异市场营销策略；供过于求时，企业为刺激需求、扩大市场份额殚精竭虑，多采用差异市场营销或集中市场营销策略。

从市场需求的角度来看，如果消费者对某产品的需求偏好、购买行为相似，则称之为同质市场，可采用无差异市场营销策略；反之，为异质市场，差异市场营销和集中市场营销策略更合适。

4. 竞争者的策略

企业可与竞争对手选择不同的目标市场覆盖策略。例如，竞争者采用无差异市场营销策略时，你选用差异市场营销策略或集中市场营销策略更容易发挥优势。企业的目标市场策略应慎重选择，一旦确定，应该有相对的稳定，不能朝令夕改。但灵活性也不容忽视，没有永恒正确的策略，一定要密切注意市场需求的变化和竞争动态。

第三节　市场定位

一、市场定位的含义与方式

（一）市场定位的概念

市场定位（Market Positioning）是20世纪70年代由美国学者阿尔·赖斯提出的一个重要营销学概念。所谓市场定位就是企业根据目标市场上同类产品竞争状况，针对顾客对该类产品某些特征或属性的重视程度，为本企业产品塑造强有力的、与众不同的鲜明个性，并将其形象生动地传递给顾客，求得顾客认同。市场定位的实质是使本企业与其他企业严格区分开来，使顾客明显感觉和认识到这种差别，从而在顾客心目中占有特殊的位置。

使本企业产品具有一定的特色，适应目标市场一定的需求和爱好，塑造产品在目标顾客心目中的良好形象和合适的位置。市场定位的实质就在于取得目标市场的竞争优势，确定产品在目标顾客心目中的适当位置并留下值得购买的印象，以便吸引更多的顾客。例如，在品牌多如星宿的洗发水市场上，海飞丝洗发水定位为去头屑的洗发水，这在当时是独树一帜，因而海飞丝一经推出就立即引起消费者的注意，并认定它不是普通的洗发水，而是具有去头屑功能的洗发水。当消费者需要解决头屑烦恼时，便自然第一个想到它。

趣味阅读

统一鲜橙多的市场定位

在果汁饮料市场竞争白热化的今天，为什么统一鲜橙多能够脱颖而出？统一鲜橙多的成功值得我们深入关注。在饮料发展初期，消费者未被满足的需求，最重要的口感要好，至于对健康还没有过多的考虑，所以此时是碳酸饮料的天下。

但更一步发展，消费者的观念又转变了，除了健康之外，既健康口感又好的饮料又成了消费者潜在的需求，于是茶饮料开始风行，茶饮料在饮用水的基础上又增加了茶的功能，开始具有绿色食品的时代。

统一鲜橙多的目标对象定位在新女性群体，其广告语“满足每天所需的维他命C，多喝多漂亮”，不仅传达出产品的营养成分及性能，并且与新女性追求健康美丽的心理需求丝丝入扣、紧密结合。而“酷儿”的目标对象则定位在儿童，正是因为中国巨大的儿童市场潜力还有待开发，可口可乐公司在市场调查的基础上将目标消费者锁定在3—15岁的儿童群体。电视广告中摇头晃脑的卡通人物酷儿，唱着广告歌“Q-o-o有种果汁真好喝”可爱、有趣的卡通人物形象给小孩子留下了深刻的印象。统一鲜橙多和酷儿定位的成功之处在于新女性和儿童市场的巨大潜力，同时两大群体具有很强的延展性，针对新女性和儿童的广告促销活动也很容易感染其他消费群体。如对酷儿Qoo广告效果调查结果显示，有一半以上的成人也喜欢这些广告，65%的人认为酷儿Qoo很可爱，其中更有47%的人表示因为喜欢酷儿广告而有购买的意愿。

资料来源：根据网络资料整理。

(二) 市场定位的方式

传统的观念认为，市场定位就是在每一个细分市场上生产不同的产品，实行产品差异化。事实上，市场定位与产品差异化尽管关系密切，但有着本质的区别。市场定位是通过为自己的产品创立鲜明的个性，从而塑造出独特的市场形象来实现的。一项产品是多个因素的综合反映，包括性能、构造、成分、包装、形状、质量等，市场定位就是要强化或放大某些产品因素，从而形成与众不同的独特形象。产品差异化乃是实现市场定位的手段，但并不是市场定位的全部内容。市场定位不仅强调产品差异，而且要通过产品差异建立独特的市场形象，赢得顾客的认同。具体的方式有以下几种：

1. 产品差别化战略

产品差异化定位是指企业提供的产品与服务在产业中具有独特性，即具有与众不同的特色的一种发展战略。产品的差异化可以表现在产品设计、技术特性、质量、使用场合等某一方面或某几方面，寻求产品特征是产品差别化战略经常使用的手段。需要指出的是，市场定位中所指的产品差异化与传统的产品差异化概念有本质区别，它不是从生产者角度出发单纯追求产品变异，而是在对市场分析和细分化的基础上，寻求建立某种产品特色，因而它是现代市场营销观念的体现。例如：佳洁士“好妈妈”儿童牙膏。“做个好妈妈”是社会公认的价值，好妈妈首先要保证孩子健康，所以不能让孩子有蛀牙，所以才买防止蛀牙的含氟牙膏。在这个链条中，氟化物是产品属性，防止蛀牙和使孩子健康是产品利益，“做个好妈妈”是产品价值。佳洁士推出了“好妈妈”这一准确的价值定位，所以获得了极大的成功，一跃成为儿童牙膏市场的领导者。

2. 服务差别化战略

服务差异化是服务企业面对较强的竞争对手而在服务内容、服务渠道和服务形象等方面采取有别于竞争对手而又突出自己特征，以战胜竞争对手，在服务市场立住脚跟的一种做法。目的是要通过服务差异化突出自己的优势，与竞争对手相区别。企业的竞争力越好地体现在对顾客的服务上，市场差别化就越容易实现。例如，海底捞火锅通过服务营销差别化的市场营销策略取得了极大的成功。现代企业的竞争，既是产品的竞争，同时又是服务的竞争。特别是技术复杂的产品，很强调服务。以家庭日用品来说，电冰箱、电视机、音响、空调、手机、微波炉等产品，很强调服务。消费者特别重视厂家及商家提供的相应服务。从另一个角度来讲，当今市场上各企业生产的同价格水平产品，其质量并无多大区别，比的是产品服务水平。如果一个企业提供的服务不理想，很可能影响消费者的再一次购买，消费者就会将这种不满意传播给其他的消费者，也会影响到其他顾客的购买。企业打造服务差异化，可以及时准确地传递产品各方面信息、订货的方便性、交货及时与方便性，帮助顾客安装调试、为客户提供培训、客户咨询、维修等方面考虑。

3. 人员差别化战略

人员差异化定位是指通过聘用和培训比竞争者更为优秀的人员以获取差别优势。训练有素的员工体现六个特征：胜任、礼貌、可信、可靠、反应敏捷、善于交流。例如，保险公司实行人员差异化不仅可以提高保险服务质量，还可以为公司提供特色服务，形成具有差异化特点的营销队伍。人员素质差异化是差异化战略的重要动力。保险公司要进行长期系统的人员培训，加强人员培训的力度、强度，提升人员素质和业务品质；要对公司人员进行评比，选拔和重点培养高素质、业务水平突出的人员，形成激励机制，真正代表公司形象与特色。

4. 形象差异化战略

形象差异化定位即在产品的核心部分与竞争者雷同的情况下塑造不同的产品形象以获取差别优势。形象就是公众对产品和企业的看法和感受，塑造形象的工具有：名称、颜色、标识、标语、环境、活动等。例如，麦当劳（McDonal's）取 m 作为其标志，颜色采用金黄色，它像两扇打开的黄金双拱门，象征着欢乐与美味，象征着麦当劳的“Q、S、C&V”像磁石一般不断把顾客吸进这座欢乐之门。作为麦当劳标志之一的麦当劳叔叔，象征着祥和友善，象征着麦当劳永远是大家的朋友，社区的一份子，他时刻都准备着为儿童和社区的发展贡献一份力量。因此，企业的形象在消费者的心目中是一个总体的印象，消费者购买了企业形象好的产品，买后感到放心。企业要树立良好的企业形象和形成良好的企业文化。

二、市场定位的步骤

市场定位的关键是企业要设法在自己的产品上找出比竞争者更具有竞争优势的特性。竞争优势一般有两种基本类型：一是价格竞争优势，就是在同样的条件下比竞争者定出更低的价格。这就要求企业采取一切努力来降低单位成本。二是偏好竞争优势，即能提供确定的特色来满足顾客的特定偏好。这就要求企业采取一切努力在产品特色上下功夫。因此，企业市场定位的全过程可以通过以下三大步骤来完成：

1. 分析目标市场的现状，识别本企业潜在的竞争优势

这一步骤的中心任务是要回答以下三个问题：一是竞争对手产品定位如何？二是目标市场上顾客欲望满足程度如何以及确实还需要什么？三是针对竞争者的市场定位和潜

在顾客的真正需要的利益要求企业应该及能够做什么？要回答这三个问题，企业市场营销人员必须通过一切调研手段，系统地设计、搜索、分析并报告有关上述问题的资料和研究结果。通过回答上述三个问题，企业就可以从中把握和确定自己的潜在竞争优势在哪里。

2. 准确选择核心竞争优势，对目标市场初步定位

竞争优势表明企业能够胜过竞争对手的能力。这种能力既可以是现有的，也可以是潜在的。选择竞争优势实际上就是一个企业与竞争者各方面实力相比较的过程。比较的指标应是一个完整的体系，只有这样，才能准确地选择相对竞争优势。通常的方法是分析、比较企业与竞争者在经营管理、技术开发、采购、生产、市场营销、财务和产品等七个方面究竟哪些是强项，哪些是弱项。借此选出最适合本企业的优势项目，以初步确定企业在目标市场上所处的位置。

3. 制定核心竞争优势的战略

这一步骤的主要任务是企业要通过一系列的宣传促销活动，将其独特的竞争优势准确传播给潜在顾客，并在顾客心目中留下深刻印象。为此，企业首先应使目标顾客了解、知道、熟悉、认同、喜欢和偏爱本企业的市场定位，在顾客心目中建立与该定位相一致的形象。其次，企业通过各种努力强化目标顾客形象，保持目标顾客的了解，稳定目标顾客的态度和加深目标顾客的感情来巩固与市场相一致的形象。最后，企业应注意目标顾客对其市场定位理解出现的偏差或由于企业市场定位宣传上的失误而造成的目标顾客模糊、混乱和误会，及时纠正与市场定位不一致的形象。

三、市场定位的策略

1. 避强定位

这种策略是企业避免与强有力的竞争对手发生直接竞争，而将自己的产品定位于另一市场的区域内，使自己的产品在某些特征或属性方面与强势对手有明显的区别。这种策略可使自己迅速在市场上站稳脚跟，并在消费者心中树立起一定的形象。由于这种做法风险较小，成功率较高，常为多数企业所采用。但是避强定位往往意味着企业必须放弃某个最佳的市场位置，很可能使企业处于最差的市场位置。

2. 迎头定位

这种策略是企业根据自身的实力，为占据较佳的市场位置，不惜与市场上占支配地位、实力最强或较强的竞争对手发生正面竞争，从而使自己的产品进入与对手相同的市场位置。由于竞争对手强大，这一竞争过程往往相当引人注目，企业及其产品能较快地被消费者了解，达到树立市场形象的目的。这种策略可能引发激烈的市场竞争，具有较大的风险。因此，企业必须知己知彼，了解市场容量，正确判定凭自己的资源和能力是不是能比竞争者做得更好，或者能不能平分秋色。例如，肯德基与麦当劳采取的迎头定位，必须知己知彼，尤其要对自己的实力非常了解。

3. 重新定位

当竞争者推出的新产品定位于本企业产品附近，侵占了本企业产品的部分市场，使本企业产品的市场占有率下降，或者消费者的需求或偏好发生了变化，使本企业产品销

售量骤减，企业则要考虑重新定位。这种策略是企业对销路少、市场反应差的产品进行二次定位。初次定位后，如果由于顾客的需求偏好发生转移，市场对本企业产品的需求减少，或者由于新的竞争者进入市场，选择与本企业相近的市场位置，这时，企业就需要对其产品进行重新定位。一般来说，重新定位是企业摆脱经营困境，寻求新的活力的有效途径。此外，企业如果发现新的产品市场范围，也可以进行重新定位。例如万宝路香烟刚进入市场时，是以女性为目标市场，它推出的口号是：像 5 月的天气一样温和。然而，尽管当时美国吸烟人数年年都在上升，万宝路的销路却始终平平。后来，广告大师李奥贝纳为其做广告策划，他将万宝路重新定位为男子汉香烟，并将它与最具男子汉气概的西部牛仔形象联系起来，树立了万宝路自由、野性与冒险的形象，从众多的香烟品牌中脱颖而出。自 20 世纪 80 年代中期到现在，万宝路一直居世界各品牌香烟销量首位，成为全球香烟市场的领导品牌。

4. 补缺定位

寻找新的尚未被占领但有潜在市场需求的位置，填补市场上的空缺，生产市场上没有的、具备某种特色的产品。如日本的索尼公司的索尼随身听等一批新产品正是填补了市场上迷你电子产品的空缺，并进行不断的创新，使得索尼公司即使在二战时期也能迅速的发展，一跃而成为世界级的跨国公司。采用这种定位方式时，公司应明确创新定位所需的产品在技术上、经济上是否可行，有无足够的市场容量，能否为公司带来合理而持续的盈利。例如，“白加黑”感冒片在进行定位时就采用了补缺定位，在产品颜色和服药方式上进行差异定位，避开竞争对手，以“白天药不打瞌睡”为利益点，明显与其他产品不同。投放市场仅半年，就创下 1.6 亿元销售额，分割了全国 15% 的感冒药市场。

营销实践

见微知著，分析规律：乔安娜生意兴隆

英国伦敦的时装设计师乔安娜·多尼格，是一位很能发现经营目标的有心人。有一次她的朋友因为要出席皇家宴会而没有合适的晚装，急得如热锅上的蚂蚁。这事令她醒悟到，女士们遇到这一困境是很有普遍性的，这是英国普遍的一种社会现象。英国是个很注重表面礼仪的社会，各种社交活动很多，人们参加社交活动，对穿着非常讲究。但大多数人收入并不高，买不起华贵的服装，如果付较少的钱，就能马上穿上名贵的时装出席高贵的活动，这确实是光彩又省钱的事，这成为许多人的共同心愿。

乔安娜有了这一想法后，作了大量的调查，找了不少女性征询，证实了上述分析和预测是准确的。于是，她确定了开展晚装租赁业务的经营目标。她筹集了一笔资金，买回各种款式的欧美名师设计的晚礼服，价值每套由数百美元到数千美元。其衣服出租一夜的租金每套由 75 美元至 300 美元，另加收 200 美元的保证金。

果然不出所料，她的租赁生意十分兴旺，不少客人是由朋友介绍来的。也就是说，那些太太们毫不介意地告诉别人，自己的晚装是租回来的。人们并不认为不光彩，反而

觉得合算及明智呢！乔安娜的这项业务越做越大，在伦敦开了两间店后，还越洋到美国纽约去开了分店。现在，她除了经营晚装，还扩展到包括配饰、手袋、首饰以及肥胖者、孕妇用的晚装，乃至男士用的服装等一应俱全。她已由一个设计师成为一名富豪了。

欧美社会，人们经常举行大大小小的舞会、宴会、庆祝会、生日会。宾客讲究仪表雍容，女士们穿的晚礼服更是款式时髦，艳丽高贵。但是，不管多么华丽名贵，若连续在这类场合穿着三次出现，人们就会窃窃私语，穿者自然会感到失体丢脸。因此，无论多好的晚服，也只能显赫一两次。这样，不但使普通收入的人们忧愁，连有钱的人们亦操心。这些市场消费现象被乔安娜看准了，她"见微知著"确定了一个经营目标，也准确无误地实现了她的决策目标。

资料来源：惠亚爱．市场营销策划实务［M］. 北京：人民邮电出版社，2012.

市场定位是设计公司产品和形象的行为，以使公司明确在目标市场中相对于竞争对手自己的位置。公司在进行市场定位时，应慎之又慎，要通过反复比较和调查研究，找出最合理的突破口，避免出现定位混乱、定位过度、定位过宽或定位过窄的情况。而一旦确立了理想的定位，公司必须通过一致的表现与沟通来维持此定位，并应经常加以监测以随时适应目标顾客和竞争者策略的改变。

知识拓展

错误的市场定位

并非所有的企业都认为单一利益定位总是最佳选择。当同一属性上有两个或更多的企业声称自己是第一时，企业可以尝试双重或多重利益的定位策略。但是，当企业为其产品推出较多的优越性时，可能会变得令人难以相信，并失去一个明确的定位。一般而言，企业必须避免下述四种主要的定位错误。

1. 定位不充分。有些企业发现购买者对产品只有一个模糊的印象。购买者并没有真正的感觉到它有什么特别之处。

2. 定位过高。顾客可能对该产品了解得十分有限，从而将低收入者拒之门外。

3. 定位混乱。购买者对品牌特征感到困惑，主题太多或定位变换太频繁所致。

4. 定位可疑。购买者难以相信在产品特色、价格或制造商方面的一些宣传

资料来源：［美］加里·阿姆斯特朗，菲利普·科特勒．市场营销学（第12版）［M］. 赵占波等译．北京：机械工业出版社，2016：129-143.

思考题：

1. 市场细分和目标市场有哪些不同？

2. 市场定位的方法有哪些？举例说明。

3. 影响目标市场策略选择的因素有哪些?
4. 营销人员是如何使用本土化营销和个性化营销的?这两种营销有何不同?
5. 运用案例来理解市场定位策略。
6. 练习运用所学的市场细分变量,将牙膏市场、服装市场、旅游市场等进行细分。

课后案例

斯沃琪:唯一不变的是我们一直在改变

瑞士机械表一向以精美华贵而君临天下,然而日本的精工、西铁城、卡西欧等品牌突然刮起电子表和石英表的强旋风,一下子占领了世界钟表市场,强烈地冲击着传统的瑞士机械表在世界表坛的霸主地位。面对日本同行的兴起,两家瑞士钟表制造商,拥有欧米茄的SSAH公司和拥有雷达、浪琴的ASUAG公司合并为SMH集团。SMH集团生产了8000万只手表和其他计时产品,到1992年,数量增至差不多一亿,并成功地将瑞士在世界钟表市场的占有率提升到53%,而且还在继续提升。可以说,SMH集团依靠SWATCH,在80年代初推出全塑电子手表,打了一场漂亮的翻身仗,那么SWATCH的产品开发历程又有什么独到之处呢?

当时,瑞士钟表业为保住霸主地位,经过多年的不断攻关和改进,一种完全不同于传统概念的新型手表终于1981年定型问世。新型手表的外壳全部采用合成材料,机芯直接从手表正面装入而不再需要保留后盖,这两项改革不仅使手表变得既薄又轻,并且还可进入流水线批量生产,从而降低了生产成本,确保了销售的低价位。赫雅克认为,瑞士表尽管在产品成本上与日本表存在差距,但手表除了简单的计时功能外,还可以像时装一样成为时尚艺术品。在他的带领下,瑞士钟表业大胆创新,不断改进新型电子手表,将手表的外壳变成了一件件色彩绚丽的艺术品。他还委托国际著名的商标设计所,将这一手表新品定名"SWATCH",名字中的"S"不仅代表它的产地瑞士,而且含有"second-watch"即第二块表之意,表示人们可以像拥有时装一样,同时拥有两块或两块以上的手表。这正如赫雅克所倡导的,SWATCH不仅是一种新型的优质手表,同时还将带给人们一种全新的观念:手表不再只是一件昂贵的奢侈品和单纯的计时工具,而是一件"戴在手腕上的时装"。

斯沃琪在价格上始终奉行低端策略,因为通过市场调查,SMH发现消费者可以接受瑞士表相对日本、香港产品更贵一些的价格,瑞士手表这种产品上的差别优势,使得即使日本劳动力成本为零,瑞士手表仍会有市场。因此,赫雅克大胆提出进入低价市场。随后,为实现这一目标,SMH对生产制造工艺进行改进,并实现了一系列突破。例如,把手表零件从155个减少到51个,减少转动部分,也就降低了损坏几率,并且组装手表所需人手也少多了;新建自动装配线,每天能生产3.5万块斯沃琪手表和上百万的零部件,劳动力成本从30%降到10%;保证质量,手表的返修率一般是不到3%,而斯沃琪表的返修率不到1%。

产品质量是企业生存和发展的根本，价廉物美的产品才是受欢迎的产品。斯沃琪价格虽然只有40美元到100美元不等，但它质量优良，重量轻，能防水防震，电子模拟，表带是多种颜色的塑料带，充满了青春活力，可以和任何高档手表相媲美，从而打破了人们“便宜没好货”的传统观念。据说，一名瑞士游客去希腊海滨度假，不小心把一块斯沃琪表丢在海滩。一年后，他旧地重游，居然在海边又找到丢失的手表，虽然经过一年的日晒雨淋，但走时依然准确。

SMH集团同样也在低端市场上寻求产品的差异性，对低端市场进行细分。他们将新产品定位为时装表，以吸引活跃的追求潮流的年轻人。赫雅克认为，要在这个市场上取得成功，必须能够感知消费者口味的变化，这比掌握新的生产技术更重要。年轻人没有很多钱购买高档表，但需要一种时尚来满足个性化的需求。

于是，为了强调斯沃琪手表可作为配饰不断换新而在潮流变迁中永不衰落的特点，SMH做出了一个惊人的举动：设计了一个巨大的斯沃琪手表，长达152米，悬挂在法兰克福最高的一幢摩天大厦——德国商业银行总部大楼上，并传达了简单的信息：“斯沃琪——瑞士——60德国马克。”该举动立刻引起了轰动，德国新闻界为斯沃琪免费做了许多广告。在接下来的两个星期内，每个德国人都知道了斯沃琪。第二个巨型斯沃琪手表条幅悬挂在东京的银座，同样取得了轰动性的效果。

斯沃琪通过充满活力的广告攻势迅速将斯沃琪的信息传递至它的目标对象：关心时装潮流的年轻人。从1984开始，新推出的每一款斯沃琪都有一个别出心裁的名字，在款式上或标新立异或保守，或是方格或是条子，表带上刻有坑槽或是穿个洞，个性化色彩非常浓烈，市场反应更加热烈。由于每年都会推出新的式样，以至于人们都焦急地期待新产品的出现。许多人拥有的斯沃琪手表都不止一块，因为他们希望在不同的时间、不同的场合佩戴不同颜色的手表。最初斯沃琪被定位为“第二只表”，但结果它却变成第二只、第三只、第四只……并最终成为收藏家的手表。并且由于每款推出5个月后就停止生产，因此即使最便宜的手表都是有收藏价值的。

同时，公司建立了斯沃琪会员俱乐部，向会员消费者出售特制手表，邀请他们参加俱乐部的活动。俱乐部会员还会收到漂亮的斯沃琪手表杂志，这是一份按季度出版的全彩色杂志，上面刊登关于斯沃琪手表的全部信息；鼓励经销商创立斯沃琪手表博物馆，为斯沃琪手表收集者举办活动，并特制有纪念意义的手表。而且，公司每年分两次推出数目极为有限的时髦手表设计版本，斯沃琪手表的收藏家有特权参与投标，购买其中的一种设计版本。虽然斯沃琪手表只有12年的历史，但它已取得了“现代古董”的地位。在里斯本博物馆，专门设有数目有限的斯沃琪手表的陈列台，并有防弹玻璃的保护。而公司自身拥有几百万美元的“斯沃琪情感经历”展览，在全世界周游展出。

为了在手表市场上站稳脚跟，斯沃琪始终保持与时俱进的风格。最关键的是，斯沃琪的设计师并不是坐等灵感，跟随潮流，而是洞悉先机，预先估计即将出现的潮流。事实上，整个创作过程于一年前已经开始：首先产生基本的意念，然后按照大家共识的工作原则加以发展。这种由生产上的要求主导的创作动力，是斯沃琪享有“潮流先锋”美誉的原因之一。正如斯沃琪一直强调的风格：“我们唯一不变的是，我们一直在改变。”公司每年都要向社会公开征集钟表设计图，根据选中的图案生产不同的手表系列，其中包括儿童装、少年表、少女表、男装、坤表、春天表、夏天表、秋天表、冬天表，后来又推出了每周套装，从星期一到星期天，每天一块，表面图案各不相同。由于公司的产品不断翻新，迎合了社会不同层次、不同年龄、不同爱好、不同品位的需要，因此深受广大消费者的欢迎和喜爱，销售量年年攀升，市场份额不断扩大，公司的效益自然也越来越好。

在新品推广上，斯沃琪同样显示了它的独到之处，其新产品发布会简直是一场无比精彩的“腕上时装秀”。优美的音乐、绚丽的灯光、美轮美奂的场面、千挑万选的模特、精心设计的时装……所有这一切都是为了衬托斯沃琪的风采——青春、时尚、与众不同。例如1998年4月斯沃琪在上海几大著名商厦举行的“Swatch1998”春夏新款展示，就像一次艺术品的展览，运用高科技的成果，显示了丰富的艺术想象力。

据台湾的一项消费者调查表明，在手表的满意度方面，劳力士第一名，占30%；斯沃琪是第二名，占23%。撇开劳力士高品质高价位不谈，这份调查显示了斯沃琪的品牌战略的成功。斯沃琪手表目前在150多个国家和地区销售。如今，斯沃琪手表已经成为了世界各国青少年的腕上宠物，它早已不再是简单地发挥计时作用，而是代表了一种观念、一种时尚、一种艺术和一种文化。正如赫雅克所说：“SWATCH最叫人心悦诚服的，是它使瑞士的制表工业一直凌驾于先进的欧洲及北美洲等地，同时又保留了瑞士传统的制表技艺。凭借着想象力、创造力以及誓要成功的意志，斯沃琪制造出了优秀而实惠的产品，现在，斯沃琪肩负了明确的使命，将继续发展和推出更多有意思的产品。”

资料来源：李晨耘．市场营销学实用教程［M］．北京：北京大学出版社，2012：137-138.

讨论题：

1. 斯沃琪手表是如何进行市场细分的？
2. 斯沃琪怎么成功的？

课后实践

1. 目的

认识市场细分、目标市场和市场定位的联系和区别，能够提出市场细分的依据。

2. 任务

如果你是一家拟投资餐饮业的公司决策者，当欲进入某大学校园市场时，在执行目标市场营销策略时，你会如何定位市场？

3. 内容与步骤

（1）以小组为单位，选择某一餐饮企业进行调研、了解行业背景。

（2）对选定的餐饮行业进行市场细分、选择目标市场和市场定位分析，写出书面报告及制作 PPT。

（3）各小组依次推选出发言人就本小组收集的资料和讨论情况在课堂上进行陈述，同时鼓励其他小组成员进行提问，并作出回答。

（4）任课教师选出评委团点评、总结。

第三篇　市场策略篇

第七章　产品策略

☞【学习目标】

1. 掌握产品整体概念的内涵
2. 了解新产品概念和分类以及开发风险和流程
3. 掌握产品生命周期及相应的营销策略
4. 掌握产品、商标的概念，包装策略，产品经营策略

☞【核心概念】

产品整体概念；新产品概念；产品生命周期；品牌；商标与包装策略；产品经营策略

案例引入

联想品牌转型关键词

在2015年5月底举办的联想Tech World大会上，联想向人们展示了面向未来的科技产品，极具创新实力的研发团队，以及联想集团全新的品牌标识和slogan："Never Stand Still"。早在4月的联想誓师大会美国站上，联想全新品牌标识便惊艳亮相，很多年轻人表示很喜欢这个全新的标识，新Logo给他们最直观的感受就是联想更年轻了！擅长于硬件设备的科技巨头变得活泼和更亲近，联想也借势在元庆微博上开展了slogan中文名称的征集活动，号召网友大开脑洞，集思广益，几十个优秀的中文译名纷纷出现，连几位大学教授和翻译专家也加入这场"全民大猜想"，成为社交平台热议的话题。作为联想集团的首席市场官，David Roman是联想品牌转型的操盘手，他对于联想的全新品牌标识显然有着更深入的思考："联想全新品牌标识和logo，能够以不同方式诠释品牌含义，并解决在全球市场的可读性等实际问题的需求。联想希望成为人们热议的品牌，成为颠覆这个行业的品牌，因为颠覆能够引起关注。""具有颠覆性的公司无不践行以下两点，第一，他们关注那些最可能对他们有兴趣的人。第二，他们和用户互动，他们与最好的客户建立起双向的联系，而这些客户就变成了他们的粉丝和代言人。在联想同样需要做这两点，首先需要瞄准正确的目标受众。"

David Roman用三个关键词对联想的品牌转型进行了诠释和解读："改变、用户、创新。"

关键词一：改变，时机已经成熟。今年5月1日正是联想引来收购IBM PC业务十

周年的日子，自那时起，联想已收购了八家企业，联想以“拥抱变化”的心态走向国际市场，直到手握IBM PC、x86服务器、摩托罗拉移动，联想的成长被认为是中国品牌国际化的经典之一。而在“互联网+时代”，整个行业正在处于转型期：从设备制造到大数据使用，再到连接方式，互联网+时代正在改变一切。在很多传统企业都还处于观望态度时，联想再一次率先作出改变，迎接新时代的到来。联想改变的不仅仅是营销，更是业务的根本变化与行事的全新方式。一个全新的口号与品牌标识不仅体现了联想的改变，更表达出品牌向互联网转型的决心，以及继续前进、拓展国际化市场的态度。

关键词二：用户，联想的粉丝2.0时代。在David Roman看来，联想在营销理念上的改变是非常值得骄傲的。联想的用户正在越来越年轻化，而联想本身也正在逆生长。对于年轻化的群体，联想也开始了数字化的营销，通过社交媒体，与这些年轻的用户进行互动，通过更加极致的服务让用户成为联想的粉丝，最好的广告往往源于普通用户的推荐。正如本次Tech World真正的主题，联想开启了与用户和粉丝对话的新时代：区别于以往的单点接触和“交易型客户”，联想开始通过多点接触的方式，与用户建立起超紧密的联系，让他们真正完成向“关系型客户”的转变，联想与用户进行互动的形式变得更为快速、更具响应性，且更有亲和力。遵循“以用户为中心”的思维，联想不断聚焦吸引用户，解决用户痛点并传递价值。在提供极致的用户体验的同时，时刻倾听用户的声音、与用户交流，让用户融入产品周期中，甚至可能把一部分互动贡献度最高的用户变成联想的“超极粉丝”，“超极粉丝”可以参与到产品设计、营销、品牌宣传等多个环节，打造真正的“参与感”，这就是联想的粉丝2.0时代。

关键词三：创新，永无止境。尽管联想与客户的互动方式发生了很大改变，但其并未改变联想的创新承诺。创新是联想的DNA，本次Tech World大会上，联想展示的一系列充满科技感的创新产品，重新定义了人和科技的交互方式，展现了联想领先的创新理念。

“不变的是对创新的坚持。联想致力于打造各产品领域中的最佳产品，引领客户体验全新的世界。”David Roman深知，在整个市场推广的过程中，好的产品体验可以带来更多的口碑传播，通过更好的产品体验，让用户为联想代言。而创新需要真正从用户的痛点出发，例如新一代Yoga的创新表链式转轴设计，它的诞生使笔记本变得更薄，更轻，性能更好。这也意味着无论是根本性创新到增量性创新，联想在创新领域从不会止步不前。在互联网+时代中，我们看到了一个不断寻求更新与变革的联想，而全新品牌标识正是联想坚持创新的企业精神的最好呈现形式。从营销到产品全面进行改变；从多个触点拥抱用户；在实践中不断创新，与时俱进，永不止步。“Never Stand Still”——这就是David Roman给出的联想全新品牌标识的恒等式。

资料来源：营销学院微信公众号。

思考题：

1. 联想购买了IBM个人电脑部以后营销策略有哪些变化？
2. 联想的品牌策略有什么特点？

第一节 产品整体概念

一、产品整体概念

传统上把产品作为一种具有特定物质形状和用途的物体，这是一种狭义的产品概念。在现代营销学中，产品是指那些能够提供给市场以满足人们需要和欲望的任何东西。产品的概念内涵被大大扩充了，产品既包括实体商品，如服装、汽车、电器等。也包括无形产品，如服务、经验、信息、创意等。这是广义的产品概念，我们这里讲的产品指广义的产品，它由五个层次构成，如图 7-1 所示。

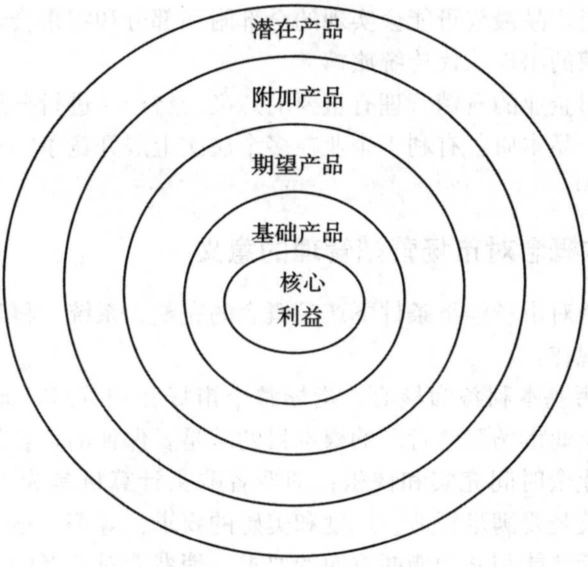

图 7-1 产品整体概念

（一）核心利益（Core Benefit）

核心利益，是指顾客真正所购买的基本服务或利益。它是产品最基本、最主要的部分，是产品的最基本层次，是顾客购买产品追求的利益。顾客购买某种产品，并不是为了获得产品本身，而是为了通过产品的使用和消费获得需求上的满足。如顾客住旅店，真正要购买的是“休息和睡眠”。

（二）基础产品（Basic Product）

基础产品，是指产品的基本形式。它是核心产品的物理载体，产品提供给消费者的利益必须借助一定的载体才能实现，这个载体的品质水准、款式和包装等决定了产品满足顾客需求的程度。如旅店提供给顾客休息睡眠的核心利益必须借助房间的床、浴室、毛巾、桌子、厕所等形式才能实现。

（三）期望产品（Expected Product）

期望产品，是指顾客购买产品时通常希望和默认的一组属性和条件。如旅客期望入住的旅店有干净的床、新的毛巾、环境安静等。

（四）附加产品（Augmented Product）

附加产品，是指产品包含的附加服务和利益，主要包括安装、送货、信贷、售后服务等。随着技术发展，竞争的加剧，大多数企业提供的同类产品一般都能够满足顾客的基本期望，所以企业要想脱颖而出，吸引顾客的注意力和激发顾客的购买欲望，通过提供附加产品使企业获得竞争优势。如一家旅店能在旅客房间提供网络接口、鲜花、美味佳肴、结账快捷、微笑服务等，会吸引更多的旅客入住并留住长住客。当然附加产品需要企业付出更高的成本，一般由消费者承担，所以附加产品的多少和质量，取决于顾客承担因附加产品所增加成本的意愿程度。

（五）潜在产品（Potential Product）

潜在产品，是指产品最终可能会实现的全部附加部分和将来会转换的部分。如未来全套家庭服务式旅馆的出现取代传统旅馆。

产品整体概念对企业的营销管理有重要的意义。将产品进行分层，有利于企业更深刻、更全面地认识产品本质，有利于企业在多个层次上展开竞争，有效地在产品上进行差异化。

二、产品整体概念对市场营销管理的意义

产品整体概念是对市场经济条件下产品概念的完整、系统、科学的表述。它对市场营销管理的意义表现在：

（1）它以消费者基本利益为核心，指导整个市场营销管理活动，是企业贯彻市场营销观念的基础。企业市场营销管理的根本目的就是要保证消费者的基本利益。消费者购买电视机是希望业余时间充实和快乐；消费者购买计算机是为了提高生产和管理效率；消费者购买服装是要满足舒适、风度和美感的要求，等等。概括起来，消费者追求的基本利益大致包括功能和非功能两方面的要求。消费者对前者的要求是出于实际使用的需要，而对后者的要求则往往是出于社会心理动机。而且，这两方面的需要又往往交织在一起，并且非功能需求所占的比重越来越大。而产品整体概念，正是明确地向产品的生产经营者指出，要竭尽全力地通过有形产品和附加产品去满足核心产品所包含的一切功能和非功能的要求，充分满足消费者的需求。可以断言，不懂得产品整体概念的企业不可能真正贯彻市场营销观念。

（2）只有通过产品四层次的最佳组合才能确立产品的市场地位。营销人员要把对消费者提供的各种服务看作是产品实体的统一体。由于科学技术在今天的社会中能以更快的速度扩散，也由于消费者对切身利益关切度的提高，使得营销者的产品以独特形式出现越来越困难，消费者也就越来越以营销者产品的整体效果来确认哪个厂家、哪种品牌的产品是自己喜爱和满意的。尤其是，国内消费者在购买家电产品时，往往对有两层包装纸盒的产品（“双包装产品”）更为相信，对于不少缺乏电器专业知识的消费者来说，判别家电产品的质量可靠性，往往是以包装好坏作为决策的依据。对于营销者来

说，产品越能以一种消费者易觉察的形式来体现消费者购物选择时所关心的因素，越能获得好的产品形象，进而确立有利的市场地位。

（3）产品差异构成企业特色的主体，企业要在激烈的市场竞争中取胜，就必须致力于创造自身产品的特色。不同产品项目之间的差异是非常明显的。这种差异或表现在功能上，如鸣笛水壶与一般水壶之别；或表现在设计风格、品牌、包装的独到之处，甚至表现在与之相联系的文化因素上，如各种服装的差异；或表现在产品的附加利益上，如各种不同的服务，可使产品各具特色。总之，在产品整体概念的三个层次上，企业都可以形成自己的特色，而与竞争产品区别开来。而随着现代市场经济的发展和市场竞争的加剧，企业所提供的附加利益在市场竞争中也显得越来越重要。国内外许多企业的成功，在很大程度上应归功于他们更好地认识了服务等附加产品在产品整体概念中的重要地位。

第二节　产品生命周期

一、产品生命周期的概念

（一）产品生命周期的概念

产品生命周期是指一种产品从投入市场到最后被淘汰的全过程。产品生命周期一般要经历四个阶段，即引入期、成长期、成熟期和衰退期。产品的生命周期和产品的使用寿命是不同的两个概念，前者是产品的市场寿命，指产品能在市场上存在的时间，它的长短受市场的影响。产品使用寿命指产品从投入使用到产品废弃所经历的时间，其长短受产品自然属性、使用频率等因素的影响。

（二）产品生命周期各阶段

（1）一般产品在其整个生命期间的销售和利润变化表现为一条S型曲线，如图7-2所示。

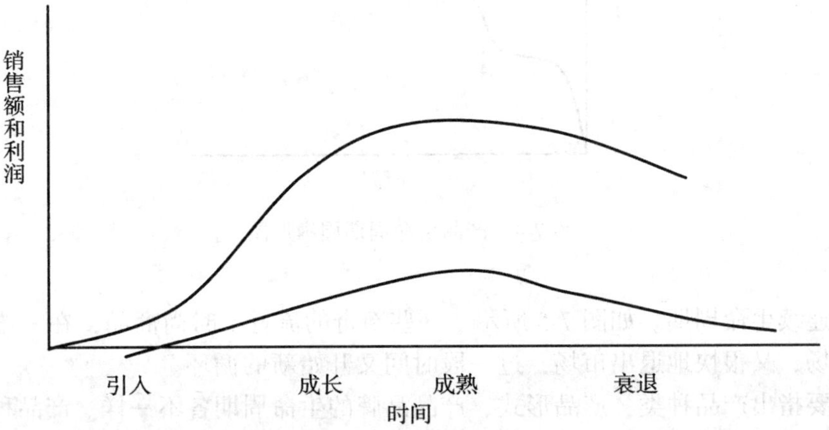

图7-2　一般产品生命周期图

①引入期。指产品导入市场时，销售缓慢成长的时期。在这一阶段，因为产品导入市场所支付的巨额费用所致，利润几乎不存在，甚至亏损。

②成长期。产品被市场迅速接受和利润大量增加的时期。

③成熟期。产品已被大多数潜在购买者接受而造成的销售减慢的时期。

④衰退期。销售下降的趋势增强和利润不断下降的时期。

（2）产品生命周期的其他形态。并不是所有的产品的生命周期都遵循上述四个生命周期形态，呈现产品生命周期变异形态。

①生命周期的再循环。当产品生命周期进入衰退期时，企业加大营销力度，或采用新营销手段，使产品进入又一个新的循环周期。如图 7-3 所示。

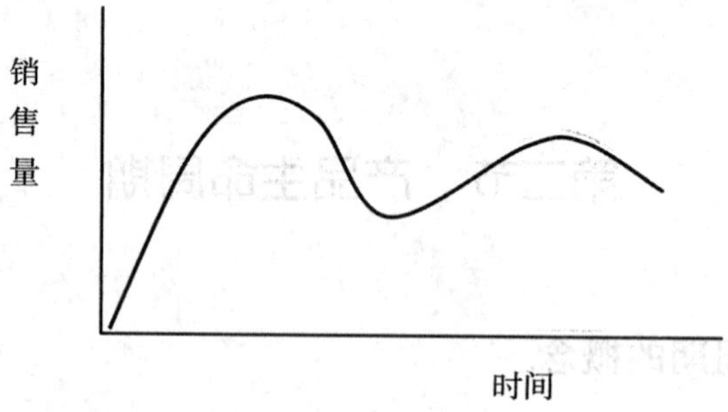

图 7-3 产品生命周期循环再循环图

②“扇形”生命周期。如图 7-4 所示。它是基于发现了产品的新特征、新用途或新用户，而使其生命持续向前。如杜邦公司的尼龙销售就显示了这重扇形特征，因为发现了尼龙许多新用途——降落伞、袜子、衬衫、地毯，一个接一个地被发现。

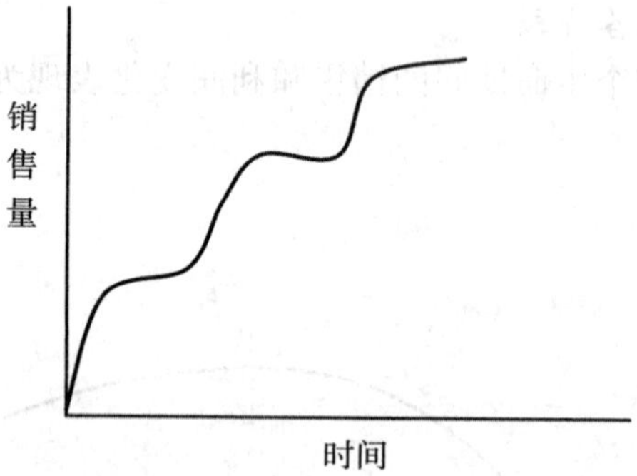

图 7-4 产品生命周期周扇形图

③不连续生命周期。如图 7-5 所示。一些新奇的流行、时尚商品，在一段时间内迅速占领市场，又很快地退出市场，过一段时间又开始新的循环。

同时要指出产品种类、产品形式、产品品牌的生命周期各不一样。产品种类具有最长的生命周期，如报纸、打字机等依然还存在我们的生活中。产品形式比产品种类更能

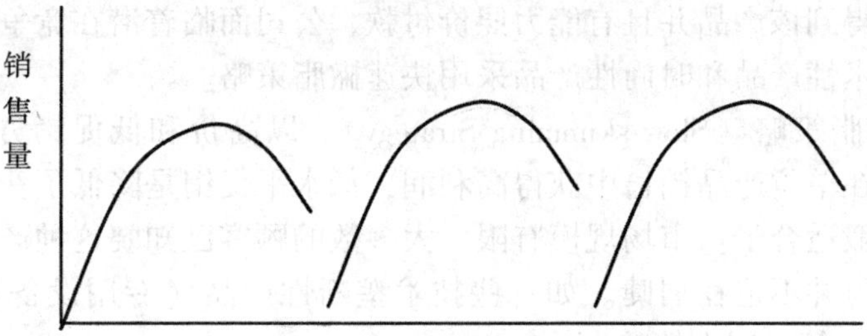

图 7-5　产品生命周期非连续循环图

准确地体现标准产品的产品生命周期。如手动打字机经历了明显的引入期、成长期、成熟期和衰退期，被当前的电子打印机和文字处理机取代。产品品牌显示了较短的生命周期，很多品牌消亡地很快，但也有一些老品牌经久不衰，如可口可乐等。

二、产品生命周期各阶段的特征和营销策略

在产品生命周期的不同阶段，产品销售额、利润有很大的不同，每一阶段都对销售者提出了不同的挑战，企业在产品生命周期的不同阶段，需要制定不同的营销、财务、制造、购买和人力资源策略。

（一）引入期的营销策略

引入期是新产品上市的最初阶段，其市场特点主要有：顾客对产品不太了解，销售量小。产品的生产制造和管理方面经验少，制造成本高，分销和促销费用高，企业常处于微利甚至亏损状态。市场上同类产品的生产者较少，竞争不激烈。

这一阶段营销管理层要为营销各变量（价格、促销、分销和产品质量）分别确定不同的水平，如果单从价格和促销两方面考虑，企业可采用的营销策略有四种（如图 7-6 所示）：

价格＼促销	高	低
高	快速撇脂策略	缓慢撇脂策略
低	快速渗透策略	缓慢渗透策略

图 7-6　产品引入期营销策略

（1）快速撇脂策略（Rapid-skimming Strategy）。以高价和高促销水平的方式推出产品。高价是为了在每单位产品中获得更多的利润，大力促销是了为引起顾客注意，加快

新产品迅速扩大市场。这一策略一般适合于：潜在市场的大部分人还没有了解该产品，知道它的人渴望得到该产品并且有能力照价付款，公司面临着潜在竞争并想建立品牌偏好。如一些高技术性产品和时尚性产品采用快速撇脂策略。

（2）缓慢撇脂策略（Slow-skimming Strategy）。以高价和低促销方式推出新产品。高价可以使企业在单位产品销售中获得高利润，低水平促销是降低了费用，提高了利润率。这一策略一般适合于：市场规模有限，大多数的顾客已知晓这种产品，购买者愿意出高价，潜在竞争并不迫在眉睫。如一些技术垄断性产品（专用设备）和部分高档消费品（进口名酒）等采用次策略。

（3）快速渗透策略（Rapid-penetration Strategy）。以低价和高促销水平方式推出新产品。低价和高促销可使企业以最快速度进行市场渗透，占有较高的市场份额。这一策略适合于：市场规模大，顾客对产品不太了解，购买者对价格的敏感性强，潜在的竞争很激烈，随着企业销路迅速打开，生产规模扩大，产品的单位成本会下降。一部分日用消费品如饮料采用快速渗透策略。

（4）缓慢渗透策略（Slow-penetration Strategy）。以低价和低促销水平推出新产品方式。这一策略适合于：市场规模大，该产品知名度较高，购买者对价格敏感，有一些潜在竞争。部分低价日用消费品（低值易耗品，如纸巾等）采用此策略。

（二）成长期营销策略

成长期的产品市场特征是：销售迅速增长，早期的采用者喜欢该产品，其他消费者追随首先采用者。大规模生产和利润吸引新的竞争者进入市场，市场竞争开始加剧。

企业在产品成长期要对产品进行改进，提高产品质量，增加产品特色和式样，以满足顾客开始出现多样化和特性化需要。进入新的细分市场，为此开辟新的分销网点，方便顾客购买。产品的广告重心从建立产品的知名度转移到建立产品偏好上。随着企业经验的积累产品的成本下降，可适当地降价，以吸引对价格敏感的购买者。

（三）成熟期营销策略

进入成熟期的产品的销售增长率达到某一高位后将放慢增长步伐，利润开始下滑。生产成本逐步降到最低，但由于现有的顾客已非常有经验了，价格和服务越发重要，销售费用不断增加。生产同类产品的企业很多，竞争更加激烈，生产能力过剩，统治一个行业的往往是几个巨型公司和围绕这些占支配地位公司的一些市场补缺者。

成熟期的企业营销策略有：

（1）市场改进。企业努力扩大产品的销售量。一方面是使用者的数量增加。途径有：①转变非使用人，即努力把非使用人转变为该类产品的使用人，如努力说服一个用户，让他相信用飞机货运运输比陆地运输更好。②进入新的细分市场，如强生公司把婴儿洗发水成功地推销给成年人使用。③争取竞争对手的顾客，如百事可乐劝说可口可乐的饮用者改饮百事可乐。

另一方面是让当前品牌使用者增加其使用率来提高产品使用数量。企业努力发现产品的新用途，如海尔的洗衣机发现可用来洗地瓜。企业努力使顾客更频繁地使用该产品，或使用户每次使用时增加使用量，如刷牙不仅要早晚刷，应该每次饭后都要刷。

（2）产品改进。通过改进产品的特性以刺激销售，包括对质量进行改进，特点改进，式样改进等。

(3) 营销组合的改进。通过改进营销组合的其他要素以刺激销售，包括对价格、分销、促销等方面的改进，试图延长产品生命周期。

(四) 衰退期营销策略

衰退期产品销量从缓慢下降变为迅速下降，价格降到较低水平，企业中产品获得利润很低甚至为零。许多企业无利可图退出市场，留下的公司被迫降低产品服务水平，收缩市场，减少促销预算。

产品进入衰退期，产品的新用户和新用途都已挖掘至极点，新的替代品出现，顾客的需求已改变。产品的衰退看上去不可逆转，撤出市场可能是理性的选择，但企业衰退期营销策略不能如此简单确定，企业有以下几种营销策略可采用：

(1) 领导战略。增加公司的投资，使自己处于支配地位或得到一个有利的竞争地位，这是一个高度风险的战略。

(2) 维持战略。在未解决行业的不确定因素前，公司保持原有的投资水平。

(3) 收缩战略。公司有选择地降低投资态势，抛弃无利润的顾客群体，同时加强对有利可图的顾客需求领域的投资。

(4) 收获战略。不顾对投资结构会产生什么后果，从公司的投资中获取（或榨取）巨利，以便快速回收现金。

(5) 撤离战略。尽可能用有利的方式处理它的资产，迅速放弃该业务。

第三节　品牌、商标与包装策略

市场上同类产品繁多，企业如何使自己的产品有别于与竞争者的产品，顾客如何方便快捷地选购到自己满意的产品，通过产品包装上的品牌、商标，我们就可以迅速地识别不同企业的产品，选购自己喜欢的品牌。品牌、商标和包装不仅有产品识别的作用，而且是企业为产品增值的主要途径。有声誉、价值的品牌和卓越的产品包装可以使企业比竞争对手以更高的价格销售较多的产品。

一、品牌、商标策略

随着技术的进步、市场的竞争，不同企业生产的同类产品趋于同质化，在质量、服务方面很难有较大差别，企业的竞争从质量竞争、价格竞争已转向品牌竞争，品牌的价值已被市场公认，品牌带给消费者的不仅是一个名字、符号，还意味着产品的某些属性及带给消费者的某些利益。

(一) 品牌的含义

1. 品牌

品牌（Brand）是一种名称、术语、标记、符号或设计，或是它们的组合使用，其目的是借以辨识某个销售者或某群销售者的产品或服务，并使之同竞争对手的产品和服务区别开来。

上述定义只是表达了品牌标记的内容，但这不能全面地表达品牌的内涵。

2. 品牌的内涵

品牌的内涵包括六层意思：

（1）属性（Attributes）：品牌首先带给人们产品某些特定的属性。例如：宝马汽车：组合设计精良、非凡的动力系统、高品质的做工、无与伦比的安全标准、流畅的外形等。

（2）利益（Benefit）：产品属性需要转换成功能性和情感性的利益。消费者购买的是产品所带来的利益。如：设计精良和无与伦比的安全标准——万一出交通事故，我会是安全的；非凡的动力系统——体验刺激、流畅的驾驶乐趣；流畅外形——时尚自我。

（3）价值（Value）：品牌也反映了该制造商的某些价值观。如：宝马车体现了创新、时尚、动力和美感。

（4）文化（Culture）：品牌可能代表了一定的文化内涵。如：宝马汽车包含的文化就是战后年轻一代追求个性、勇于创新、有偏好、渴望实现自我价值。

（5）个性（Personality）：品牌也可能具有一定的个性。如：把品牌联想为一个特定的个人、某一动物或一个物体。

（6）使用者（User）：品牌建议购买或使用该产品的消费者类型。它反映出品牌的用户形象。如：宝马车的驾驶者是一个尊贵、年轻、活力四射的成功专业人士。

3. 品牌注册与商标

商标是产品文字名称、图案符号，或者两者结合的一种设计，经向有关部门注册登记后，经批准享有专用权的标志。在我国，商标一经商标局核准即为注册商标，注册人的商标专用权受法律保护。

品牌（Brand）与商标（Trade Mark）都是用来识别不同生产经营者的不同种类、不同品质产品的商业名称及标志，都有助于顾客识别，两者在表现形式上有时完全相同。所以有人把两者不加以区分，但两者外延并不相同。其区别主要表现在：品牌是市场概念，是产品和服务在市场通行的牌子，是品牌拥有者对顾客在产品特征、服务和利益等方面的承诺，品牌无须注册。商标是法律概念，商标一般要注册，品牌的一部分或全部一经注册就成为商标，商标是受法律保护的一个品牌或品牌的一部分，其产权可以转让和买卖。企业为了防止品牌被假冒或仿制，一般会把品牌进行注册，取得法律的保护。

目前我们要避免在品牌管理中最常见、最低级的一种错误，就是当企业创业时规模小，或者企业只是一个替别人销售产品的代理公司，认为注不注册商标都一样，不将品牌注册成商标便急于推广，最终等企业做大做强之后发现品牌已被他人注册，使企业遭受巨大损失甚至失败的例子很多。

品牌比商标有更广的内涵，品牌最持久的含义应是它的价值、文化和个性，它们确定了品牌的基础。

营销实践

微型车的品牌竞争之道

根据百度微型车关注度排行榜，2015 年微型车市场广受关注的品牌排行榜中，奥拓雄踞榜首，奇瑞 QQ 紧随其后，第三、四分别是比亚迪 F0、奔驰 Smart，第五是北斗星。在 2015 年微型车销量排行榜上，奥拓排第一，比亚迪 F0、北斗星、奔奔 MINI、乐驰紧跟其后。这些高居榜首的微型车究竟具有怎样的品牌个性而成为市场的“宠儿”的呢？

奇瑞 QQ：时尚可爱，女性至爱。奇瑞品牌旗下的 QQ 家族品牌定位于微型车，7 年销售 80 万辆，成为中国微型车市场举足轻重的力量。奇瑞自推出 QQ3，品牌定位于“时尚、开心、积极、友爱”，在国内汽车行业中第一次扛起“时尚可爱”大旗，赢得都市消费者的高度认可，销量一路走高。之后又推出了 QQ6、QQme……奇瑞一直将“时尚”的品牌理念进行到底。奇瑞 QQ 通过卡通造型和丰富的色彩来传递时尚和可爱的诉求，赢得了年轻女性消费者的认可。

比亚迪：动力十足，设计紧凑。比亚迪自推出 F3 之后，20 个月销量过 10 万，以火箭般的速度刷新了中国民营汽车成长史。之后又推出 F0 进军微型车 A00 级市场，和行业霸主奇瑞 QQ 正面竞争。比亚迪 F0 品牌定位“Just Cool”，也是面向都市白领的车型。F0 搭载强大的发动机，颠覆了微型车动力不足的传统印象；外观设计显得时尚、亲切、紧凑、灵巧，适合都市人的消费心理；整车做工扎实，空间舒适性和性价比都很高。F0 品牌也是采用情感诉求，但是在情感上更加丰富，上市后迅速成长为销量第一的品牌。

奥拓：科技引领，诉求功能。奥拓作为合资车型，属于长安铃木旗下，拥有 30 年的辉煌历史。特别是新奥拓的推出，有着极高的人气，外形设计圆润可爱，车身做工与喷漆质量都保持了合资车型应有的高水准，同时轴距也由老款的 2175mm 增加到 2360mm，进一步提升了车辆内部的乘坐空间。奥拓以“精品、炫动、超节能”为个性，延续了长安铃木“科技成就低能耗高品质”的品牌定位，主要是从功能上打动消费者，但是从设计上也开始走可爱路线以迎合年轻消费者。

北斗星：经济实用，自然环保。昌河公司与日本铃木公司合作开发的“北斗星”家用多功能乘用车，是航空技术与日本技术的结晶，是科技与文化的完美结合。该车集“轿车、旅行车、越野车、微型车”的优点于一身，完全符合“安全、环保、节能”的时代潮流。性能价格比非常高，价位诱人。该车市场定位为家用经济型，国产化后价格将在 5 万至 6 万元，完全贴近国内消费者购买水平，市场前景广阔。

乐驰：创享精彩，Spark 乐驰。乐驰是雪佛兰家族成员，在整体做工和质量上都极具优势。作为合资车，动力性能出色，同时该车节油性能突出，其高品质不容置疑。外观可爱，时尚动感，内部空间比较宽敞。从乐驰的取名就可以看出品牌诉求快乐的情感，定位在追求“时尚动感”的年轻人。乐驰的品牌诉求除高性价比之外，集中在情感和文化认同上，偏重于满足消费者的情感利益。乐驰用各种颜色来阐释心情，试图将车打造为一种生活方式和心情的象征，使消费者在驾车的时候能得到趣味和个性释放的满足。

奔奔：长安奔奔，奔放上市。奔奔是一款经济型的小轿车，是中国长安汽车集团历经3年时间，由上百名中外专家和技术人员设计和研发完成的，同时也是曾经风靡一时的日本动画片《嘿！奔奔》的主角。奔奔的外形给人一种充满力量、时刻蓄势待发的锐劲感觉，这对于喜欢追求新鲜事物，对生活充满激情，同时追求不断进步、不断超越自我的“奔奔族”，是一种几家的契合。

资料来源：孟韬、毕克贵．营销策划——方法、技巧与文案［M］．北京：机械工业出版社 2016，160-161.

思考题：微型车厂商应如何实施品牌定位？

（二）品牌的价值

1. 品牌对公司品牌的价值

（1）有助于应对竞争，保持竞争优势。即使公司的产品并不比竞争者产品好时，企业仍通过品牌经营建立自己的优势，顾客对品牌的偏爱和忠诚是竞争者无法模仿得到的。当然要想长久保持竞争优势，还是必须以产品性能和价值为基础来建立品牌。

（2）有助于市场细分和市场定位。企业可以在不同的细分市场推出不同的品牌以适应顾客的个性差异，更好满足顾客需要，增加市场份额及利润，增加公司赢利，并提供了对抗竞争的防御壁垒。如宝洁公司推出的洗发水品牌海飞丝、潘婷、飘柔、沙宣等，每种品牌定位于不同的消费群，分别满足了消费者的去头屑、亮泽、柔顺、保湿的不同需要，还使企业占领更大的市场，获取更多的利润。

（3）有助于创造差别定价的机会，避免价格竞争，减小经营风险。在激烈的市场竞争中，顾客愿意为一个强而有力的品牌多掏钱，保证企业销量的稳定，获得稳定的利润。

（4）有助于新产品的开发，节约新产品投入市场成本。企业在拥有了一个知名品牌之后，可以进行品牌扩展，新产品借用原有知名品牌推向市场，可以迅速被顾客认可接受，减少大量的资金投入，降低新产品开发风险。

（5）有助于塑造和宣传企业文化。品牌体现了企业的价值观和文化，是企业文化扩散的主要途径。

2. 品牌对消费者的价值

（1）有利于消费者识别产品，简化选购。不同品牌代表着不同的质量和服务，当消费者面临多种选择时，品牌对其选购帮助很大。

（2）有利于消费者形成品牌偏好，通过品牌来彰显个性、品位生活。品牌不仅是个标志、符号，可以帮助消费者识别产品，现在许多消费者通过品牌选择来体现自我文化价值观，显示个性，获得一种满足。

（三）品牌资产

品牌给产品带来的超越其功能的附加价值或附加利益就是品牌资产。它是企业的一种无形资产，并是一种长期资产。品牌资产的价值可以评估，品牌给顾客的附加利益越大，对顾客的吸引力越大，品牌资产的价值就越高。

知识拓展

品牌资产

品牌资产（Brand Equity）也称品牌权益，是指只有品牌才能产生的市场效益，或者说，产品在有品牌时与无品牌时的市场效益之差。品牌的名字与象征相联系的资产（或负债）的集合，它能够使通过产品或服务所提供给顾客（用户）的价值增大（或减少）。品牌资产（Brand Equity）是与品牌、品牌名称和标志相联系，能够增加或减少企业所销售产品或服务的价值的一系列资产与负债。它主要包括5个方面，即品牌忠诚度、品牌认知度、品牌知名度、品牌联想、其他专有资产（如商标、专利、渠道关系等），这些资产通过多种方式向消费者和企业提供价值。品牌资产除了包括上述几个方面内容以外，还应包括品牌溢价能力、品牌盈利能力。在品牌资产金字塔中，最终能够为品牌主带来丰厚的利润，获取更多市场份额的便是品牌忠诚度和品牌溢价能力这两大资产。品牌忠诚度和品牌的溢价能力属于结果性的品牌资产，是伴随品牌知名度、认可度、品牌联想这三大品牌资产创建后的产物。

RANK	RANK	BRAND	SECTOR	BRAND VALUE $m	BRAND VALUE $m	(BRAND VALUE)
1	1	COCA-COLA	BEVERAGES	70,452	68,734	2%
2	2	IBM	BUSINESS SERVICES	64,727	60,211	7%
3	3	MICROSOFT	COMPUTER SOFTWARE	60,895	56,647	7%
4	7	GOOGLE	INTERNET SERVICES	43, 557	31,980	36%
5	4	GE	DIVERSIFIED	42,808	47,777	-10%
6	6	MCDONALD'S	RESTAURANTS	33,578	32,275	4%
7	9	INTEL	ELECTRONICS	32,015	30,636	4%
8	5	NOKIA	ELECTRONICS	29,495	34, 864	-15%
9	10	DISNEY	MEDIA	28,731	28,447	1%
10	11	HP	ELECTRONICS	26,867	24,096	12%
11	8	TOYOTA	AUTOMOTIVE	26,192	31,330	-16%
12	12	MERCEDES-BENZ	AUTOMOTIVE	25,179	23,867	6%
13	13	GILLETTE	FMCG	23,298	22,841	2%
14	14	CISCO	BUSINESS SERVICES	23,219	22,030	5%
15	15	BMW	AUTOMOTIVE	22,322	21,671	3%
16	16	LOUIS VUITTON	LUXURY	21,860	21,120	4%
17	20	APPLE	ELECTRONICS	21,143	15,433	37%
18	17	MARLBORO	TOBACCO	19,961	19,010	5%
19	19	SAMSUNG	ELECTRONICS	19,491	17,518	11%
20	18	HONDA	AUTOMOTIVE	18,506	17,803	4%

图7-7　2010年全球品牌价值排行

资料来源：根据百度百科文字整理。

（四）品牌策略

随着企业的成长、规模扩大，市场范围扩展，企业生产和提供给市场的产品也越来越多，品牌也随之不断演变，企业由不使用品牌到使用品牌，由单一品牌到多个品牌，组成企业的品牌体系。

1. 品牌有无决策

企业决定是否为产品制定一个品牌。在历史上，许多产品不用品牌，产品直接从桶里、箱子和容器内取出来销售，无须任何辨认凭证。后来企业为保护自己并使消费者不受劣质产品的损害，开始把商标标在他们的产品上。以致今天很少有产品不使用品牌，企业认识到了品牌的威力，消费者也需要品牌来选购和丰富生活。但目前仍有些产品没使用品牌，如电力、钢材、煤炭、水泥等，还有一些生产简单、无技术标准产品如信封，及一些临时性、一次性用品等。这些产品不使用品牌可以降低成本，获得价格优势，同时消费者对这些产品习惯不认品牌购买。

2. 品牌归属决策

企业决定使用品牌以后，就要涉及采用该谁管理的品牌，一般有三种选择：一种是采用制造商品牌（Manufacturer Brand），如海尔、格力、长虹、Tcl 等；第二种是采用中间商品牌（Distributor Brand）或许可品牌（Licensed Brand），如联华、西尔斯、沃尔玛、苏宁等是中间商品牌，而麦当劳、肯德基是特许品牌；第三种是一部分产品用制造商品牌，一部分使用中间商品牌。一般市场上的产品多采用制造商品牌，制造商决定产品的设计、质量、特色等。那些享有盛誉的制造商还将其品牌借给一些中小生产商，收取一定的使用费。如近年来，许多享有较高声誉的中间商都使用自己的品牌，如美国的沃尔玛 90%的商品都用自己的品牌，以给那些无力或不愿创立品牌的厂家，增强对价格的控制，降低售价，提高竞争力，得到较高利润，达到自己长期发展的战略目的。

3. 品牌名称决策

品牌名称决策是指企业决定所有的产品使用一个品牌，还是不同产品分别使用不同的品牌的过程。品牌的名称决策一般有四种选择：

（1）个别品牌。企业每种产品有一个品牌。企业采取个别品牌名称决策的主要好处是：企业的整个声誉不至于受其中某个产品声誉的影响，例如，如果某企业的某种产品失败了，不致给这家企业的脸上抹黑；某企业原来一向生产某种高档产品，后来推出较低档的产品，如果这种新产品使用自己的品牌名称，这样也不会影响这家企业名牌产品的声誉。

（2）统一品牌。也称家族品牌，企业所有各类产品共同使用一个品牌。如夏华电视机、夏华 DVD、夏华影院。美国通用电气公司，也是所有产品只使用一个品牌——“GE”。

使用统一品牌名称，不仅可以节省发展过多新品牌的时间、费用，而且通过推出大批同品牌产品，显示和提供企业声望，新产品借助已有的品牌影响力，更快地打入市场。

但使用统一品牌时，企业各种产品质量应该大体相近，质量水平如果差距较大会影响所有产品特别是已具有良好声誉的产品形象。同时，要注意到一种产品出了问题，也会殃及统一品牌的其他产品。

（3）分类家族品牌。企业依据一定标准将其产品进行分类，同一类别所属的产品实行统一品牌。如Panasonic、National、Technics、Quasar是松下电器产业公司的四大王牌商标，家喻户晓。

（4）企业名称与个别品牌名称并用。这是使用统一品牌与个别品牌相互融合的一种品牌名称策略，在产品的个别品牌前面冠以企业商号，可以使产品享受企业已有的声誉，又能使新产品个性化。如日本丰田汽车，使用丰田登丰、丰田卡利姆、丰田皇冠等。还有中国海尔推出的海尔小王子、海尔双王子、海尔小海象等。

4. 品牌延伸决策

企业利用现有品牌名称来推出其他种类的新产品。而本田公司利用公司名称推出了摩托车、助动车、滑雪车等产品。我国娃哈哈集团，也先后推出口服液、果奶、纯净水和服装等产品。品牌延伸有许多优点：新产品用已知名的品牌作为自己的品牌可以快速被顾客认可，迅速打开市场，同时节省企业大量促销费用。品牌延伸也有风险：如果推出的新产品失败了会直接影响顾客对公司其他产品的信任，连累现有产品。同时品牌过度延伸可能会稀释品牌在顾客心中的定位，损害品牌价值。

5. 多品牌决策

企业对同一种产品使用两个或两个以上的竞争品牌。如P&G公司首创多品牌策略，在40年代，推出汰渍（Tide）洗衣粉颇为畅销；在1950年又推出Cheer洗衣粉。Cheer上市后夺走了一部分汰渍的销路，但其总销售量却超过仅销售汰渍一种品牌的量。尔后又连续推出其他品牌的洗衣粉，于是其他肥皂清洁剂制造商亦纷纷效仿。应用多品牌的前提是该种产品是差异化产品，不同消费者有不同偏好。使用多品牌，有利于企业为每种产品寻求适当的品牌定位，构成对多变型顾客的吸引力，保留顾客在企业的品牌内转换。同时个别品牌可以起到隔离的作用，一种产品的失败不至于影响和连累其他成功的产品品牌，同时有利于企业推出的新产品在产品定位、广告与促销等营销作业上，可以不受旧有品牌的牵制而较能有发挥的余地。使用个别品牌也有风险，一方面使企业为不同的产品品牌投入较大的包装、广告宣传费用。另一方面不同产品品牌在市场定位方面不清晰，出现企业内部品牌竞争较难控制在适度范围内，出现企业一种产品多个品牌自相残杀，而不是蚕食竞争对手的品牌。

6. 品牌再定位决策

也许一种品牌在市场上最初定位是适宜的，后来面临新的竞争者或顾客偏好转变时，企业不得不对其重新定位。如万宝路最初的定位是一种女士香烟，以年轻时尚女性为目标诉求，在市场一筹莫展的情况下，大胆革新品牌定位，转攻男性市场，因切合男性烟民旷达野性的心理而使市场销路一路攀升。

（五）商标策略

商标策略是指企业为实现、实施商标战略，根据商品特点、市场状况、企业自身条件而制定的商标工作与方式方法。商标策略是企业营销策略的重要组成部分。

1. 商标的特征

（1）合法性。这是指商标的设计与使用要符合法律的有关要求与规定。例如，法律规定禁止将我国或外国的国旗、军旗等标志作为商标图案。厂商及商标设计者不应采用这些图案作为商标。

（2）新颖性。商标设计应具有独特的构思，新商标与原有商标比较有明显的区别与差异。新颖性是体现商标说明商品来源这一本质特征的必要条件。

（3）表现性。商标只有通过一定的形式才能得到表现。实体、音响、气味是表现的常用形式。实体商标包括平面商标与立体商标两种。平面商标即商品的平面区别性商标，在数量上居于首位。立体商标是以一定的立体形状作为商品的标记。例如，美国的"可口可乐"公司将可口可乐瓶形作商标注册。音响商标是将某种特定的声音作为商标注册，通过这种音响来区别不同的商品或服务。例如，广播电台将一段独特的音乐作为商标注册，以区别于其他广播电台。气味商标则是以一种特定的气味代表某种商品。这种商标目前还很少使用。

2. 商标的功能

商标之所以被企业广泛采用，并成为竞争的重要手段，是由它的内在功能所决定的，一般具有以下功能：

（1）便于消费者选购商品。随着社会生产力水平的提高和科学技术的进步，市场上商品不仅种类日益增加，而且花色品种越来越复杂。因此，一方面为更好地满足消费者需要提供了可能，另一方面在客观上也带来了选购上的困难。怎样才能很快地在众多类似的商品中寻找到所需要的商品？商标为此提供了导购作用。商标是商品的脸谱，消费者凭借商标可以区别商品的不同来源，准确地识别与挑选商品，这是商标最本质的、最重要的功能。

（2）表明商品的特征。商标是一个综合概念，它包含着许多影响消费者对商品的情绪和感觉的因素。

第一，商标能够说明商品的质量。对于同一种商品，商品生产者或经营者可以运用不同商标代表不同等级的商品质量，因而赋予了商标说明商品质量的功能。例如，一提"五粮液"白酒，则代表了另一种质量的白酒。因此，商标的这一功能，可以明确企业的责任，监督商品质量，同时帮助消费者正确选购所需求的商品。

第二，商标代表一种商品的历史。例如，人们提到北京"六必居"商标，就会联想到它100多年的畅销史，而提到一种新酱菜的商标，则会意识到它是问世不久的新型酱菜。这样，人们便可凭借自己的价值观去选择购买。

第三，商标代表商品的价格。名牌商品价格高，非名牌商品价格低，这是人们头脑中印象最深的市场现象。由于商标能够给消费者提供较为稳定的价格印象，因此，消费者可以根据商标判断商品的定价是否合理，并据此作出购买与否的决策。

第四，商标代表商品的内在特性。例如，南京洗衣粉厂生产的"美佳"洗衣粉，其特点是含有酶的成分，因而它对洗清有机物污渍有特殊的效果，这是"美佳"洗衣粉与其他洗衣粉的个性差别，"美佳"商标代表着这种商品的内在特性。而"白玉"牙膏则说明这种牙膏除含有一定的甘油、薄荷脑外，还有水果味的特色。

（3）装饰美化商品。商标是工艺美术作品，一般由精美的图案、流畅的线条构成，且五彩缤纷，各具特色，可对商品起到很好的装饰作用。一个好的商标设计，可以增强商品的美感，给人以赏心悦目的感受，从而提高商品身价，扩大商品销路。

（4）宣传促销商品。在市场营销过程中，企业可以通过商标独特的名称、优美的图案、鲜明的色彩、生动的形象来表明商品，吸引顾客，刺激购买。例如，在商店广告宣传中，大部分是以宣传商标、突出商标为内容的。这是因为：商标有着特定的文字、图案和色彩，能够在人们心目中留下深刻的印象，有利于迅速打开商品销路；由于商标代表着商品的质量与企业信誉，宣传商标容易获得消费者的信任，增加消费者购买的安全感。尤其是使用注册商标的商品，因为受到国家法律保护，又达到一定质量标准，能很快为消费者接受与承认。

（5）维护生产经营者的利益。一些优质名牌商品，由于深受广大消费者欢迎，具有较强的竞争力，往往容易被不法厂商所仿制，鱼目混珠，以假乱真。由于商标注册后，受法律保护，具有排他性，可以有效地防止这种现象的发生，保护企业的正当权益不受侵害。

二、产品包装策略

许多实体产品必须要有包装。包装对产品的保护功能及方便顾客选购、携带和使用产品方面的作用是不言而喻的，在营销人员眼里，包装是产品战略中的一个要素，已成为强有力的营销手段，有效的包装可以促进产品的销售，增强产品的竞争力。

（一）包装的含义、种类和作用

1. 包装的含义

包装（Packaging）是指为产品设计并生产容器或包扎物的一系列活动。生活中，除极个别的产品没有包装外，大多数产品都有包装，包装是产品不可缺少的一部分。

2. 包装的种类

包装根据其作用不同，分为：运输包装和销售包装。运输包装主要功能是保护产品在运输、流通环节中不发生损耗和质变；销售包装主要功能是保护和美化产品，侧重于美化产品，吸引顾客，激发顾客的购买欲望，促进产品销售。

包装根据其所处层次不同，分为：主要包装，即产品最里层的包装，又称直接包装，如牙膏软管；次要包装，即保护主要包装的包装，如装牙膏软管的纸盒；运输包装，也称外包装，即为了便于储运、保护和识别产品外层装运包装，如装运牙膏的大纸板箱。

3. 包装的作用

企业越来越认识到产品包装的重要性。设计精美、科学、合理的产品包装为消费者提供方便价值，为企业提供了促销价值。包装作为营销工具对企业的作用主要有：

（1）保护产品、便于储运。保护产品是包装的最基本功能，企业在设计产品包装时首先要考虑到包装储运产品过程中能够防潮、防震、保鲜、防渗漏、防挥发、防霉变等要求。

（2）方便产品经营和消费使用。包装已成为产品不可分割的一部分，使产品与竞争对手的产品区别开来，便于企业的产品生产和经营管理。同时也便于顾客选购产品、方便顾客携带、使用和废弃处理。

（3）美化产品、促进销售。产品包装是产品面向市场的第一张“名片”，设计精美的包装可以吸引消费者的注意力，引起购买的动机，促进产品销售。随着消费者购买力的增强，许多富裕的消费者愿意为有良好包装的产品多掏钱购买，使企业获得更多的利润，但要防止企业过度包装，使产品包装成本大大超过产品自身的成本，造成资源浪费和不良消费倾向。

（4）创新功能。为满足消费者需求方面有关新奇、有趣、环保等因素，企业在产品包装设计上不断创新，引入某些新的创造性的思想体现到产品包装设计上，不断吸引消费者，体现消费者个性化的消费方式，不仅给消费者带来利益，也给生产企业带来巨大利润。

（二）包装策略

包装作为整体产品的一部分，企业应充分理解和认识产品品牌定位及整个市场营销策略，以此采用相应的包装策略。

1. 统一包装策略

企业对生产经营的产品采用相同的图案、近似的色彩、相同的包装材料和相同的造型进行包装。统一包装策略不仅有促销作用，还可使企业节省包装设计、制作费用，该策略适合于企业品种类似、质量相近的产品包装。

2. 分类包装策略

分类包装策略，是指企业对各种产品分别采用充分突出产品各自特色的包装，体现出不同的材料、不同的颜色、不同的包装设计上。这种包装的优点是突出了各种产品的特点，避免了某一产品的失败对企业其他产品的不良影响，但其缺陷是包装设计制作的成本高。

3. 配套包装策略

将企业生产经营的有关联的产品放在同一包装中，如化妆品套装。这样既方便消费者购买、使用，又可扩大产品销售。企业往往在推出新产品时使用该策略。

4. 附赠品包装策略

产品包装物里面或外面附赠奖券或物品，来诱发消费者购买。如在儿童用品包装物内附赠小玩具、小图片，在化妆品盒内附赠小饰物、优惠券等。

5. 等级包装策略

企业对不同质量和档次的产品采取相应档次的包装，以便消费者选购。

6. 再利用包装策略

产品用完后，包装物还有其他用途。如装香水的瓶子可做装饰物，饮料包装用来做茶杯。这种包装策略可使消费者感到一物多用引起购买欲望，同时包装容器的重复使用也有广告宣传效果。

7. 变换包装策略

对产品原有的包装进行改变或放弃，采用新的包装。由于包装材料和包装技术的更新，或消费者偏好的改变，通过变换包装来弥补原来包装的不足，满足消费者的偏好，可使企业在不改变产品质量只变换产品包装情况下，获得良好的市场效果。

8. 防伪包装策略

企业把防伪技术应用到产品包装上，使产品包装除了具有一般包装的功用和保持原有艺术创意外，还具有防止商品在流通过程中被假冒或窃换的防伪功能。假冒伪劣产品充斥市场令消费者不能鉴别，易上当受骗，同时也给企业带来了不良影响，使企业和消费者都造成了损失，因此使用好的防伪包装是企业保护自身和消费者利益的重要措施。

第四节　产品经营策略

市场营销概念的核心就是企业与顾客之间的交易能够给双方带来满意，而能实现这一目标的媒介就是企业提供给顾客的产品，产品一方面满足了顾客需要而获得满意，另一方面又为企业带来了利润，所以说产品经营策略是企业营销战略的核心。

一、产品组合化策略

企业提供给市场的产品往往不是单一的种类和品目，通常会有许多品种，形成一个产品组合，如米其林公司经营的产品有轮胎、地图和餐饮服务等。由企业生产销售的所有产品线和产品品目的组合即产品组合（Product Mix）。它反映了企业提供给市场的所有产品系列的结构，也是企业的生产经营范围。产品组合的相关概念主要有产品线、产品项目和产品组合。

（一）产品线、产品项目

1. 产品线（Product Line）

产品线，是产品组合中的一大类，指能满足同类需要，在功能、使用和销售等方面具有类似性的一组产品，产品线内一般有许多不同的产品项目。如某企业生产的产品有厨灶用具、家电、医药等许多产品线。

2. 产品项目（Item）

产品项目，是指一个产品大类或产品线内的明确的单位，它可以依据尺寸、价格、外形或其他属性加以区分。如海尔彩电系列有 21 寸、25 寸、29 寸等不同尺寸彩电。

（二）产品组合的宽度、长度、深度和关联度

1. 产品组合的宽度（Width）

产品组合的宽度，是指该公司具有多少条不同的产品线。企业生产经营的产品大类有多少，也就是拥有产品线有多少，企业的产品线越多，其产品组合就越宽，否则就越窄。

2. 产品组合的长度（Length）

产品组合的长度，是指企业的产品组合中的产品项目总数。不同的产品线都有许多不同产品项目，各条产品线上所有产品项目的总和就是产品组合的长度。

3. 产品组合的深度（Depth）

产品组合的深度，是指企业每条产品线中平均具有的产品项目数，即企业产品组合的长度除以宽度。

4. 产品组合的关联度（Consistency）

产品组合的关联度，是指企业各条产品线在最终用途、生产条件、分销渠道或者其他方面相互联系的程度。

表 7-1　　**中国宝洁产品组合**

	产品组合宽度						
	洗发护发用品	护肤美容用品	个人清洁用品	口腔护理用品	妇女保健用品	婴儿护理用品	织物、家居护理用品
产品线长度	海飞丝	玉兰油	舒肤佳	佳洁士	护舒宝	帮宝适	碧浪洗衣粉
	潘婷		玉兰油				汰渍洗衣粉
	飘柔		激爽				
	伊卡璐						
	沙宣						

资料来源：www. pg. com. cn。

（三）产品组合类型

从企业产品经营范围的角度来划分，常见的产品组合类型有：

1. 全线全面型

全线全面型，是指企业不断扩大产品组合的宽度和深度，尽量向所有的用户和消费者提供所需产品，按整体市场对不同种类产品的需求增加产品线的数量，而对产品组合的关联度没有严格的限制。如海尔集团旗下生产经营的产品从冰箱、空调、洗衣机、电视机、热水器到电脑、手机、家具等，企业多元化发展步伐很快，触角涉及科技、工业、贸易、金融等多个行业。

2. 市场专业型

市场专业型，是指企业专向某一市场提供其所需的不同产品，即以专业市场的不同需求为线索来确定产品线的设置，并不强调其关联性。如某轮胎公司专门为汽车制造厂生产各类型的轮胎，而不生产拖拉机或摩托车的轮胎，从而在汽车轮胎市场上获得竞争优势。

3. 产品线专业型

产品线专业型，是指企业只生产同一类型的不同品种的产品来满足市场需求。一般从增加产品线的深度上，生产某系列产品的各种型号规格的产品。如企业专门生产各种类型的轴承。

4. 有限产品线专业型

有限产品线专业型，是指企业只生产某一产品线中一个或少数几个品种的产品来满足市场需求，以提高专业化水平。这种企业不生产某个产品线上所有产品，而是集中力量生产某几种产品。

5. 特殊产品专业型

特殊产品专业型，是指企业根据用户和消费者的特殊需要而专门生产的特殊产品。

（四）优化产品组合分析

企业往往要对现有的产品组合进行优化分析，形成最佳产品组合，即通过对产品线的宽度、深度和关联性的优化分析，使企业能在稳定性、获利性和发展性等方面能取得平衡。优化分析的方法主要有产品项目分析法、产品定位图分析法，波士顿矩阵法等，这里主要介绍波士顿矩阵分析法。

波士顿矩阵法（四象限评价法）是由波士顿咨询公司（BCG），在1960年为一家造纸公司作咨询而提出的一种投资组合分析法，是多元化公司进行战略制定的有效工具。如图7-8所示。

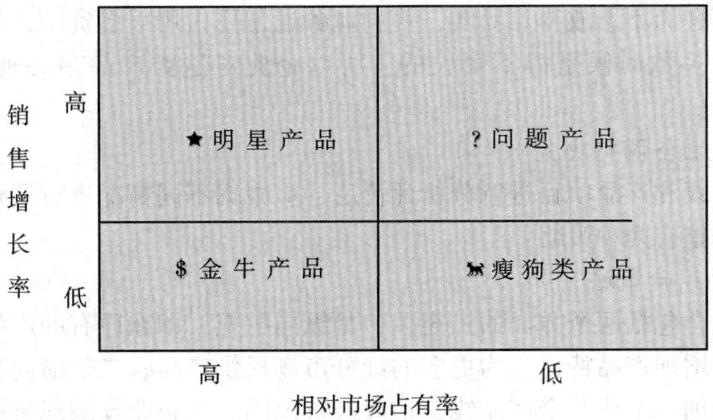

图7-8　波士顿矩阵法

如图所示，纵坐标表示市场成长率，表示该业务的销售量或销售额的年增长率，横坐标相对市场份额表示该业务相对于最大竞争对手的市场份额，用于衡量企业在相关市场上的实力，企业对现有产品从市场成长率和市场占有率两个维度的分析，把企业现有产品划分为四种产品类型：

1. 明星产品

市场占有率高，市场成长率高。由问题业务继续投资发展起来的，可以视为高速成长市场中的领导者，它将成为公司未来的现金牛业务。但这并不意味着明星业务一定可以给企业带来滚滚财源，因为市场还在高速成长，企业必须继续投资，以保持与市场同步增长，并击退竞争对手。企业没有明星业务，就失去了希望，但群星闪烁也可能会耀花了企业高层管理者的眼睛，导致作出错误的决策。企业有限的资源必须投入在能够发展成为现金牛的明星产品上，对这类有望成为明日现金牛的明星产品采取发展策略。

2. 金牛产品

市场占有率高，市场成长率低。是成熟市场中的领导者，它是企业现金的来源。由于市场已经成熟，企业不必用大量投资来扩展市场规模，同时作为市场中的领导者，该业务享有规模经济和高边际利润的优势，因而给企业带来大量财源。企业往往用现金牛业务来支持其他三种需大量现金的业务，企业对现金牛产品一般采取收割的策略，以维持企业稳固的利润来源，从而支撑企业的发展。

3. 问题产品

市场占有率低，市场成长率高。这往往是一个公司的新业务，为发展问题业务，公司必须增加设备和人员，以便跟上迅速发展的市场，并超过竞争对手，这些意味着大量的资金投入。公司对待这类业务的态度，必须慎重。问题业务不可能全部投资发展，只有那些符合企业发展长远目标，具有资源优势，能够增强企业核心竞争能力的业务才能继续投资采取发展战略。

4. 瘦狗类产品

市场占有率低，市场成长率低。一般情况下，这类业务常常是微利甚至是亏损的。瘦狗业务存在的原因更多是由于感情上的因素，虽然一直微利经营，但却像对养了多年的狗一样恋恋不舍而不忍放弃。其实，瘦狗业务通常要占用很多资源，如资金、管理部门的时间等，大多数时候是得不偿失的，所以企业对这类产品最终通常采取放弃的策略。

（五）产品组合调整决策

企业对产品线和产品项目进行分析评价后，应根据不同情况进行调整和优化，一般对产品组合的调整有几种策略：

1. 扩大产品组合策略

扩大产品组合包括两个方面的扩充，一是纵向扩充，即在原有的产品线内增加新的产品项目。通过增加产品特色，为更多的细分市场提供产品。二是横向扩充，即在原有产品线基础上增加一个或几个产品线，扩大经营范围。当企业预测现有产品大类销售额和利润在未来可能下降，就应考虑在现有的产品组合中增加新的产品大类。扩大产品组合可使企业充分利用设备和原料的利用率，减少经营风险，满足消费者的各种各样的需求。

2. 缩减产品组合策略

当市场不景气或原料、能源供应紧张，企业出现大量滞销产品或出现亏损项目时，企业就需要缩减产品组合，通过削减生产线或生产线内的某些产品项目，集中力量发展获利较多的产品线或产品项目。缩减产品组合可提高企业生产效率和产品质量，降低成本，使企业获得稳固的利润。如日本尼西奇起初是一个生产雨衣、尿布、游泳帽、卫生带等多种橡胶制品的小厂，由于订货不足，面临破产。总经理多川博在一个偶然的机会，从一份人口普查表中发现，日本每年约出生250万个婴儿，如果每个婴儿用两条尿布，一年需要500万条。于是，他们决定放弃尿布以外的产品，实行尿布专业化生产。一炮打响后，又不断研制新材料、开发新品种，不仅垄断了日本尿布市场，还远销世界70多个国家和地区，成为闻名于世的“尿布大王”。

3. 更新产品线策略

企业通过对现有产品线的销售量、利润、市场地位和前景分析，可能会对现有产品的市场定位进行调整，或者对老化过时的生产线进行现代化改造，这些都是对产品线的更新。

（1）产品线延伸。企业全部或部分地改变产品的市场定位称产品线延伸。延伸可向下延伸、向上延伸或双向延伸。

向下延伸，是指企业原来生产高档产品，后来决定增加低档产品。企业采取向下延伸的原因有：公司在高档产品市场方面受到攻击，于是就决定以拓展低档产品市场作为反击；公司发现其高档产品市场增长缓慢；公司最初步入高档市场是为了树立质量形象，然后再朝下扩展；公司增加一个低档的产品品目，是为了填补市场空隙，否则，其竞争对手会乘虚而入。企业向下延伸会有一些风险，新的低档产品也许会蚕食掉较高档产品项目，使公司的经营局面变得更糟糕。

向上延伸，是指企业原来生产低档产品，后来决定增加高档产品。企业采取向上延伸的原因有：高档产品畅销，利润较高；企业估计高档产品市场的竞争者较弱，易于击败竞争对手；企业希望推出高档产品提高企业形象和市场地位。向上延伸也会使企业面临风险，可能会迫使高档品牌的生产者进入低档市场，进行反攻；顾客可能不相信企业能生产出高档产品的能力，因此不认可其高档产品；企业的经销商和代理商可能没能力经营高档产品。

双向延伸。指定位于市场中端的公司决定一方面增加高档产品，另一方面增加低档产品，扩大市场。双向延伸的原因和可能会遇到的风险如同上述。

（2）产品线现代化。在某些情况下，企业产品线长度是适当的，但是生产线却可能已经过时，就必须使产品线现代化。

产品线是要逐渐现代化，还是快速现代化？必须选择改进产品的最佳时机，使之不至于过早（这会使现有产品线的销售受到不良影响），也不至于过迟（在竞争者为较先进的设备树立了强有力的声誉之后）。因为过早快速地进行生产线现代化耗费的资金较多，但却可以出其不意地击败竞争对手；过迟逐步进行生产线现代化，可节省资金耗费，但给竞争者留有充足时间更新其生产线，快速现代化。所以企业要反复论证其风险性和可行性，再确定实施生产线现代化的方案。

二、产品定位化策略

产品定位化策略是企业为本产品确定在市场上的地位的策略，即企业根据顾客对于某种产品属性的重视程度，给本企业的产品规定一定的市场地位的策略。实行这一策略，要求企业为产品创造或培养一定的特色，树立一定的市场形象，以满足顾客的某种需要和偏爱。这种特色，有的可以从产品实体上表现出来，如形状、成分、性能、构造等；有的可以从消费者心理上反映出来，如豪华、朴素、浓烈、高雅等。企业选定产品的特色和形象是否恰当，要通过与竞争对手的产品和本企业其他产品相比较来决定。如美国苹果计算机公司在创业之初对产品定位时，就避开与著名的国际商业机器公司竞争，而选定国际商业机器公司当时不经营的个人计算机来经营，一举获得巨大成功。

对产品进行定位时还要考虑如何适应市场的变化，如果第一次定位不当或不适应市场的新变化，应及时调整，即重新定位。例如，进入20世纪80年代，城市居民的穿着向高档化、时装化、多样化发展，棉服市场空前萎缩。比如，以生产低档内销棉服为主的北京服装三厂面临停产，对产品重新定位势在必行。他们与竞争对手进行比较，认为改做毛料服装比不过友谊时装厂；改做高档衬衫，赶不上天坛牌。于是，决定“让开大路走两侧”，上风衣、防寒服和夹克衫等新产品。重新定位获得成功，该厂1982年实现利润173.5万元，比1981年增长8.57%。有效地运用广告宣传，也有利于改变企业的产品定位。如美国约翰逊公司生产了一种洗发剂，原定位于婴儿市场，后来美国人口出生率下降，婴儿市场缩小，公司就运用广告宣传来改变产品定位。在广告宣传中，公司强调该产品的特点是能使头发柔润、松软、具有光泽，适合于年轻母亲和青少年使用，从而扩大了销路。

三、产品多角化策略

产品多角化策略是指企业同时生产或提供两种以上分属不同行业的产品策略。为了能在千变万化的市场环境中占据有利地位，在激烈的市场竞争中处于优势，企业就必须处于不断求变与应变状态之中，由单一产品经营转向多种产品经营，由同一行业经营转向跨行业经营。采用产品多角化策略的目的在于分散企业风险，扩大经营范围，增强竞争能力；同时，也有利于充分利用企业资源，发掘生产经营潜力。在工业发达国家，这一策略已为越来越多的企业所采用。如美国杜邦公司从最早只生产炸药这个单一产品，发展到经营1800多种产品，这些产品涉及基础化工、石油化工、电子、医药、程序控制等许多领域。日本索尼公司也将触角伸展到保险业和运动产品等。在我国，一些大中型企业也开始运用这一策略进行经营活动。

运用产品多角化策略时应切合实际、量力而行、因地制宜，切不可贪多求全，搞“花架子”。同时，也要根据实际情况，通常多是以一业为主、兼营其他。另外，对于那些人力、物力、财力都很有限的中小型企业来说，一般不宜采用这一策略。

四、产品专门化策略

产品专门化策略是指企业单一生产和经营某一种（类）产品的策略。采用这一策略的企业，不求产品多种类发展，而走产品专业化经营的道路，通过扩大批量生产和销售来谋求发展。这一策略能有效地发挥企业某一方面的优势，迅速把产品推向市场，并增加产品特色，是一些势单力薄的中小企业与大企业竞争，并在市场“空隙”中得以生存和发展的有力武器。以日本尼西奇公司为例：第二次世界大战后初期，尼西奇公司是一个生产雨衣、防雨斗篷、游泳帽、卫生带、玩具、尿布等各种橡胶制品的综合性小企业，只有30多人，订货不足，经营不稳，随时都有破产的危险。为了使公司能够长期生存下去，他们通过市场调查和预测，决定走专门生产尿布的道路，把尼西奇公司建成世界上的“尿布大王”。尼西奇公司采用产品专门化策略获得了成功，现在其产品销往世界70多个国家和地区，是世界上产量最大的尿布专业公司。

采取产品专门化策略，在具体运用中有两种选择，一是企业专门生产和经营某一类产品，如专门生产和经营家用电器的家电企业选择的就是这种形式；二是企业专门生产和经营某一具体品种的产品，如专门生产和经营家用电器中的电冰箱，而不生产和经营其他的家用电器。企业到底选择哪一种形式，要根据内、外条件和市场需要来决定。

五、产品差异化策略

产品差异化策略是指企业向市场提供与其他同类产品有一定差异并具有自身特色的

产品的一种策略。采用这一策略，有利于增强产品的竞争能力，更好地吸引消费者购买。实行产品差异化策略，主要有以下途径可供选择：

（1）通过产品质量来实现产品差异化。其具体做法有：通过高价显示优质；通过高级包装显示优质；通过名牌商标树立产品质量形象。

（2）通过信息传递来实现产品差异化，即利用声音、图像、文字等或通过各种传播手段，将有关产品特征的信息传送到目标市场，使顾客感觉到产品的差异，从而在心目中树立起该产品与众不同的形象。

（3）通过销售企业来实现产品差异化。销售商店在规模、声誉等方面是不尽相同的，这不仅会造成产品质量形象的差异，还会造成产品整体形象的差异。

（4）通过优质服务来实现产品差异化。免费送货、分期付款、安装、维修等服务工作是否周到也会使消费者对产品产生不同的感觉。

六、产品边缘化策略

产品边缘化策略是指企业生产或提供同时具有两个或两个以上行业特点的产品的一种策略，也就是在两个或两个以上行业的“边缘地区”开发出产品的策略。这种产品也称为“边缘产品”。由此可见，“边缘产品”是多行业生产技术交融的成果。如这几年在市场上日益增多的药物牙膏，便是化工行业与医药行业结合的产物。由于这种牙膏融合了两个行业产品的特点，不仅可以洁齿，还能防治牙周炎等口腔疾病，因而受到消费者的普遍欢迎。又如中药保健服装也是“边缘产品”，它同时兼备了服装行业与中药行业产品的特点，既可以保暖又可以防治胃病、腰酸、关节炎等慢性病。因此，采用产品边缘化策略有利于更好地满足消费者需要。

运用产品边缘化策略，首先要注意研究和引进“边缘技术”，并使之迅速转化为生产力，也就是运用“边缘技术”开发“边缘产品”。为此，企业应加强同有关科研单位的横向联系，快速引进所需的新科技成果。对于一般中小企业来说，由于自身研制能力有限，更需注重从科研单位及时引进这种跨行业的产品技术，力争尽快地使科研成果转化为产品，并批量上市。同时，“边缘产品”也有寿命周期，要使它能在市场上有较长的生存时间，必须不断加以改进和提高，经常在式样、包装等方面推陈出新。由于“边缘产品”具有多行业的特点，要使消费者能广泛认知，还应加强广告宣传和推广。宣传的重点也应放在产品的性能、特点和用途等方面，让消费者在同类产品或近似产品的比较中，看到“边缘产品”的独到好处，以促成实际购买行为。

七、产品推广化策略

产品推广化策略是指企业把产品向市场广泛推开的策略。有两种具体策略可供选用。

（1）渐进策略，即让产品先进入较小的目标市场，然后逐步扩大市场的策略。这一策略注重稳扎稳打，不急于求成，有利于不断完善产品质量，提高企业声誉。这样，即使发生问题，损失也不会太大。

（2）激进策略，即迅速地把产品在市场上全面铺开的策略。这种策略注重快攻快打，一气呵成，有利于较快地获得收益，并能有效地防止竞争者介入。采用这种策略时往往有较大的市场风险，必须作好预测分析。

八、产品陈旧化策略

产品陈旧化策略是企业有意识地将某些产品陈旧老化，以加快产品更新换代的策略。面对日益激烈的市场竞争和迅猛发展的科学技术，仍像过去那样任由市场摆布，产品自然淘汰，不利于企业把握市场的主动权。因而日本一些企业提出要实行产品陈旧化策略，使企业走在市场的前面，牵着市场的“鼻子”走。

企业无论选用上述哪一种策略，都要有周密的计划，充分考虑企业的生产能力和经营能力。

第五节　新产品开发

每个企业都必须开发新产品，新产品开发是公司将来的生命源泉。随着科技水平的迅速发展，顾客需求变化加快，市场竞争日益激烈，企业要持续发展，适应市场需求的变化，必须不断开发新产品。同时，在新产品开发过程中伴随着许多的风险，企业必须制定适当的新产品开发战略，回避和减小风险，努力提高新产品开发的成功率。

一、新产品开发的挑战

（一）新产品的概念和类型

市场营销学意义上的新产品与因科学技术在某一领域的重大突破产生的新产品不完全相同。所谓新产品是指那些在产品整体概念中任何一部分的变革或创新，并能给消费者或用户带来新的利益或能提高其满足程度的产品。对企业而言，本企业从未制造或销售过此类产品，但其他企业有可能制造或销售过的也是新产品。对市场而言，该产品是市场上首次出现的产品是创新。

可见，新产品从其创新程度来讲可分为以下几种类型：

1. 全新产品

全新产品，也称世界性新产品，采用新原理、新结构、新技术、新材料制成的产品。该产品在同类产品中首次出现，并产生了一个全新的需求市场。如索尼公司的随身听，第一个家庭录像机及3M公司的黄色不干胶万次贴。这类新产品仅占总数的10%。

2. 换代新产品

换代新产品，指在原有产品的基础上，部分采用新技术、新材料、制成的性能有显著提高的产品。如惠普公司对已有的激光打印机进行更新，推出了更先进的激光打印机新版本LaserJet4，增加了许多功能。

3. 改进新产品

改进新产品，指在原有产品基础上，为改善性能、款式、口味而增补派生的新产品。这些“不太新”产品往往是大多数企业共同的选择。如宝洁公司针对特定消费者生产的柑橘口味以及肉桂口味的牙膏，极大地震撼了高露洁稳固的牙膏市场。

4. 仿制新产品

仿制新产品，指企业在一个市场区域提供在其他市场区域已有的产品。此类产品虽然并非首次在市场出现，但对特定的企业却是一个新产品。

大多数企业往往同时拥有多种类型新产品。但全新产品和换代新产品开发风险大，成功率低，所以企业往往推出新生产线产品与改进新产品。

（二）新产品开发的挑战

不开发新产品的企业面临老产品被淘汰，市场萎缩的风险，同时，开发新产品的企业也面临着很大的风险。绝大多数新产品最后都失败了，很多新产品最终没有推向市场。调查表明，每次 11 个新产品中，有 3 个能进入开发阶段，1.3 个将被开发成功，但仅有 1 个能在市场中获利。造成新产品失败的主要原因如下：

1. 外部环境的不确定性

企业面临的外部环境处于不断变化中，企业难以及时获取外界环境的有效信息，市场分析不充分，对顾客的需求和需要理解有误，对市场注意不够，一直是新产品开发失败的主要原因。

2. 激烈的市场竞争

买方市场出现，产品供过于求，市场竞争异常激烈，每个企业面临的市场范围因竞争者的进入而不断缩小，新产品跟进者的模仿，使企业新产品的市场份额大大缩小，获利空间降低，新产品开发成本都难以收回。

3. 较高的资金投入

新产品开发需要很多的资金投入。得州仪器公司在从计算机业务中撤退前，已损失了 6.6 亿美元，杜邦公司在它的称为可仿合成皮革上损失了 1 亿美元。

4. 产品的生命周期缩短

科学技术的发展步伐加快，竞争者的仿制和跟进等原因，使产品的市场生命周期大大缩短，往往企业的投资还没收回，新的产品又已经面世了。

对新产品开发，企业自身也存在一些主观原因导致新产品失败，如忽略了关键的市场调研、执行差、准备工作不足，组织控制不当等。所以新产品开发不只是一个技术范畴的问题，而是一个技术与市场营销相结合的问题。树立新产品开发中的风险防范意识，尽量回避风险，进行风险控制，努力促使新产品开发成功。

二、新产品开发过程

新产品是为了更好满足顾客需求而开发的，新产品能否被顾客接受认可，是新产品开发成功的关键，所以企业在新产品开发过程中必须要以顾客为中心来进行。一般顾客采用新产品的过程有下列五个阶段：

（1）知晓：消费者对该产品有所觉察，但缺少关于它的信息。

（2）兴趣：消费者受到激发，以寻求该创新产品的信息。

（3）评价：消费者考虑试用新新产品是否明智。

(4) 试用：消费者小规模地试用了该新产品，以确认他对价值的评价。

(5) 采用：消费者决定全面和经常地使用该创新产品。

由此，企业新产品开发流程一般有八个阶段，如图 7-9 所示：

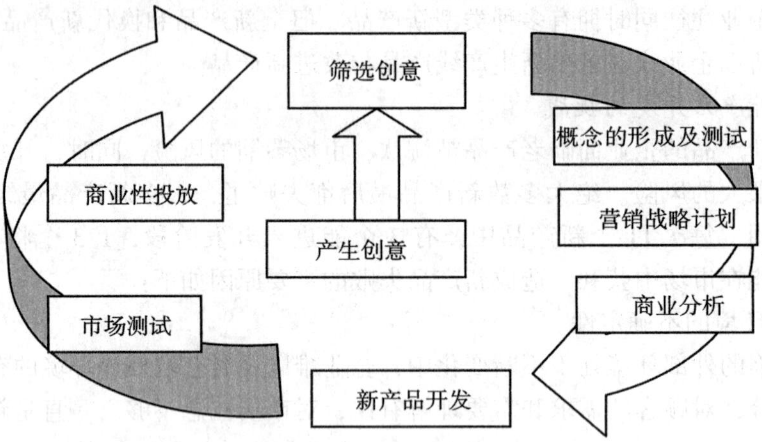

图 7-9 新产品开发流程

(一) 创意产生

新产品开发过程中第一个阶段是寻找产品创意。创意一方面应该围绕顾客的需求和欲望来进行设想，否则再好的创意也不能转换成现实需求。另一方面创意应该有特色，很多新产品缺少特色，难以提供超额利润、无法使消费者满意及应付激烈的竞争。可见创意的来源主要来自顾客，许多最好的创意来自于向顾客询问现行产品的问题而获得的，所以说顾客是企业最好的老师。索尼总裁中钵认为"用户才是真正的产品评判者"。创意的来源还可从企业内部的员工和高层管理者、竞争者、经销商等，此外还可通过发明家、专利代理人、咨询公司、大学和科研院所等获得创意。

(二) 创意筛选

企业往往产生大量的创意，随后在众多的创意中进行筛选，获得有吸引力、可行性强的创意。在筛选阶段，企业必须避免犯两种错误。一是误舍，指企业错过了某一有缺点但能改正的好创意。二是误用，指企业容许一个错误的创意投入开发和商品化阶段。如何避免犯这两种错误，使真正好的创意能脱颖而出，企业必须明确筛选的原则，坚持效益性和可行性准则，把最优的创意筛选出来，这是企业新产品开发成功的基础。

(三) 概念的形成和测试

产品创意（Product Idea）本质上是一个产品设想，对消费者来说往往是抽象、专业、难以理解的，因此为了便于消费者理解和引起注意，要把产品创意转化成产品概念（Product Concept），概念是简洁、清晰的消费者术语，即文字、图像、模型等表达的详细构思。

一个产品创意往往可转换成几个产品概念，企业应该通过对产品概念进行商业测试，从中选择最受目标市场欢迎的产品概念。如某乳品公司拟开发一种与牛奶混合使用的增加营养与美味的粉状食品，这是创意，但仅凭创意，消费者无法辨别该产品的具体特征，企业也不能进行生产，创意必须进一步具体化，发展成产品概念。上述产品创意可形成多个概念，如“供学生用的替代早餐的速食饮料”，“供学生健身用的饮料”等具体产品概念，企业可用文字把速食饮料描述为：粉状，与牛奶冲饮，营养，方便，含巧克力口味，袋装，每小袋45克，售价0.80元等。为检验概念是否明确要进行产品概念测试，征求消费者意见，对产品概念进行修正。

（四）初拟营销战略计划

产品概念测试之后，必须制定一个把这种产品引入市场的初步营销规划，并在未来的发展阶段中不断完善。初拟的营销战略规划包括三部分：一是描述目标市场的规模、结构、消费者购买行为、产品定位、销售量、市场份额、利润等。如上述饮料以此6—22岁学生为消费对象，是一种营养更高，定价便宜的产品，预计第一年销售50万袋，亏损不超过2万元，第二年80万袋，赢利10万元。二是描述产品的计划价格、分销策略和第一年的营销预算。如每小袋0.80元，6袋一个包装4.8元，采用包括批发商、零售商在内的渠道，采用电视广告、报纸、杂志、网络等为促销媒体，第一年促销费用为25万元。三是描述长期销售量、目标利润，及不同时间的营销战略组合。

（五）商业分析

新产品的营销战略明确之后，就要对新产品概念从财务上进一步分析判断它是否符合企业财务目标。为此，企业要估计总销售量、成本和利润。

（六）新产品开发

如果产品通过了商业分析，能够达到企业的财务目标，新产品就要进入研究开发阶段，把它发展成实体产品。在这一阶段是企业需要大量的资金和时间投入，面临风险也较大。

（七）市场测试

新产品成功开发研制出来之后，企业不能冒险把产品推向市场，新产品能否获得消费者的认可，企业只有通过市场测试才能真正了解该产品的市场前景。市场测试是对新产品的全面检验，可为新产品全面上市提供系统的决策依据，也为新产品的进一步改进和营销策略的完善提供启示，许多新产品都是通过市场测试后不断改进才取得成功的。

（八）商业化

新产品经过测试之后，才可以正式推向市场。商业性投放意味着企业要投入大量资金，企业必须做好新产品何时推出、推向何地、向谁推出、用什么方法导入的决策。

思考题：

1. 什么是消费者体验？为什么说消费者体验也是一种产品？
2. 企业为什么经常调整产品组合？
3. 产品开发中为何要重视社会责任？如何体现社会责任？

课后案例

知识付费时代，喜马拉雅的营销“生意经”

今年6月，喜马拉雅有些忙：先是在6月6日推出“66会员日”活动，吸纳数百万会员，打造知识付费“升级版”；随后在6月20日推出国内首款全内容AI音箱“小雅”，伴着彩虹合唱团为其量身定制的“孤独之歌”，成为智能硬件中的一大“爆款”。左手知识付费，右手智能音箱，昔日的音频仓库的生意内核在悄悄发生转变：从过去百亿级的流量变现的媒体生意转型为现在千亿级的内容变现的出版生意，同时在语音输入兴起的背景下，开展颠覆当前流量分配的“高维”布局。按照喜马拉雅副总裁张永昶的说法，知识付费是喜马拉雅的“真命天子”，而小雅则是“万物有声”语音交互的行业示范。两项业务的成功，与喜马拉雅成功的营销实践密不可分。张永昶将互联网公司的营销团队比作项目制牵头的“特种部队”：一方面，与以往媒介购买、代理商提案的模式不同，现在的营销是创意与内容反向驱动的；另一方面，营销与销售的结合越来越紧密，甚至要背上明确的销售目标。此外，具有策略性思维的代理商和有内容共创能力的资源合作伙伴是品牌当前乃至未来的刚需。两场成功的战役究竟是如何被打造出来的？商业模式的升级又给喜马拉雅的营销带来哪些新的机会？在用户版权意识不强、盗版现象依旧严重的今天，喜马拉雅如何开拓知识付费的市场？

Section 1　小雅音箱火的背后，是喜马拉雅分发通路的卡位战

小雅音箱的孤独发布会怎么就火了？张永昶说道，如果说营销有万能药的话，我认为就是找到一个具有共性的情感洞察点，然后将它演绎到极致。小雅的火恰恰是抓住了“孤独”这一点。音频的一大特征就是伴随性，几乎可以叠加到各种生活场景中，作为一个人生活的陪伴。“孤独是种病，小雅是解药”的创意因而诞生。不同于其他智能音箱的功能派路线，小雅是国内首个内容型选手，整个营销战役也是内容驱动的。预热阶段，数十个平台主播及KOL在站内外发布征集孤独的故事，为“孤独”造势。作为战役核心，6月20日当天，喜马拉雅专门为小雅举办了一场“孤独发布会”。相比其他向行业喊话、秀肌肉的发布会，这场“孤独发布会”打的是感情牌，是真正面向用户的。

彩虹合唱团的“孤独之歌”也是一个关键点吧？没错。当我们思考如何挖掘“孤独人群”洞察的时候，很多共鸣冒了出来，于是大家一致决定：何不为这些人写一首歌呢？于是《孤独是种病》作为孤独发布会主题曲，应运而生。它也是史上首个人和机器共同参加录制的歌曲。不同于其他的广告歌曲，这首歌全程无广告，且专门收录孤独患者那些扎心无助瞬间，唤醒大家的共鸣而形成转发。发布会后几小时大量媒体、自媒体纷纷转发《孤独是种病》，而《人民日报》微博的转发更是将MV推向了风口浪尖，激发全网风潮，短短瞬间，冲上微博话题榜，MV播放量突破九千万，又一只“神曲”诞生。而发布会结束半个小时内，第一批5万台小雅音箱就售罄了。小雅音箱也火成了“爆款”。

喜马拉雅作为一个内容平台，为什么要花力气去做一款智能音箱？张永昶说道，为什么做小雅？因为喜马拉雅的核心使命是用声音分享人类智慧，让有声内容如水电一

样，无处不在，随取随用。从生态分发场景上来说，喜马拉雅分发布局可以总结为三“上”——“车上”、“路上”、“床上”——分别对应三大核心用户场景。针对“车上”，我们与上汽、比亚迪、宝马等数十家车企深度合作，将应用程序内置到车载娱乐系统中。“路上”则主要由移动 APP 承接。“床上”则是指居家场景。之前我们推出了喜马拉雅 INSIDE，与小米、京东、联想、海尔、美的等国内外一线品牌合作，作为其智能家电的核心内容模块，让用户在不同的家庭场景中更方便地获取声音内容。在整个过程中，喜马拉雅 INSIDE 一直扮演的是“内容仓库”的角色，但经过 2 年的市场实践，我们发现：仅有内容，没有内容服务，是无法满足用户的收听体验的，这也是为什么在小雅 AI 音箱问世前，国内没有真正一款爆款智能音箱。而这次的小雅 AI 音箱则是在此基础上分发升级的一次示范——从“内容仓库”到“内容服务”的升级。

Section 2　知识付费是喜马拉雅的“真命天子”

知识付费是喜马拉雅的“真命天子”，驱动着喜马拉雅从流量变现迭代为内容变现。从去年 6 月开启知识付费模式算起，仅四五个月的内容销量已经超过了全年的广告营收。不仅如此，更多行业大咖纷纷涌入这个新的风口机会，裹挟着喜马拉雅快速成长向前。在新的生态中，营销和推广预算应该比以前更充足了吧。张永昶说道，其实还是缺钱。但我们已经从成本中心逐渐变成了利润中心。如何操作？我们发现了自媒体人的几个痛点：（1）自媒体 KOL 收费越来越高，中间代理商也要赚大笔的服务费，广告生意不稳定，填充率低。（2）自媒体面临粉丝增长乏力、内容枯竭和抄袭问题，不得不每天“想法>文字>流量 >广告>收入”，这个过程痛苦，周而复始，很难长尾复制。而通过与喜马拉雅合作，可以源源不断地获取干货内容。喜马拉雅与许多自媒体 KOL 建立了长期稳定的合作，拿到了免费的推广，自媒体成了喜马拉雅的内容合作分销商，既解决了内容来源的问题，也将粉丝增长和营收问题一并解决。

当前知识付费的用户画像是怎样的？张永昶说道，男女比差不多是一比一。设备 iOS 和安卓比大概是六比四，这也反映出苹果用户的消费能力更强。从城市层级来看，由于喜马拉雅没有花太大力气做推广，更多是基于用户之间的口碑传播，一二线城市占绝大多数。截止 7 月底，总用户量在 3.73 亿左右，且每天保持五六十万的自然增长。付费用户占总用户的 5%左右，空间很大。

Section 3　“会员经济”是互联网的下半场，也是知识付费的下一站

张永昶说道，比预想中好。一开始我们并没有很高的期待，因为我们提供的会员权益不是很大，仅包括专享折扣、每天一本免费书、赠送优惠券等。但截至 6 月 6 日晚上 8 点，会员数已经超过了 221 万。我们对这个成绩还比较满意。围绕会员日活动，在站内站外都做了哪些事？张永昶说道，整个战役基本没什么预算。我们构思了一个“一周年，哪一刻（课）改变了你”主题活动。这个创意来自于包括我在内的诸多用户一个共同的体验：在收听喜马拉雅内容的过程中，总会有某个时刻，某个主播的某个金句，给你一种“一语惊醒梦中人”的感觉。所以我们以此为契机来推广会员日活动，联合一些主播进行联动，号召用户去感谢过去一年中在喜马拉雅平台上为自己点亮知识的人。整个战役中，我们并没有花钱去买投放。出乎意料的是，站内外 300 多 KOL 及众多用户主动参与和传播，并与我们设计的互动和奖励机制互相配合，产生了不错的效

果。现在回过头来总结，其实还是抓住了打动用户的那个情感洞察点。

互联网的下半场，大家都在发力“会员经济”。张永昶说道，会员即服务。用户成为我们的会员，也是希望能够获得更好的服务。目前我们平台上有许多花费上万元的用户，我们也一直在思考如何为这部分高净值人群提供优质服务。在此基础上，我们希望建立一个层次清晰的会员体系，让处在不同阶段的会员都能满足各自的期待。

Section 4 品牌不再需要代理商了？新的商业模式给营销的组织架构带来怎样的影响？

张永昶说道，喜马拉雅市场部最早采用品牌、市场、PR、社媒等传统的分法，但在实践中部门之间经常混在一起。如果回过头来看，其实大家都是要解决同一个问题：怎么把一件事搞得人尽皆知。所以后来我们更多采用项目制的办法。我们的市场部现在就像一支特种部队，在项目制驱动下灵活应战。首先是内容创意驱动。创作好内容是市场部今天存在的价值之一。曾经给你 1 个项目、再给你三百万预算、等代理商提案、再找个好的媒介买手的时代已经过去了。拿小雅孤独发布会的案例来讲，就是先有一个好点子反向驱动，再寻找载体进行传播和二次传播。另一方面，互联网公司十分看重投资回报。从生意角度考虑传播，把“营”和“销”结合起来，和结果挂钩，往往会让整件事更踏实。就像我们现在一手抓传播，一手抓内容变现，有些时候把传播做了不仅不花钱，反而能赚钱，这两者真的没有清晰的边界。喜马拉雅对外部代理商和资源伙伴有什么需求？张永昶说道，坦率说，找到好的合作伙伴是市场部核心能力之一，而现在市场上“好”的代理商还是很少。其实，执行态的代理商并不缺，无非就是合作默契和执行性价比。但是那种有想法的高层参与项目的策略型代理商是很稀缺的。我们希望有愿与甲方共同成长的“小而美”的代理商与我们合作。如果真的能找到这么一两家公司，陪伴我们一起走过一段时间，是很幸福的事情。另外就是希望有更多像彩虹合唱团这样的合作伙伴一起来共同创造有价值的内容。事实上，当时彩虹合唱团在与我们谈的时候，还在和其他很多品牌洽谈，由于太多人找他们，期间 4 次放我们鸽子，最终我们用创意和诚意打动了彩虹，促成了这次合作。

资料来源：胖鲸头条微信公众号。

讨论题：

喜马拉雅的产品组合是什么类型，有什么特点？

课后实践

1. 目的

理解和尝试运用企业产品策略。

2. 任务

每个人做一份策划书，设计一款或多款产品，并结合第六章内容围绕目标市场进行定位，将本章的学习内容进行运用，如给企业和产品进行品牌命名，产品整体概念剖析，新产品开发的流程分析，尝试进行生命周期营销策略分析和产品经营策略的战略规划。

第八章　价格策略

☞【学习目标】

1. 区别新产品定价策略中的撇脂式定价法和渗透式定价法。

2. 列举和定义有关产品组合的定价策略，包括产品系列的定价、备选产品的定价、附属产品的定价、副产品的定价和成组产品的定价。

3. 定义主要的价格调整策略，包括折扣和折让基础上的定价，子市场、心理和促销基础上的定价，以及价值、地理和内部因素基础上的定价。

4. 讨论与价格变动有关的主要事宜，包括降低和提高价格以及购买者和竞争者对价格变动的反应和对策。

☞【核心概念】

撇脂定价；渗透定价；产品系列定价；附属产品定价；备选产品定价；副产品定价；成组产品定价；现金折扣；数量折扣；功能折扣；季节折扣；折让；子市场定价；心理定价；FOB 原产地定价法；统一交货定价；地区定价法；基本点定价；无运费定价

案例引入

宜家的定价策略

2014 年 4 月 10 日，世界最大家具零售商瑞典宜家集团（IKEA）宣布收购美国伊利诺伊州一座在建的风电场，这将是宜家在美国的首个风电场，也是其迄今为止最大的可再生能源投资。如果你不是一个“奢侈品消费专业户”，你就应该逛过宜家（IKEA）连锁商店。

宜家对价格是天生敏感的，英格瓦年少时就立志开办自己的公司。起初，他骑着自行车向邻居销售火柴。他发现从斯德哥尔摩批量购买火柴可以拿到很便宜的价格，然后再以很低的价格进行零售，从中仍能赚到不小的利润。宜家起初销售钢笔、皮夹子、画框、装饰性桌布、手表、珠宝以及尼龙袜等——几乎英格瓦能够想到的任何低价格产品。英格瓦要坐经济舱来中国，又会在北京秀水街为一条 100 元的裤子讨价还价。

宜家旁若无人坚持着北欧人的固执：单品牌，高库存，不推销，不做无偿送货组装服务……几乎打破了所有零售业的清规。

宜家在中国大陆有超过 20 余家分店，北京的注册会员已超过 35 万人，粉丝群规模初具。在华期间，宜家逐渐褪去了“奢侈品”的外衣，开始在中国找回自己的“本色”定位，把楔子插在了“格调”和“丰俭由人”之间。把消费群体锁定在既想要高格调又付不起高价格的年轻人群体，让宜家可以堂而皇之地把自己的“减价策略”贴在门店各处。因为这拨人在意品质，同时又乐意牺牲服务来换取便宜。

宜家所有压缩成本的办法，都在台前披上了时尚外衣，成为宜家文化的一部分。因为不会把服务费折到价格中，所以顾客需要自行提货。而当家具运到家中需要自行组装时，宜家的《美好家居指南》又会告诉你“DIY”是一件“寻找童年乐趣”的美事。

宜家也有自己的招徕方式。样板间取代了推销员，张贴在桌椅上的“感受一下有多舒服”取代了“非买勿动”。店内不分“名贵家私区”和“降价场”，而是主推不同风格的设计师。走在店里，大到组合柜、小到调料瓶全部是自营品牌。年轻人更愿意认同，宜家出售的是一种风格。

宜家的定价机制是“先设计价签，再定产品”。宜家的设计人员参考了所有宜家商店的销售记录，以及同类竞争产品的状况，按照“价格矩阵”设计产品，并且保证这个产品的价格是最有利于销售的，比如低于市场价格30%。

宜家建立在实用基础上的艺术感是这样产生的：远在瑞典的设计师们按照已确定的价格开始“命题作文”，100多名设计师在工作时会竞争激烈，为的是看“谁的设计成本更低”，这甚至包括是否在作品上多用了一条麻绳或一颗螺丝钉。作品出来后，供应商们也会在竞价中保证宜家的成本低廉。

资料来源：根据网络资料整理。

思考题：

1. 宜家家居采用的是何种定价方法？
2. 宜家家居的定价是否成功？

第一节 新产品定价策略

定价策略在产品生命周期的不同阶段常常要改变，尤其是产品的新生期极具挑战性。让我们来比较两种产品的定价，一种是模仿现有产品的新产品，另一种是有专利保护的创新产品。推出有专利保护的创新产品的公司，面对第一次为产品定价的挑战，他们可以在两种策略中作出选择：撇脂式定价法或渗透式定价法。

一、撇脂定价法

许多公司发明了新产品，开始时都使用撇脂式定价法，以便一步步地在市场上争取收入。英特尔公司（Intel）就使用这种撇脂式定价策略（Market-Skimming Pricing）。当英特尔公司推出一种新的计算机芯片时，它使用最高的价格，帮助新的芯片压倒市场上原有的芯片。它制定的价格瞄准一些子市场，这些子市场上的计算机需要这种新的芯片。当新产品销售的速度降下来时，或当竞争者即将推出类似芯片时，英特尔公司降低价格，吸引市场上那些对价格十分敏感的消费者。

英特尔公司第一次推出奔腾处理器的时候，单价是1000美元。结果，计算机的销售商把装有奔腾处理器的计算机定价为3500美元，甚至更高，旨在吸引专门的计算机用户和商业用户。但是，过了新生期，每年英特尔公司把奔腾处理器的价格减少30%，最后使普通家庭计算机使用者都能接受。用这种方法，英特尔公司从各个子市场上，得到最大的收入。撇脂式定价法只在一定条件下才有意义。首先，产品的质量和形象必须与产品价格一致，有相当多的顾客接受这种价格下的产品。其次，生产较少量的产品的成本不能太高，以致抵消定高价所带来的好处。最后，竞争者没有可能很容易地进入市场，以同样价格参加竞争。

二、渗透定价法

一些公司使用渗透式定价法（Market-Penetrating Pricing）。不像撇脂式定价法那样制定高价格，瞄准能产生高额利润的小型子市场，使用渗透式定价法，人们制定很低的价格，迅速渗透进入市场，迅速吸引消费者，快速占有很大的市场份额。销售量大可以减少成本，公司有可能进一步降低价格。例如，戴尔公司（Dell）和盖特卫公司（Gateway）使用渗透式定价方法，为高质量计算机产品定价，再通过低成本邮寄渠道分销。当IBM公司、康柏公司、苹果公司和其他竞争者通过零售商店销售计算机，不能达到很低的价格时，它们两家的销售上去了。荷姆公司（Home Depot）、沃尔玛公司（War-Mart）和其他折扣零售商店也使用渗透式定价法，定低价，以便增加销售量。大的销售量反过来又保证了价格的进一步降低。有几种条件对制定低价格有利。首先，市场必须对价格十分敏感，能在低价格下迅速增长。其次，生产和分销成本必须随销售量的增加而下降。最后，低价格要能阻止竞争，否则的话，低价格可能只是暂时的。例如，当IBM公司和康柏公司建立了自己的分销渠道后，戴尔公司和盖特卫公司的处境就很困难了。

营销实践

“小米”的定价策略

“我们小米不惹事，但绝对不怕事。”这是一位小米员工微信朋友圈里引用雷军在公司内部传达的一句话，对应的照片是红米手机降价到699元，屏幕上写着大大的“血战到底”四个字。由于是小米内部年会，这个细节受媒体关注度反而不如1月3日正式宣布红米移动版降价100元——彼时看起来充满着小米对战华为硝烟味儿。

时隔一个多月，定下全面进击基调的小米又一次出击，把旗下最有“经典范”的小米2S降价400元，从1699元直接降到1299元，降幅达到20%以上，并且，降价之后的米 2S 接受开放购买，不用预约。小米同时宣布 2 系列产品（小米 2、小米 2S、小米 2A）自 2012 年 10 月正式开卖起，迄今已经售出 1500 万台。

有趣的是，在小米 2S 调价前夜，魅族 MX2 正巧刚刚宣布降价 100 元，从 1699 元降到 1599 元。

魅族大概会有被压制的悲情。首先是魅族 MX2 降价带来的“红利”，100 元对阵 400 元，被小米更大的红利抵消得无形；其次是继黄章复出以来，媒体一直怀疑魅族一年出货量最多不会超过 300 万台，如今小米第二代单系列产品 16 个月就卖到了魅族一年销量的 5 倍左右，且不论该系列眼下已经不是小米主打机型。

翻一翻微博上的评论，魅族的同情者不少，甚至有人因此呼吁“跟谁打价格战也别跟专搞颠覆的小米打”。但显然商业社会是以实力说话的，从华为荣耀没有跟进红米 699 元定价我们看到了，从魅族 MX2 没有正面跟进小米 2S 的 1299 元定价我们又看到了。

说句题外话，“小米跟进魅族降价 400 元”说辞过于富有“情感”，不是成熟的商业思维方式。就像很难想象苹果会去回应中国国产厂商连篇累牍地陈述要赶超苹果的言论一样，小米的体量已经与魅族拉开了几个身位，难以想象它会为了这样一个对手成立“紧急作战指挥室”，然后“紧急下调”产品价格。我们想探究的是为什么小米敢降价 400 元——无论它的动机是什么？

还是先采用“富有情感”的视角，可以把这次行为视作雷军和小米对年初提出“血战到底”口号的一以贯之。眼下“应对”魅族降价行为是“血战到底”的第二弹。首弹是 1 月刚开年的时 TD 版红米从 799 元降到 699 元。那次，躺枪的是去年 12 月发布的华为荣耀，后者首发价格仅比红米移动版原价低了 1 元。两家不同的是，华为没有跟进小米的新定价策略，而魅族的应对方式则是拿出翻新机“RE 版 MX2”来撑 1299 的场子。

小米两次调价都有人刻意抢占先机，但从“声量”和调价魄力上看，小米还真两度“后发制人”。的确，是这个词，“声量”。在巨大品牌势能和用户群体的裹挟夹持下，小米进击的动能转换也有了额外的加成。其实，这就是传统单纯终端制造商早先所忽视并难于理解的关键——在从产品到体验，再到与用户深度互动的整体品牌运营工程之前，传统单一的价格思维无论从体量、力量和胆量等维度看都已全面落后。简而言之，“产品即媒介”这个道理在竞争对手们终于觉察并尝试掌握时，小米已经攒下了足够客观的领先优势。

但是“执行既定口号”还不足以解释小米为什么敢于降价，而且幅度达 20% 之多。根本原因还在于成本的控制，再加上雷军经常挂在嘴边的那句“成本定价”。我们知道，小米 2 推出已经有 16 个月（以上市正式销售为准），小米 2S 推出也已经快 1 年，根据摩尔定律（业界一般认为摩尔定律适用于手机界），小米 2 系列产品的 BOM 成本已经受惠于摩尔定律；同时由于小米的销售能力出众，面对供应商时也有更强的议价能力。

事实上，摩尔定律的作用是一直存在的，在经历新品首发一段时间后，所有的手机都应该降价。但之前手机厂商鲜有降价促销行为，它们把这些收入都计算到利润中了。当然，也有强势的品牌，如2005年鼎盛时期的诺基亚，乔布斯时代的苹果，在摩尔定律即将发生作用之后，直接将产品停止销售。小米手机以1年发布两款新机的快速节奏，更深切地感受着摩尔定律的作用。比如比小米2晚约半年的2S，定价很快就已经从1999元降到1699元，甚至配置还有所提升。

成本变迁的同时，策略驱动因素是小米的"成本定价"原则。小米2S比小米2降低300元，小米2S一年后又降价400元，其定价策略与摩尔定律作用下的成本走向是正相关的。加上小米的"成本定价"策略，这些变化又非常直接地反映到产品具体定价中。所以小米此时降价400元绝不只是一种市场策略。

这可能是眼下消费电子行业"单款长周期"产品策略比较合理的综合定价原则。产品在市场中的导入、攀升、顶峰期，直至一个相对平稳的出货时间段内，可采用"渗透定价"方式，即维持相对平稳的定价曲线，前期较少获取硬件利润甚至亏损但后期可获得一定收益，也较能稳定消费者的购买信心。但当生命周期长达下代主力机器即将发布及上市之后，则可视为一个新的"渗透定价"区间。

不同的"渗透定价"区间之间，则以类似"撇脂定价"法接续，所谓"撇脂定价"指的就是随着成本的变迁，逐步降低价格，在产品周期早期获得较多利润，而后期则配合放量逐步降价，收窄利润。之所以说是"类似撇脂定价"，就是小米的这种周期接续的综合定价法中，始终紧密围绕着"成本定价"这道单维曲线，波动不大。

当然，这种综合定价策略的首要前提是，一款产品无论是性能、体验都能支撑一款经典产品所需的超长生命周期。

其实，从小米2S降价行为看到的更多是这个公司逐渐显露出来的越来越浓烈且绵密的进取热情与战意。在2S降价到1299元后，小米完成了在手机入门市场的全覆盖：699元的红米，1299元的16G小米2S，1999元的小米3。而且在每个价位段，小米的性价比都具备了还算比较明显的比较优势。

后续小米推出新品，应该会继续守住这三个价位档，不断填补新品进来。而500—2000元是中国手机厂商的集中出货区，今年这场戏肯定是要越来越好看了。

资料来源：根据书通网文字整理：www.kj-cy.cn/。

第二节 产品组合定价策略

当产品是产品组合的一部分时，产品的定价策略就需要改变。在这种情况下，企业寻求一组价格，能够使整个产品组合的利润最大。由于各个产品的需求成本以及面对的竞争程度各不相同，所以定价的难度较大。我们现在来仔细研究表8-1总结出的五种产品组合定价情况。

表 8-1 五种产品组合定价情况

策略	内　容
产品系列定价	在产品系列的产品间，设立系列价格差别
备选产品定价	为与主体产品一起售出的备选产品和附加产品定价
附属产品定价	为必须与主体产品一起使用的产品定价
副产品定价	为副产品制定低价，以便售出
成组产品定价	为成组销售的产品定价

一、产品系列定价

公司通常会开发一个产品系列，而不是一个单一产品。例如，斯耐波公司（Snapper）制造许多不同的割草机，从价格为 259.95 美元、299.95 美元、399.95 美元简单的手推式，到 1000 美元左右可以骑上去开的那种都有。系列中每个成功的割草机都有特点。柯达公司生产不止一种胶卷，而是一个系列，包括普通柯达牌胶卷，特殊情况使用的 Kodak Royal Gold 牌胶卷，和低价格的称作“快乐时光牌（Fun time）”的季节性胶卷，为的是和经销商品牌胶卷竞争。柯达公司的这些品牌产品的规格和感光速度都不一样。在产品系列定价（Product Line Pricing）的过程中，管理部门必须决定系列中不同产品的价格差别。价格差别要考虑系列产品中的成本差别、消费者对不同产品特色的看法以及竞争者的价格。如果两个成功产品的价格差别小，购买者通常会买性能先进的产品。如果成本差别比价格差别要小，这种情况下会增加公司的利润。如果价格差别大，消费者一般会买不怎么先进的产品。在许多行业里，销售者为产品系列定价时，使用已经成熟的等级价格法。经营男服的商店可能有三种等级的男式服装，价格分别为 185 美元、285 美元和 385 美元。消费者一般会与低、中、高三种质量联系起来，甚至即使三种价格都增加一点，男士们通常也只买自己看中的那种档次的服装。这种情况下，经销者的工作是建立明显的质量差别，支持价格差别。

二、备选产品的定价

许多公司销售与主体产品配套的备选产品或附加产品时，使用备选产品的定价方法（Optional-Product Pricing）。例如，一位汽车购买者可能选择电动窗、油门锁定键、带激光机的音响等。为这些备选产品定价是很棘手的问题，汽车公司必须决定哪些产品包括在汽车基础价格里，哪些作为备选产品。近些年来通用汽车公司一般的价格策略是对每辆 1.2 万美元的基本车型做广告，吸引大家到展览中心，展室大部分空间都摆着安装了各种备选产品的汽车，价格是 1.4 万美元或 1.5 万美元。顾客通常不会购买不太舒适和方便的经济型车。近年来，通用汽车公司学习日本公司的做法，在基本价格中包括了许多以前作为备选产品的装置。现在，广告上的价格通常代表一辆装备完好的汽车。

三、附属产品的定价

公司生产的产品，如果必须与一个主体产品同时使用才行，需要使用附属产品定价法（Captive-Product Princing）。举例来说，剃须刀的刀片、照相机的胶卷和计算机的软件等都是附属产品。主要产品的生产商有时将主体产品（剃须刀、照相机和计算机）的价格定得很低，但把附属产品的价格定得很高。宝丽来公司（Polaroid）照相机的定价很低，主要靠胶片赚钱。吉列公司（Gillette）剃须刀价格很低，主要靠替换用的刀片赚钱。不生产胶卷的照相机制造商要想盈利，必须将主体产品价格定得高一些。在服务行业里，这种定价策略叫做二分定价。服务的价格分为固定费用和变动使用费用。因此，电话公司收月租费，并对基础次数以外的电话收取变动使用费用。娱乐公园收取门票，外加食品费、中途游乐项目费和园内车费。服务公司必须决定基础服务的定价和变动使用费用的标准。固定费用要低到一定程度，以便能吸引人们，至于说盈利，主要靠变动使用费用的收入。

四、副产品的定价

生产肉类、石油产品、化工产品和其他产品时，常会有副产品。如果副产品没有价值，或者丢掉这些副产品的成本很高，会影响主体产品的定价。使用副产品定价法（ByProduct Pricing）时，制造商需要找到这些副产品的市场，价格只要能够比储存和运输副产品的成本高就可以了。这种做法能够使销售者降低主体产品的定价，使主体产品更具有竞争力。副产品可能很有盈利能力，例如许多木工厂开始通过销售树皮和锯末盈利，因为家庭和商业点的装饰，需要这些材料。

五、成组产品定价

使用成组产品定价方法（Product-Bundle Pricing），销售者一般将几种产品归在一起，并为这些成组产品制定一个较低的价格。剧院和球队销售季票，比一场一场单独买要便宜得多；旅馆提供成套服务，包括房间、用餐、娱乐，但归纳在一个价格下；计算机制造商把机器连同软件一起销售。成组产品定价能促使消费者买一些原来可能不会买的产品。不过，成组产品的价格必须足够低，以便能够吸引人们购买。

知识拓展

附属产品的力量

在日常生活中，有的主产品必须与附属产品配合使用，比如照相机（附属产品）和胶卷（主产品），照相机和胶卷配套使用才能发挥作用，满足人们照相留念的需求，它们就是连带品，因而在定价上，不能把主附产品分离考虑，而应组合考虑。通常，主附产品定价策略是，将附属产品的价格定得很低，利用主产品的高额加成或大量消费来增加利润。在服务行业中，这种策略叫两部分定价，即将服务分成固定费用和可变的使用费。其定价策略是使固定的费用低到足以吸引人使用其服务，从可变使用费中获取利润。如游乐园通常收取较低的入场费，期望通过场内的各种可选消费获利。

资料来源：根据百度百科文字整理：http：//baike. baidu. com/。

第三节　价格调整策略

公司通常调整基础价格，以便适应不同消费者和变化着的形势。表 8-2 总结了七种价格调整策略：折扣和折让定价策略、子市场定价策略、心理定价策略、促销定价策略、价值定价策略、地理定价策略和国际定价策略。

表 8-2　　价格调整策略

策略	内　容
折扣和折让定价	对消费者提前付款或响应促销等行为给予回报，降低价格
子市场定价	调整价格，适应不同的消费者、产品或销售地点
心理定价	依照心理影响调整价格
促销定价	暂时降低价格，增加短期销售量
价值定价	调整定价，以便使产品和服务做到物有所值
地理定价	调整价格，以便适应不同地理区域的消费者
国际定价	调整价格，适应国际市场

一、折扣和折让定价

许多公司通过调整基础价格来吸引消费者，比如提前付款、购买量大或过季购买等。这些价格调整被称作折扣和折让，它有多种形式。现金折扣（Cash Discount）是对立即付款的购买者的减价，典型的例子是“2/10，30 天”，意思是虽然付款期限是 30 天，但如果购买者在 10 天之内付款，可以享受 2%的折扣。所有达到这些条件的购买者，必须都能享受这种折扣，许多行业都实行这种折扣，它能帮助购买者缓解资金紧张，同时也能减少呆账和收账费用。数量折扣（Quantity Discount）是当购买者购买数量较大时，提供的一种价格折扣。典型的例子是买 100 件以下，单价为 10 美元，买 100 件或 100 件以上，每件为 9 美元。法律规定，数量折扣必须对所有的客户都是平等的，但折扣金额不能超过销售者因大批销售所节约的成本，这些成本包括销售、储存、运输费用等。折扣刺激客户从一个销售处购买更多的产品，而不必分散地通过许多渠道购买。功能折扣（Functional Discount）也叫贸易折扣，是销售者对渠道成员的一种优惠，这些成员的作用是销售、储存或记账等。制造商可能对不同的分销渠道提供不同的功能折扣，因为各种渠道的工作不同。不过，同一销售渠道中，制造商必须提供相同的功能折扣。季节折扣（Seasonal Discount）是对过季购买商品或服务的客户提供的一种折扣。例如，草坪和园艺设备制造商在秋季和冬季给予零售商季节折扣，鼓励它们在春季和夏季这样的旺季到来之前购买。旅馆、客栈和航空公司在淡季实施季节折扣。季节折扣可以使销售者一年里的业务比较平稳。折让（Allowance）是价格表上的另一种降价方式。例如，以旧换新折让的方法是在购买新商品时，交上一个旧商品。以旧换新折让在汽车销售中最流行，其他耐用消费品销售中也使用。促销折让是指答谢参加广告宣传或促销活动的经销商时，所付的酬金或采取的减价措施。

二、子市场定价

公司调整基础价格，以便适应不同的消费者、产品和销售地点。通过子市场定价方法（Segmented Pricing），公司以两种或多种价格销售产品或服务，价格差别的基础也不是成本。细分定价策略有几种形式：消费者子市场定价：对于相同的产品，不同的消费者付不同的价钱。博物馆对学生和老人收取价格较低的门票。产品形式定价：不同版本的产品，制定不同的价格，但不以成本为标准。例如，百工公司（Black & Decker）最贵的电熨斗是 54. 98 美元，比下面一档熨斗贵 12 美元。最高级的型号有一个自洁功能，不过这个额外功能的制造成本，只需几美元而已。地点定价：不同地点，即使销售的成本是一样的，产品的价格不同。例如，剧院为不同座位制定了不同的价格，因为观众对座位的偏好不同；州立大学收取外州学生的学费要高一些。时间定价：产品的价格根据季节、月份、日子甚至小时来改变。公共水、电、气公司对不同时间的商业用户收取不同费用，周末和工作日价格不一样；电话公司非高峰时间收取较低的费用；旅游点根据季节制定价格。子市场定价策略要想有效，一些条件是十分必要的。市场必须是可以细分的，不同子市场必须表现出需求上的差别；子市场成员在接受较低的价格以后，不能有机会将产品拿到其他子市场，重新以高价销售；竞争者不可能在同一子市场内，以更低的价格进行销售；市场细分和分析市场的费用不能超过通过价格差别带来的收益；差别定价的做法不能引起消费者的不满；最后，子市场定价必须符合法律。

三、心理定价

价格表明产品的一些内容。例如，许多消费者用价格判断质量。一瓶 100 美元的香水可能只装有价值 3 美元的香料，但却有人愿意花 100 美元去购买它，这表明价格能表现一些特殊的东西。在使用心理定价策略（Psychological Pricing）时，销售者考虑与价格有关的心理学方面的问题，而不只是经济学方面的问题。例如，一项对买汽车人感觉中的价格和质量关系的研究表明，消费者认为价格较高的汽车质量较好。以同样的道理证明高质量轿车的标价要比实际价值高。消费者可以检查产品质量，或是根据自己过去的经验判断产品质量时，他们不怎么用价格衡量质量。当消费者由于缺乏信息和技术，不能衡量质量时，价格成了重要的质量标志。心理定价策略是参考价格（Reference Prices），也就是当购买者观察一个产品的时候，脑子里所想的价格。参考价格的形成，可能由于消费者注意了流行的价格，记住了过去的价格，或者衡量了当时的购买形势。销售者定价的时候，可以利用或使用消费者参考价格。例如，公司可以把一个产品放在一个特别贵的产品旁边，暗示这个产品是同等档次的产品。百货商店经常在店内不同区域销售各种妇女服装，并通过价格来表示差别：放置在价格高的服装区的服装表示高质量。销售者也可以通过几种方法来影响消费者参考价格，如标上制造商制定的很高的建议零售价格；暗示过去的价格比现在的价格要高得多；或者指出竞争者所制定的价格更高，等等。即使很小的价格差别也能表示产品的差异。考虑一下一个立体声机器，如果标价为 300 美元或 299.95 美元，价格差距只有 5 美分，但心理差别却很大。例如，一些消费者会认为 299.95 美元是在 200 来美元的范围内，而不是 300 来美元的范围内。299.95 美元也很像一个可以接受的价格，而 300 美元则表示很高的质量。一些心理学家认为，每一位数字都具有心理和直觉质量，这些在定价时应该加以考虑。例如，8 是圆的，造成祥和效果；7 是带棱角的，造成不和效果。

四、促销定价

使用促销定价方法（Promotional Pricing），公司可以暂时制定低于标准的价格，有时甚至可以低于成本。促销定价方法有几种形式：超级市场和百货商店对少数产品的定价采取先赔策略，吸引顾客来商店，同时希望他们按标准价格，购买其他产品。销售者有时也使用特殊事件定价策略，在特殊时节吸引顾客来店里。因此，每年 1 月，布料价格都是促销价格，目的是把圣诞节后已经疲倦的顾客，吸引回店里。制造商有时对消费者采用现金回扣策略，因为他们在特殊时节购买商品。制造商把回扣直接送到客户手里。近来，汽车制造商、耐用消费品和小型家用电器制造商，经常使用现金回扣的方法。一些制造商提供低息分期付款、长期产品保证或者免费维修业务，降低消费者脑中的“价格”。这种方法近来在汽车制造行业十分受欢迎。销售者还可以直接对标准价格打折扣，增加销售，减少库存。

五、价值定价

在 20 世纪 90 年代经济缓慢增长的衰退期里，许多公司调整价格，适应经济形势，适应消费者对质量和价值态度的根本性变化。市场营销人员越来越接受价值定价策略（Value Pricing），使质量和服务与价格一致。许多情况下，这项工作包含推出不怎么贵的有品牌声誉的产品。坎贝尔公司（Campbell）推出了 Great Starts Budget 牌系列冷冻食品。假日饭店（Holiday Inn）推出叫作“假日特快（Holiday Express）”的低价格服务。露华浓公司（Revlon）的查理系列（Charles of the Ritz）推出 Express Bar 型化妆品组合，适应普通消费者。塔科公司（Taco Bell）和麦当劳快餐店推出“价值菜谱”。另一些时候，价值定价包括重新设计现有品牌产品，以便统一质量和价格，或者表明产品的质量是相同的，但价格低一些。

六、地理定价

公司还必须决定销往国内不同地方或国际上的产品的定价，原因是客户所处的地理区域不同。由于远距离的运费较高，公司是否要冒失去远距离客户的危险，把销往远处的产品的价格定得高一些？或者不考虑客户的区域性，只制定一个价格？下面有几种假设情况，让我们来看看五种地理定价策略：

原价地定价法（FOB-Origin Pricing）。皮尔莱斯公司（Peerless Paper Company）在佐治亚州的亚特兰大（Atlanta，Geogia），向全美国的客户销售纸张产品。运费很高影响着经销商的利益。皮尔莱斯公司打算建立一个地理定价政策。它试图决定如何对三个客户的100美元订单定价：客户A（亚特兰大）；客户B（伯明顿，印地安纳州）；客户C（肯普顿，加利福尼亚州）。皮尔莱斯公司的一种选择是让客户付从亚特兰大工厂到客户驻地的运费。每个客户只按出厂价付给皮尔莱斯公司100美元，然后客户A付10美元运费，客户B付15美元运费，客户C付25美元运费。这种方法就叫FOB原产地定价法，意思是货装上运输工具之后，所有权和责任就都转移给了购买者，购买者支付从工厂到目的地的运费。由于客户自己承担成本，赞成FOB定价法的人认为这种方法是最公平的。不利的是，对于远距离客户来说，向皮尔莱斯公司订货，成本太高。如果皮尔莱斯公司的竞争者正好在加利福尼亚州，它肯定能把皮尔莱斯公司挤走。事实上，竞争者会在整个西部将皮尔莱斯公司挤走，皮尔莱斯公司只能主宰东部市场。

统一交货定价法（Uniform Delivered Pricing）正好与FOB定价法相反。公司给所有客户的定价是一样的，另加运费，但不考虑送货地点。运费是以平均运费计算的，比如说是15美元。因此，对亚特兰大的客户来说，统一交货定价法制定的价格更高一些（它付15美元而不是10美元），但肯普顿的客户会觉得定价较低（它付15美元而不是25美元）。这种情况下，一方面，亚特兰大的客户宁愿从本地造纸公司处，按FOB原产地定价的价格购买产品；另一方面，皮尔莱斯公司有可能赢得加利福尼亚州的客户。统一交货定价法的另一个优点是易于管理，公司可以在全国范围内做广告。

地区定价法（Zone Pricing）是介于FOB原产地定价法和统一交货定价法之间的一种定价方法。公司设计两个或更多的地区，在同一地区的客户适用同一价格。较远地区的价格较高。例如，皮尔莱斯公司可能划定一个东部地区，所有这个地区的客户的运费为10美元；中部地区的运费为15美元；西部地区的运费为25美元。用这种方法，同地区内的客户不能从皮尔莱斯公司获得价格上的好处。例如，亚特兰大和波士顿的客户向皮尔莱斯公司付同样的价格。有人抱怨亚特兰大的客户为波士顿的客户付了运费。另外，一个客户如果正好在东部和中西部分界线的西边，只几英里之遥，但却要比正好在东边的客户多付好多。

使用基本点定价法（Basing-Point Pricing），销售者选择一个城市作为基本点，运费按基本点城市到客户驻地的距离计算，不考虑货物运输的实际距离。例如，皮尔莱斯公司可能把芝加哥当为基本点，从每个客户处收取100美元，外加从芝加哥到客户驻地的运费。这意味着亚特兰大客户付从亚特兰大到芝加哥的运费，即便货物是从亚特兰大启运的。从基本点开始计算，而不是从工厂开始计算的方法，提高了对于驻地在工厂附近客户来说的价格，降低了远离工厂客户需要接受的价格。如果所有销售者使用相同的基本点城市，交货价格对任何客户来说都是一样，价格竞争就减少了。一些工业比如制糖、水泥、钢铁、汽车使用基本点已经多年，但今天这种方法已经不怎么流行了。

一些公司设立多个基本点，为的是灵活一点，它们按离客户最近的一个基本点城市计算运费。最后，如果销售者焦急地希望与某个客户或地区开展业务，它可能采用无运费定价法（Freight-Absorption Pricing）。使用这种策略，销售者承担所有的运费，就为了获得期望中的业务。销售者的理由是，如果能获得更多的生意，平均成本会下降，节约的远比所付出的运费要高。无运费定价法可用于进行市场渗透或者用在竞争日见激烈的市场中。

七、国际定价

在国际上经销产品的公司，必须决定在有业务的那些国家的价格水平。一些情况下，公司能在世界范围制定一个统一价格。例如，波音公司在各地用大体相同的价格出售飞机，无论是在美国、欧洲，还是第三世界国家。但是多数公司调整定价，力求反映当地市场的情况和成本。公司在某个国家制定价格要根据具体因素，包括经济状况、竞争形势、法律法规、批发与零售系统发展的情况等。客户的看法和偏好在各国也不一样，公司在世界不同地方的经营目标也不一样。例如，索尼公司可能在发达国家成熟的市场推出一种新产品，目的是迅速获得巨大的市场份额，所以它必须用渗透式定价法。相比之下，它如果进入一个发展中国家，瞄准小一些的、对价格不怎么敏感的子市场，在这种情况下，使用撇脂式定价法较为适宜。成本对制定国际上的价格是个重要因素。外国的旅游者常常惊异地发现，在国内本来不怎么贵的产品，到了其他国家，就变得十分贵。一条 Levi's 牌的牛仔裤，在美国是 30 美元，在东京是 63 美元，在巴黎是 88 美元。麦当劳公司的“巨无霸”汉堡包在美国是 2. 25 美元，在莫斯科是 5. 75 美元。一个 Oral-B 牌牙刷，在美国是 19 美分，在中国是 90 美分。反过来也一样，一个 Gucci 牌手提包在意大利米兰（Milan，Italy）是 60 美元，在美国是 240 美元。一些情况下，这种价格的升级是由于销售策略和市场条件造成的。大多数情况下，只是由于在国外市场销售的成本较高，包括调整产品的成本、较高的运费和保险费、进口关税和其他税、外汇兑换率的波动、较高的渠道成本和实体分销成本等。例如，坎贝尔公司发现它的分销成本在英国要比在美国高出 30%。美国的经销商一般大批购买一种汤罐头，48 罐一箱的一种汤的罐头，它们一次买几十、几百箱，或者干脆一卡车。对比之下，英国杂品零售商，只买少量的，一般是 24 罐一箱的各种汤罐头，每箱必须手工包装运出。为了处理这些小订单，坎贝尔公司必须增加一个代价很大的批发部门，管理欧洲渠道。少量订货也意味着英国零售商比美国客户订货次数多两三倍，结账和处理订单的成本很大。这些原因使得坎贝尔公司在英国，把汤罐头的价格定得很高。国际定价策略提出了特殊的问题，也格外复杂。

第四节　价格变动

在制定好定价的结构和策略后，公司常常面对一些情况，因此它们必须改变价格，或者对竞争者价格的变动作出反应。

一、主动变动价格

一些情况下，公司可能发现有必要主动变动价格，或是降低价格，或是提高价格。两种情况下，购买者和竞争者都会有反应。

1. 主动降低价格

几种情况使公司需要考虑降低价格。一种是公司生产能力过剩。这种情况下，公司需要更多的业务，但又不能通过增加销售、改进产品或其他措施来完成。公司可能放弃“追随市场领导者的定价方法”，大幅度降低价格，促进销售，不再使公司的价格与领先的竞争者的价格保持一致。不过，最近几年航空公司、建筑设备和其他行业的经验表明，在生产能力过剩的那些行业里，由于竞争者们都试图获得市场份额，降低价格会导致价格战。另一种引起降价的情况是，在强烈的价格竞争中，市场份额下降了。美国的几个行业，如汽车、消费者电器、照相机、手表和钢铁，市场份额被日本竞争者夺去了，它们高质量的产品比美国同行的价格要低。为了作出反应，美国同行采取了更激烈的价格行动。例如，通用汽车公司在西海岸，把小型车的价格减少10%，在那里，来自日本的竞争是最强的。公司可能通过降低成本来降价，从而主宰市场。公司可以先使自己的成本低于竞争者；也可以通过降低价格，获得市场份额，增加销售量，然后再降低成本。博士伦公司（Bausch & Lomb）使用低成本低价格策略，成为软性隐型眼镜市场的领导者。

2. 主动提高价格

对比之下，许多公司近年来不得不提高价格。它们知道提高价格会引起消费者、经销商甚至自己销售队伍的不满。不过，成功的提价能够增加利润。例如，公司的利润是销售额的3%，价格增加1%，如果销售额不受影响，利润就能够增加33%。

诱发价格增加的一个主要因素就是通货膨胀。上升的成本挤掉了利润，导致公司再次提高价格。公司提价的幅度会比成本上升的幅度大，因为预见中的通货膨胀会更严重。另一个引起价格增加的因素是需求过量，当一个公司不能满足消费者需求时，它会提高价格，限量购买，或者同时使用两个方法。公司能通过几个方式来提高价格，跟上成本的增加。放弃折扣或者在产品系列中增加高价格的产品，这些提高价格的方法几乎是看不出来的；或者可以公开提高价格。不过在把价格的增加转移给消费者的时候，公司要避免留下“价格掠夺”的形象。提高价格的做法应该有公司的交流活动作支持，告诉消费者为什么价格上升了。公司销售人员要帮助消费者找到最经济的购买方法。可能的话，公司应该考虑多种方法来解决高成本和需求过量的问题，而不靠提高价格。例如，它可以在产品上做些变动，而不提高价格，就像糖果制造商常做的那样。或者它可以用便宜一点的成本来替代、改变一些产品的特征、包装或服务。也可以零散地销售从前要放在一起销售的产品和服务，分项目定价。例如，IBM公司现在将培训和咨询作为单独定价的服务。

3. 购买者对价格变动的反应

价格提高或降低会影响购买者、竞争者、分销商或供应商，政府可能也会注意。消费者并不总是直截了当地解释价格，他们可能对价格的降低有几种看法。例如，如果索尼公司突然降低录像机的价格，你会怎么想？你可能认为这些录像机马上就要被新型机器代替了；或者这些机器有问题，销售情况不好；你也可能认为索尼公司财务情况不好，可能供应不上零部件了；还可能认为质量下降；或者价格还会进一步下降，值得再等等、看看。同样，价格提高，销售量会减少，但对购买者来说，可能还有一些正面的意义。如果索尼公司把新推出的录像机的价格提高了，你会怎么想？一方面，你会认为这种机器很“热”，除非快买，不然可能买不着；或者你认为这种录像机有一种不平常的价值。另一方面，你可能认为索尼公司太贪婪，能定多高价就定多高。

4. 竞争者对价格变动的反应

公司考虑价格变动时，像担心消费者的反应那样，也会担心竞争者的反应。价格变动如果涉及的企业数量较少，产品的形式是统一的或者购买者都很好地通知到的时候，竞争者最容易有反应。企业如何发现竞争者的反应呢？如果企业面对一个强大的竞争者，如果竞争者已经准备好对付降价，那它们的行动很容易预测。但是如果竞争者把每次降价都当作一个新的挑战，并根据自己的利益来处理，公司就必须了解当时竞争者的利益是什么。问题很复杂，像消费者一样，竞争者可能对公司的降价活动有多种看法。它可以认为公司想获得大的市场份额；公司经营不好，想扩大销售；或者公司想让全行业降低价格，促进需求。当有几个竞争者时，公司必须估计竞争者的行动。如果竞争者的做法都一样，只需要分析一个典型的竞争者就行了。相反，如果竞争者的做法不同，或者规模、市场份额和政策都不同，就必须分别进行分析。通常，一些竞争者追随价格变化，有理由相信其他一些竞争者肯定也会跟着变化价格。

趣味阅读

可口可乐不变应万变的价格策略

1886 年，一罐可口可乐（Coca-Cola）的价格是 5 美分，大约相当于今天的 1 美元(50 便士)。如今的可乐售价不再是 5 美分了，而这并不特别令人惊诧。真正令人惊诧的是，可口可乐的价格用了 60 多年的时间才发生变化。

经济学家将这称为名义价格刚性。我的工资并非每个月进行调整，以反映最新的通货膨胀数据，你的工资也一样。如果原材料成本发生一分钱的变化，餐馆不会重新印制菜单，批发公司也不会修改商品目录。

这可能是个问题。价格之所以能够保持经济平稳运行，是因为它会作出调整，以反映需求和潜在的生产成本。如果价格因为某种原因而没有进行平稳调整，那就可能造成非常严重的经济后果。经济衰退时，如果工资未能下降，那么人们将会失业。需求下降时，如果价格不能下跌，那么销售将崩溃，结果还是一样。

可乐显然是价格刚性的一个突出案例。经济学家丹尼尔·利维（Daniel Levy）和安德鲁·杨（Andrew Young）对此进行了分析。他们撰写报告称，当其他商品价格都在上涨时，可乐价格一直保持每罐 5 美分。糖价在第一次世界大战后上涨了两倍，然后略有回落；在 60 年期间里，咖啡价格上涨 7 倍。可乐本身最早作为一种药品纳税，然后作为软饮料纳税，还承受了糖配给供应。但自始至终，它的价格都保持在5美分。

可乐的价格问题，部分在于更换自动售货机的成本（这些机器只接受5分镍币），以及若改为接受一角硬币，意味着价格将上涨100%。（可口可乐的老板曾于1953年写信给他的朋友、美国总统艾森豪威尔，非常严肃地建议使用7.5美分的硬币。）

对于多数公司而言，如果有必要改变价格，它们一般不会等太久。研究者往往得出结论称，许多商品价格变化的周期是一年左右，往往还会更快一些。利维和一些同事考查了20世纪90年代中期的超市定价，在详细研究了会计数据后发现，一家典型的超市要改变某类商品的价格，需要在印刷、劳动力和误差方面花费52美分的成本。一家商店每年进行价格变化的总成本为10万美元——仍不足其营业收入的1%。

运用条形码、网站和激光打印的菜单，科技使得调价变得更容易。亚马逊（Amazon）似乎总是在改变图书的价格。如今，改编可乐售货机的程序几乎不用费什么力气。因此，我们是否应该得出“菜单成本”（menu costs）不再重要的结论呢？

这一看法可能过于乐观。经济学家长期以来一直主张，即便是微小的“菜单成本”也可能导致严重的经济扭曲，原因是当企业考虑是否支付这些成本时，它们想到的只是自己的利润，而不会考虑提高价格准确性所带来的社会利益。

卡洛斯·卡瓦略（Carlos Carvalho）最近获奖的一篇论文表明，即便是许多商品价格进行了迅速调整，结果也无济于事，因为变动缓慢的价格将会扭曲其他价格。

资料来源：FT中文网。

二、价格变动的对策

这里我们提出一个相反的问题：如果竞争者改变价格，企业如何应付这种情况呢？企业需要考虑几个方面：为什么竞争者改变价格？是为了占有市场份额，利用过剩的生产能力，适应成本的变动，还是想导致行业里的价格变动？如果不理睬的话，企业的市场份额和利润会受到什么影响？其他公司会有反应吗？竞争者和其他公司对企业对策的反应如何？除了这些方面的问题，公司必须进行广泛的分析。它需要考虑自己产品在产品生命周期里所处的阶段，产品在公司产品组合理的重要性，消费者对价格变动可能的反应等。在价格变动的时候，公司不会总能对可供选择的对策进行广泛分析。竞争者花了大量时间准备价格变动，公司却要在几小时或几天里作出反应。唯一减少反应时间的方法是，提前计划竞争者可能采取的价格变动，并作出可能的推测。

如果公司决定采取有效的做法，它可能有四种对策。首先，它可能降低价格，与竞争者相匹敌。它可能认为市场对价格十分敏感，不这样做，会把市场份额让给使用低价策略的竞争者，或者认为一旦失去市场份额，日后再夺回来是很困难的。降价在短期内会影响公司的利润，一些公司可能降低它们产品的质量、服务和促销，以便保持利润。不过在长期，这种做法会影响市场份额。当公司降低价格时，要保持产品质量。其次，公司可以维持原来的价格，提高产品和服务的直觉质量。它可以改进宣传内容，强调自己产品质量比竞争者的低价产品的质量要好。公司可能还会发现，维持原来的价格，花钱改进产品直觉质量，要比降低价格，减少利润合算。再次，公司可以改进质量，提高价格，使自己的品牌进入高一层市场定位中。高质量支持高价格，反过来公司还可以多盈利。或者公司保持现有产品的价格，另外推出新品牌，并为新产品制定较高的价格。

最后，公司可能推出一个低价的“竞争品牌”。一般最好的对策之一，就是在产品系列中，增加一个低价格的产品，或者另外推出一个品牌，但该品牌产品的价格较低。当某个即将失去的子市场对价格十分敏感，而对高质量产品又不会有什么反应时，上面的方法是十分必要的。当富士公司（Fuji）在价格上有动作时，柯达公司便推出了快乐时光牌 Funtime 胶卷。P&G 公司受到经销商品牌和其他一些实行低价策略的公司的挑战时，它把许多自己的品牌变成“竞争品牌”，包括 Luvs 牌一次性尿布，Joy 牌洗净剂，Camay 牌香皂。为了应付价格压力，美乐公司（Miller）在多数市场把它的 High Life 牌产品降价 20%，不到一年，销售量向上涨了 9%。定价的策略和方法形成了公司市场营销组合的一个重要部分。定价时，公司必须仔细考虑许多重要的内部和外部因素，选定的价格要能够在相应的子市场中使公司占有最大的优势。但是，多数时候，公司并不能自由地确定它们所希望的价格。一些法律限制定价工作，一些伦理方面的考虑也会影响定价决定。

思考题：

1. 目前影响中国企业定价的主要因素有哪些？
2. 以成本、需求、竞争力为导向的几种定价方法有什么区别和联系？
3. 定价策略与其他影响策略的关系如何？
4. 企业如何应对竞争者主动挑起的“价格战”？

课后案例

只卖音响？卖二手车也成功！

买二手车？只要一提这事，任何有这经历的人立刻都会皱眉头，并且说出他或她从前买车时的倒霉故事。二手车的推销员，实际上就是人们脑子中市场营销超额利润的代名词。既然是这样，为什么赛奇特公司（Circuit City）在通过它的 300 多家大商店成功地销售音响、电视机、汽车音响和其他电器产品后，突然决定试着销售二手车呢？为什么公司的管理咨询人员认为，公司应该坚持原来的业务圈，可这个电器零售商，却要在二手车方面试一把呢？

答案很简单，是因为新车的价格。在过去的十年里，新车平均价格上升了 70%，大约达到 19500 美元。政府对污染的控制措施和汽车安全性能的要求，使得价格提高。同一时期，中等家庭收入和消费者价格指数只增加了大约 40%。对一些消费者来说，今天的新汽车就如同他们的房子一样贵！消费者明白新车的质量改进了，二手车经销商那里的车平均车龄也只有 3.5 年，因此，他们有理由认为，买辆里程表上数不大的二手车，是很可靠的，还能省 5000 美元到 10000 美元。此外，调查表明，消费者现在不怎么认为新车能表示地位，所以二手车的位置提高了。除去二手车需求的增长，供给也增加了。为了鼓励消费者购买新车，制造商和经销商转向租赁业务，准许消费者开新车，两年或三年以后再交回来。然后，经销商再销售二手车。租赁汽车业务的增长，使淘汰的车增加，反过来又促进二手租赁车供给的增长。此外，原来买二手车很难得到金融方面的服务，现在银行和金融机构为买二手车的人提供贷款，利率只比新车贷款利率高一点点。过去，提供贷款的公司认为，二手车购买者的信用风险很大，今天，实际上新车购买者的拖欠率更高。最后，经销二手车的公司能获得更多的净利润。一项最近的调查表示，销售一辆二手车的净利润是 265 美元，而销售一辆新车的净利润是 130 美元。

走上新路除去需求和供给上的这些变化，销售和购买二手车的过程并没有发生大的变化。大多数消费者不常买车，与二手车推销员打交道时，他们总是处于劣势。消费者不得不平衡二手车的价格和当时经销商折让收车时的价格。消费者总担心他们是不是付得太多，没得什么好处。买车过程使顾客疑惑、忧虑和不满。赛奇特公司相信它能改变这些，办法是用销售电器的方法，来销售二手车。公司开办了卡麦克斯公司（CarMax）和奥托公司（Auto Superstore）执行这项业务。1994 年，它在弗吉尼亚州的理查蒙德（Richmond，Virginia）开了第一家卡麦克斯店，在北卡罗来纳州的赖雷（Raleigh，North Carolina）开设了第二家。它还计划在佐治亚州的亚特兰大（Atlanta，Geogia）再开两家，在北卡罗来纳州的查罗特（Charlotte，North Carolina）开第五家。卡麦克斯公司的策略是直截了当的。它在赖雷的店开在郊区，在那里，公司可以买一大块挨着主要高速公路的地。9 英亩的土地上，卡麦克斯公司布置了 500 辆车，比一般二手车店的选择性大多了。顾客们进入非常有吸引力的展室，它和新车店的展室相类似。如果他们带着孩子，可以放在儿童看护区，那里有足够的玩具和电子游戏机。穿着 POLO 牌衬衫和卡几布裤的销售副经理，欢迎着顾客，并陪人们去计算机间。副经理找到顾客想要的车型，用触摸式屏幕，副经理可以调出全部符合顾客要求的库存汽车或卡车的目录。例如，如果顾客对 12000 美元到 17000 美元的最近款式的准跑车有兴趣，计算机可以马上按品牌和型号，显示库存中的这种车辆。屏幕显示汽车的彩色画面，列出特点，比如四轮驱动；详细介绍功能，比如发动机型号，EPA 油耗测试结果等。屏幕也展示卡麦克斯公司对此车的标价，价格的基础是国家汽车购买协会（NAPA）发布的蓝皮书上的平均零售价格。消费者可以把所有信息打印下来，包括图片、在卡麦克斯公司展示区的位置等，然后去那块特殊的停放这辆车的地方看。此外，所有类似的车，比如其他准跑车，都停在这一区域，而不是乱七八糟散落在展示区的各处。卡麦克斯公司根据推销员销售汽车的数量，付给他们佣金，而不是根据每笔交易的利润。因此，推销员们不会一心哄着消费者去看较贵的汽车。在把买来的车放在展示区以前，卡麦克斯公司技术工人们实施一个 110 点检测，然后彻底清洁车辆，甚至要清洗发动机。雇员们换上新轮胎或进行必要的修理。在展示区，没有一辆车车龄超过五年。卡麦克斯公司有一个五天退车保证和 30 天的综合保证。再出问题，提供长达三年的延时保证。如果顾客决定买车，不能侃价，卡麦克斯公司标出的价格，就是销售价格。没有隐含和额外费用，只加收销售税、所有权凭证费和年签费。赛奇特公司有自己的财务公司，卡麦克斯公司的副经理可以在 20 分钟内，为购买车联系财务事宜。如果顾客打算出售他或她现在的车，卡麦克斯公司会按蓝皮书给车作价。给的价格不是根据顾客购买车时候的价格。即使顾客不从卡麦克斯公司买车，卡麦克斯公司也收买车。公司还有单方汽车责任保险业务。顾客发现全部销售过程可以在1小时内完成。

赛奇特公司仍然把卡麦克斯公司的业务看作一种尝试，不过到目前为止，一切都好。顾客说他们喜欢这种无压力销售方法，汽车正接踵离开卡麦克斯公司的展示区。虽然公司不愿意透露销售量方面的信息，两个在理查蒙德的雇员估计，每月销售量在400辆以上。一个新车的经销商一年也就销售700辆二手车。尽管去年赛奇特公司的销售额达到41.3亿美元，它意识到自己的电器业务发展可能慢下来，1500亿美元到2250亿美元的二手车市场可能将是下一个战场。

资料来源：https：//max.book118.com/html/2013/0111/3325941.shtm。

讨论题：

1. 汽车经销商和制造商通常采用什么样的产品组合定价策略？
2. 汽车经销商使用什么样的价格调整策略？
3. 卡麦克斯公司如何改变二手车行业的定价策略？购买者和竞争者对这些变动的反应如何？
4. 你会给卡麦克斯公司提什么市场营销方面的建议？

课后实践

1. 目的

通过学生自己对同种商品处于不同时间、地点、消费者、形式的情境下定价变化的探究，找出需求定价法的规律，并能举例说明需求导向的4种定价法。

2. 任务

学生在具体情境中学会运用需求导向的4种定价法。

3. 内容与步骤

（1）建立学习小组（5—6人为宜），并选出小组组长，由组长带领其他同学共同完成课外作业。

（2）组织学生分别去三个不同地方调查房产、轿车、电脑、游戏软件的价格，并用PPT展示分析价格差异以及促销价格的制定方式。

第九章　分销渠道策略

☞【学习目标】

1. 定义分销渠道并简述分销渠道的职能与层级。
2. 理解垂直分销渠道系统及其三种分类，水平分销渠道系统、多渠道系统。
3. 了解分销渠道的主要成员：代理商、批发商、零售商。
4. 掌握分销渠道的设计与管理。
5. 了解商品流通的简单物流策略。

☞【核心概念】

分销渠道；价值网络；渠道权力；传统分销渠道系统；垂直分销渠道系统；水平分销渠道系统；多渠道系统；物流；配送；运输

案例引入

奇瑞分销渠道体系的分分合合

一路颠簸的奇瑞，其渠道策略也曾左右摇摆，经历数度分合。从奇瑞成立初期的单一网络销售，到后来多品牌战略下渠道分网，然后是重回大区制，现在又回到并网销售。

2004年，多年快速发展的奇瑞汽车遭遇成立以来的第一个难关。在中国汽车市场首个寒流冲击下，奇瑞生产、质量、服务与渠道问题逐渐暴露。"2004年年底，奇瑞汽车的价格体系乱了，经销商互相杀价，大家无利可赚。那时，奇瑞几乎到了崩溃的边缘，离死只差一步。"当时的见证者说，奇瑞全国265家经销商中，近半不打算和奇瑞续签代理合同。

于是奇瑞开始酝酿分网。2005年年初，奇瑞根据当时的10个系列产品成立4个独立的销售部门，形成4张独立的分销网络。分网体系下，经销商的势力被重新划分，势力范围被压缩，一家经销商最多只能总经销1—2款产品。这种策略下，奇瑞可以加强对经销商的管理。2005年，奇瑞的销量奇迹般地达到了18.9万辆。尹同跃毫不避讳地说："2014年12月之前，我们没有营销。"

在后来的多品牌战略中，奇瑞、瑞麒、威麟、开瑞四大品牌的产品销售分属三个销售公司，奇瑞分网政策延续，其庞大的产品线正好需要多重分网进行管理。不过，奇瑞的分网策略也没有很好地解决“内部矛盾”。

2010 年世界杯前夕，奇瑞销售公司斥资 500 万欧元请梅西代言瑞麒，广告倒是推出来了，也吸引了很多经销商投身建设新经销网络。但是，进入系统后他们却发现自己上错了船。且不说 G5 对标合资品牌的高定价区间让经销商进退两难，光是瑞麒的销售压力就让他们难以承受。

在瑞麒销售体系下，经销商销售任务是逐月递增，十分苛刻。比如每月销售目标为 100 辆，但首月有 50 量的增量任务，第二月是 100 量的增量任务，全月至少销售 200 辆，第三个月的增量任务则达到 200 辆，全月销售数量为 300 辆。即便前两个月任务完成，第三个月完不成，整个季度的返利都拿不到。

多品牌战略时期，如果把瑞麒放在奇瑞品牌的网络里面销售，那样的话又完全违背了瑞麒创高端品牌的初衷。

重压之下渠道商很受伤，许多 4S 店纷纷退出。而奇瑞则成了暂时的获利者——车已经压到了经销商的仓库里，经销商的现金变成了奇瑞的现金流。但是对于瑞麒品牌而言，没有销量，就无法支撑快速扩张的营销网络，品牌打造也难以为继。于是瑞麒的败退不可避免。这笔账当然不能算到经销商头上，只能说是奇瑞并没有规划好高端品牌的经营和渠道策略。

2013 年，在“一个奇瑞”的战略下，奇瑞又重新开始并网。之前，在同一个汽车市场，会有门对门两个奇瑞 4S 店。两家店卖的奇瑞产品是不一样的，这正是分网销售模式下的遗留问题。为了提升客户的消费体验，奇瑞有必要推行一个标准化体系。因此，奇瑞又决定将所有产品并网销售。

奇瑞的不断调整给企业自身发展带来了希望，却让跟随其多年的经销商感到无所适从。对经销商来说，唯一的好消息是，奇瑞的产品结构已经稳定下来，且单车销售均价也在提升。

2013 年 11 月底，瑞虎 5 上市，至此，奇瑞形成了旗下 4 大产品系列，分别为 QQ、风云、瑞虎和艾瑞泽。瑞虎 5、E3 和艾瑞泽 7 等二代车型渐渐担当起销量重任，已经占据了总销量 68%。奇瑞每辆车的销售均价也逐步提升到了 7 万元以上。

也正是因为产品结构的调整，使奇瑞实现了十年来主营业务的首次盈利。

奇瑞内部产品的调整，让经销商在业务结构上无所适从，但是日渐高涨的产品均价将是经销商留下的理由。

资料来源：丁保祥．颠簸的奇瑞［J］．商界评论，2014.

思考题：

1. 奇瑞的分销渠道为什么会时分时合？
2. 分销渠道策略与 STP 策略的关系如何？

第一节　分销渠道概述

分销渠道传递客户价值，是赢得竞争的有力武器，得分销渠道者得商业天下。那么什么是分销渠道？我们该如何设计与管理它呢？

一、分销渠道的概念与特征

（一）分销渠道的概念

分销渠道（Marketing Channel）实现商品从商家交换到消费者的通路。学术界未形成统一定义。美国市场营销协会 AMA 的定义——分销渠道，指企业内、外部的代理商、经销商。菲利普·科特勒的定义——分销渠道，指货物或劳务从生产者向消费者转移时，取得货物或劳务所有权或帮助转移其所有权的所有企业和个人。

分销渠道指促使某种产品和服务能顺利地经由市场交换过程，转移给消费者或用户消费使用的一整套相互依存的组织。其成员包括产品从生产商向消费者专业过程中，取得这种产品和服务的所有权或帮助所有权转移的所有企业和个人。

（二）分销渠道的特征

1. 分销渠道是一个系统

它是一项重要的机会成本，将潜在顾客转换成有利润的订单，不仅服务于市场，更创造市场。产品在由生产者向消费者转移的过程中，通常要发生两种形式的运动：第一，作为买卖结果的价值形式运动，即商流，它是产品的所有权从一个所有者转移到另一个所有者，直至到消费者手中的过程。第二，伴随着商流所有发生的产品实体的空间移动，即物流。商流和物流通常都会围绕着产品价值的最终实现，形成从生产到消费者的一定路线或通道，这些通道从营销的角度来看，就是分销渠道。

2. 分销渠道是重要的桥梁

销售渠道作为产品据以流通的途径，就必然是一端连接生产，一端连接消费，通过销售渠道把生产者提供的产品或劳务，源源不断地流向消费者。在这个流通过程中，主要包含着另两种转移：商品所有权转移和商品实体转移。这两种转移，既相互联系又相互区别。商品的实体转移是以商品所有权转移为前提的，它也是实现商品所有权转移的保证。

二、分销渠道的职能与层级

供应商为何愿意把一部分销售委托给渠道呢？是因为通过渠道获得效力和提高效率，凭借渠道的关系、经验、规模，能更广泛而深入地推介产品和服务，比自身销售干得更出色。

（一）分销渠道的职能

1. 实现实体分配与所有权转移

分销渠道执行的任务正是把产品从供应商那里转移到消费者手中。填补了产品和劳务与实际需求在时间、空间和所有权方面的差距。

2. 公司价值网络的重要组成部分

站在供应链角度，公司把市场作为目标，把供应链作为线性流程。公司选好目标市场，从目标市场开始向后设计供应链，称为需求链计划（Demand Chain Planning, DCP）。公司被看作价值网络（Value Network），公司为获得原始资源、扩展自身和交付货物而建立的合伙人和联盟合作系统。它包括自身的供应商和供应商的供应商以及它的下游客户和最终客户。

（二）分销渠道的层级

用中间机构的级数来表示渠道的长度，分销渠道被分为：零级渠道、一级渠道、二级渠道、三级渠道，共四个层级，如图 9-1 所示。

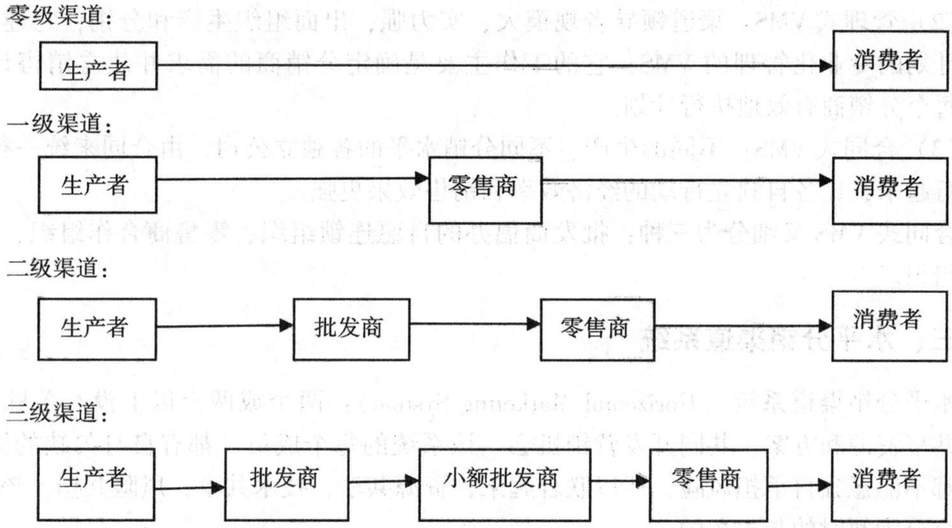

图 9-1 分销渠道的四个层级

第二节 分销渠道系统的演变

一、传统分销渠道系统

传统分销渠道系统（Conventional Marketing Channel System）：由一个独立的生产商批发商零售商组成。每个成员都是一个独立的经济实体，独自追求自身利益最大化，不惜牺牲别人及集体的利益，没有任何一个成员，能站在集体的利益上，对其他成员进行控制和约束。

在这种体系下，各自为政，各自打着自己的小算盘，经济效益低下，销售效果低下，也不存在现代渠道所具备的价值网络特性。

分销渠道不是固定不变的，它随着经济的发展，社会的进步，文明的显现，不断发展着，完善着。目前分为垂直分销渠道系统、水平分销渠道系统、多渠道系统。

二、垂直分销渠道系统

垂直分销渠道系统（Vertical Marketing System，VMS）：由生产商、批发商、零售商所组成的一个联合体。渠道领导者拥有其他成员。该系统建立意义在于控制渠道行为，消除成员追求各自利益造成的冲突。该系统建立的效益在于规模、谈判实力、减少重复服务。

VMS 分为三种：公司式 VMS、管理式 VMS、合同式 VMS。

（1）公司式 VMS：结合了同一所有者名下的生产和分销的连续阶段。公司不仅制造产品，还拥有和经营零售网点。

（2）管理式 VMS：渠道领导者规模大、实力强，出面组织生产和分销；它建立一个有计划的专业化管理的 VMS；它的工作主要是确定分销商的需求并建立销售计划，帮助每个分销商有效地执行计划。

（3）合同式 VMS：不同的生产、不同分销水平的各独立公司，由合同来统一行动，它执行起来，比各自独立行动的经济效率和销售效果更强。

合同式 VMS 又细分为三种：批发商倡办的自愿连锁组织、零售商合作组织、特许经营组织。

三、水平分销渠道系统

水平分销渠道系统（Horizontal Marketing System）：两个或两上以上没有关联的公司，共享资源和方案，共同开发营销机会。该系统的每个成员，都有自身欠缺的原因，或者都不愿意独自承担风险，所以联合起来，资源共享，技术共享，风险共担。该系统的联合分为暂时的与永久的。

四、多渠道营销系统

多渠道营销系统（Multichannel Marketing System）：公司利用两个或更多市场分销渠道，到达一个或更多的顾客细分。该系统集合了多个分销渠道策略和战略，各渠道共同有效地运作，产生更大经济效率和销售效果。

营销实践

分销：TCL 大战长虹

流通渠道是怎么发生的？它的管理价值是什么？渠道管理的未来方向是什么？为了回答这些问题，我们必须先来看看长虹的成功。长虹军转民之后搞彩电生产，在四川绵阳这个地方建立了深度配套的生产作业过程，它在生产过程中有极强的线效率。怎样打通流通渠道是长虹面临的最大问题。但是，倪润峰不可能一夜之间建立起流通渠道。因为，他能看透企业经营中的要害是什么，并且能利用金融市场这个杠杆搞承兑。

1. TCL以速度冲击长虹的规模

如果把生产过程看作价值创造过程，把流通过程看作价值实现过程，把消费过程看作价值消费过程，那么，这三者之间是有内在统一性的。

这个过程是加工对象通过生产过程进入流通过程。什么叫通过？就是产品通过从甲到乙这段距离需要的时间，我们称之为速度。所谓速度经济就是这么提出来的。

早些时候，人们总是认为规模越大越经济。因为在同等条件下，规模增加了，固定费用不会增加，单位产品的固定费用是下降的，因此产生了规模效益这样的概念。

实际上，无论是规模经济也好还是不经济也好，其本质是加工对象通过生产领域到流通领域所需要的时间是不是最少的。所以，规模经济被速度经济所取代。速度经济基本讲的就是使产品如何有效地通过这些基本的价值过程。

如果企业看到了这个本质，如何应对长虹就变得容易了。

所以TCL在终端建立店中店，这样，响应市场的速度快了。

TCL从1998年年初，砍掉了一批商、二批商，搞店中店和专卖店，在县级市场上寻找核心网络经销商。到1998年年底建成一万个控制的售点，一万个售点只要一天卖一台，一年365天，能卖365万台。整个1998年TCL的销售收入增长了98%，销量增长了110%，根据推算，同期在长虹手里和经销商手里的库存应该是400万—500万台，长虹的现金流量处于严重缺血状态。

2. TCL模仿卡西欧力挽狂澜

掌握了流通，销售不一定就能成功。TCL认为，现在是千载难逢的机会，决定以卡西欧的经营方式与长虹竞争。

当年卡西欧刚进入市场时，发现在电子计算器市场，第一方阵以索尼、日立为代表；第二方阵以松下、东芝为代表；第三方阵以夏普为代表。这等于说刚创业就一头撞在了这些巨无霸身上。但他们仔细研究一下，发现在这个市场上，独占鳌头的是夏普。因为夏普的经营方式不一样，它以比别人更快的速度推出新款，实现暴利。等别人也推出新款时，它早已准备放量，量一上去，单价就往下走，然后再把量存起来。等对手刚推出新款，它已经存量了。等到对手也跟进存量时，它又把存量放掉了，又一新款推出。它推款的速度很快，以25%的速度推出新款，以100%的速度拉高产量，以50%的速度拉低售价。这种方式竞争太有力量了。最后，夏普占据了市场份额的30%。

卡西欧看到夏普的这种运作方式，认为自己只有比夏普做得更快，才有赢的余地。于是决定以50%的速度更新品种，以200%的速度拉高产量，以100%的速度拉低售价。当时卡西欧是没有资源的，它怎么办呢？它把工程师集聚到前方的营销领域，根据消费者的反馈，及时、不断地开发出新产品，然后它在后面组织OEM生产。所以到现在为止，你去看卡西欧公司，它基本是一个虚拟企业，它的全部产品是通过下阶企业生产。

所以，要把资源配置到其竞争模式上，来主导这个行业的规模。

5—6年时间，卡西欧从一个很小的企业做起，以这种方式，最终打败了这些巨无霸，占有市场份额的34%。夏普跌落了17%，而松下等一些大公司纷纷退出了这个市场。

诺基亚、摩托罗拉、爱立信三家企业曾到新加坡开会，讨论对中国手机的对策。他们认为千万不能犯日本企业的错误，不要给中国企业更多的机会。最后三家达成共识，变产量、变款式、变价格。所以，他们的手机变得速度很快。以诺基亚为例，它的第一款手机进入市场后，第二款又跟进。第二款跟进时，它主要促销第二款。第一款就提高产量，拉低售价，使销售量升起来。然后，第二款价格开始回落，把第一款放掉，拉升第二款的产量，再降价，使销售量直线上升。一波一波走，变得很快，最后把对手拖进困境。

同样，家电业已经是时尚业了，是家居的组成部分。TCL 也要和对手打一场变款式、变产量、变价格的速度战。

TCL 听明白了，但他们不知道这个变要花多少代价。专家对他们说，一年至少要变 60 款以上，最好达到 100 款。如果你不变，经销商也不愿推销，人的本质是喜新厌旧的。但 TCL 提出疑问：变款式需要模具，一套模具就得 300 万人民币，万一这款卖不动呢？何况有这么多工艺师变款式吗？

现在 TCL 就是以这种方式，每年能做到变换 70 款，速度很快。

资料来源：http：//www. hbrc. com/newscontent_808416. html。

讨论题：

1. 长虹的分销渠道有哪些缺点？
2. TCL 彩电是如何在分销环节进攻长虹的？

第三节　分销渠道的主要成员

（一）代理商的概念

代理商又称商务代理，是在其行业管理范围内接受他人委托，为他人促成或缔结交易的一般代理人。代理商（Agents）是代企业打理生意，是厂家给予商家佣金额度的一种经营行为。所代理货物的所有权属于厂家，而不是商家。因为商家不是售卖自己的产品，而是代企业转手卖出去。所以“代理商”，一般是指赚取企业代理佣金的商业单位。代理商对产品没有所有权，不经营产品，不承担经营风险，只赚取佣金，不赚取经营利润。

（二）代理商的功能

1. 试探市场需求

代理商熟悉销售地的情况，如当地社会风俗等，能快速进入当地市场，更易拓展当地市场，利用它试探市场，若情况不如意，可迅速撤离战场。

2. 降低成本，回避风险

代理商熟悉当地市场，了解客户信誉，回收货款更容易，降低了入市风险。

3. 提高交易效率

代理商有较多的买方，可将订单汇总，减少交易次数，从而提高交易效率。

代理商的建立，可以分担厂商的风险，使厂商与代理商共同拉动市场从而降低厂商的经营风险。在代理商的层次上，除设立总代外，代理商还可以根据厂商的渠道模式，下设一级代理或区域代理并同时与终端销售商合作。这样，代理商从简单的分销转换成具有管理职能的渠道维护者，除业务管理外，代理商同时具备品牌管理、促销管理、服务对接、财务管理等各项职能。

（三）代理商的类型

1. 总代理

总代理，又称全权代理，是在市场上作为被代理人全权代表的代理商。这种代理商有权处理本人日常业务或专业活动中随时发生的事务，也有权以委托人的名义从事一般性活动。

2. 独家代理

独家代理，是一种狭义代理人概念，指通过协议规定代理人在特定地区、特定时期内享有代理销售某种商品的专营权。其业务限于商业活动，具有垄断性。

3. 一般代理商

一般代理商，是指在同一地区、同一时期内，委托人可以选定一家或几家代理商作为一般代理人，根据销售业绩支付规定的佣金和补偿费用。

4. 单一商号代理商

单一商号代理商，是指仅为一个单一的企业主从事代理活动的代理商，其经营效益首先取决于企业主提供的业务情况，对企业主有很大的依赖性。

5. 区域代理商

区域代理商，是指在一定区域或一定的消费集团内从事的代理活动。此种不排除企业主自己在该地区内缔结交易或由第三人促成交易的可能性与合法性，但即使未参与，对于与企业关系规定的应由他代理的区域或消费集团成员所缔结的交易，同样享有佣金请求权。

二、批发商

（一）批发商的概念

批发商是指从制造商购进产品，转售给其他批发商、零售商，不直接向最终消费者出售产品的组织。该组织销售的产品不进入最终的消费领域，还处于流通领域。该组织一般是按批发价（低于零售价格）销售大宗产品，一般比零售销售的产品数量要大许多，一般的形式是低价走量。批发商对产品拥有所有权，参与产品经营，承担经营风险，赚取经营利润。

批发商的概念是以前对商人的一种叫法，已经逐渐趋向于被淘汰。顾名思义，批发就是一批批进货，然后往外一批批地发。可见这样的生意没有什么计划，只是一个货物买卖的概念，而少了管理和控制。所以“批发商”，一般是企业，用来说没有服务终端意识的坐商。批发商就是批量采购上一级供应商（如工厂/代理/经销）的货，然后再批量卖给下一级需求者（如零售商）的经济实体。如图 9-2 所示。

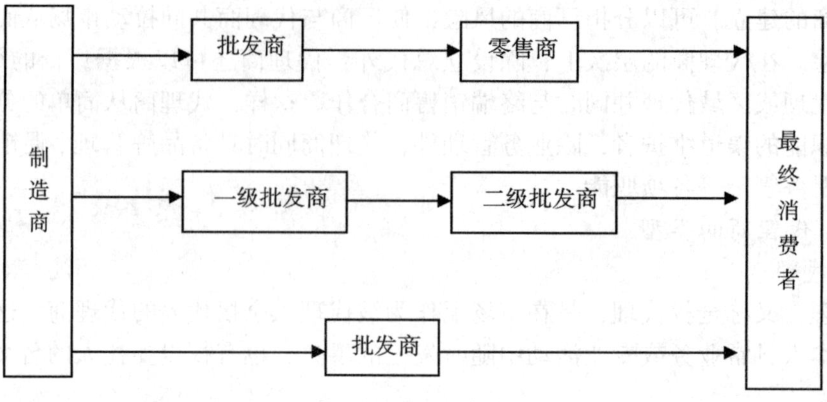

图 9-2 批发商的交易模型

（二）批发商的功能

1. 组织货源，整买整卖

批发商通过提高销量来赚取利润，整买整卖是它最主要的功能。批发商出面组织货源，因为有量上的优势，比其他中间组织要更便利。

2. 实现临时库存与配送功能

由于批发商面对的不是最终顾客，它承担临时仓库的功能，要完成相对应的配送任务。

3. 有利于资金的融通，承担风险

批发商向上游制造商，与下游零售商提供融通资金的便利，因为其参与了所有权的转移，为此也分担了一定的资金风险。

4. 传递信息

批发商向上游制造商提供信息，以利于制造商进行产品的研发和生产；批发商向下游零售商提供信息，以利于零售商进行采购和销售决策。

（三）批发商的类型

1. 普通商品批发商

普通商品批发商经营的商品范围较广、种类繁多，主要是批发对批发商中小零售商店。在产业用户市场上，直接面对产品用户。

2. 大类商品批发商

大类商品批发商专营某大类商品，经营的这类商品花色、品种、品牌、规格齐全。通常是以行业划分商品品类，如服装批发商，酒类批发公司、专营汽车零配件的公司、仪器批发公司等。

3. 专业批发商

专业批发商的专业化程度高，专营某类商品中的某个品牌。经营商品范围虽然窄而单一，但业务活动范围和市场覆盖面却十分大，一般是全国性的。如服装批发商、商品粮批发商、石油批发商、木材批发商、纸张批发商、金属材料批发商、化工原料批发商、矿产品批发商，等等。

4. 批发交易市场

批发交易市场是介于零售业和批发业之间的一种经营业态，交易行为也不十分规范。是以批发价格对商品进行批量交易。其类型有产地批发市场、销地批发市场、集散地批发市场。

三、零售商

（一）零售商的概念

零售商（Retailer）是指将商品直接销售给最终消费者的中间商，是相对于生产者和批发商而言的，处于商品流通的最终阶段。零售商的基本任务是直接为最终消费者服务，它的职能包括购、销、调、存、加工、拆零、分包、传递信息、提供销售服务等。在地点、时间与服务方面，方便消费者购买，它又是联系生产企业、批发商与消费者的桥梁，在分销途径中具有重要作用。

（二）零售商的功能

1. 分装货物，实现商品组合

零售商因为面对的是最终顾客，所以会依据消费者需求来进行货物的分装，实现商品的组合。

2. 实现商品的库存功能

零售商通过保存货物，来及时（Just In Time，业界俗称 JIT）地满足顾客。如果没有库存功能，那么快速响应顾客将成为空谈，其是及时响应的保障。及时响应也是现代商业竞争的主要手段之一。

3. 售后服务

现代商业竞争，服务是重中之重，如何有效地提供产能，很好地为消费者服务，是今后漫长的商业竞争不断研究的话题。

（三）零售商的类型

1. 零售商店

（1）百货商店，是指综合各类商品品种的零售商店，其特点是商品种类齐全；客流量大；资金雄厚；人才齐全；重视商誉和企业形象；注重购物环境和商品陈列。

（2）专业商店，是指专门经营某一类商品或某一类商品中的某一品牌的商店，突出“专”。例如主要运动户外器材销售的迪卡侬，品种齐全；经营富有特色、个性；专业性强。

（3）超级市场，是以主、副食及家庭日用商品为主要经营范围，实行敞开式售货，顾客自我服务的零售商店。特点是实行自我服务和一次性集中结算的售货方式；薄利多销，商品周转快；商品包装规格化，条码化，明码标价，并要注有商品的质量和重量。

（4）便利商店，是指接近居民生活区的小型商店。营业时间长，以经营方便品、应急品等周转快的商品为主，并提供优质服务。如饮料、食品、日用杂品、报刊杂志、快递服务等。商品品种有限，价格较高，但因方便，仍受消费者欢迎。

（5）折扣商店，是指以低价、薄利多销的方式销售商品的商店。通常门店设在租金便宜但交通繁忙的地段；经营商品品种齐全，多为知名度高的品牌；设施投入少，尽量降低费用。实行自助式售货，提供服务很少。

2. 无店铺零售

（1）上门推销。企业销售人员直接上门，挨门挨户逐个推销。著名雅芳公司就是这种销售方式的典范。

（2）电话电视销售。这是一种比较新颖的无店铺零售形式。其特点是利用电话、电视作为沟通工具，向顾客传递商品信息，顾客通过电话直接订货，卖方送货上门，整个交易过程简单、迅速、方便。

（3）自动售货。利用自动售货机销售商品。第二次世界大战以来，自动售货已被大量运用在多种商品上。如香烟、糖果、报纸、饮料、化妆品等。

（4）购货服务。主要服务于学校、医院、政府机构等大单位特定用户。零售商凭购物证给该组织成员一定的价格折扣。

3. 零售新业态

（1）连锁商业，指众多的、分散的、经营同类商品或服务的零售企业，在核心企业（连锁总部）的领导下，以经济利益为连接纽带，统一领导，实行集中采购和分散销售，通过规范化经营管理，实现规模经济效益的现代流通组织形式。

（2）连锁超市，是连锁商业形式和超级市场业态两者的有机结合。它是我国现代零售业主流，在发展中进一步细分和完善。如大型综合连锁超市（GMS），主要经营大众商品，其中70%是百货，30%是食品。又如仓储式会员店连锁超市，以零售方式运作批发，采用会员制。

（3）特许经营，是一种根据合同进行的商业活动，体现互利合作关系。一般是由特许授予人（简称特许人）按照合同要求，约束条件给予被授予人（简称受许人，亦称加盟者）的一种权利，允许受许人使用特许人已开发出的企业象征（如商标、商号）和经营技术、诀窍及其他工业产权。

（4）商业街。由经营同类的或异类的商品的多家独立零售商店集合在一个地区，形成的零售商店集中区，也有集购物、休闲、娱乐综合功能的商业街。

（5）购物中心。由零售商店及其相应设施组成的商店群体，作为一个整体进行开发和管理，通常包括一个或多个大的核心商店，并有许多小的商店环绕其中，有庞大的停车场设施，顾客购物来去方便。购物中心占地面积大，一般在十几万平方米。其主要特征是容纳了众多各种类型的商店、快餐店、餐饮店、美容、娱乐、健身、休闲，功能齐全，是一种超巨型的商业零售模式。

第四节　分销渠道的设计与管理

分销渠道的设计与管理，是市场总监考虑的首要问题，它决定了竞争的胜败，是非常关键的项目。

一、影响分销渠道设计的因素

分销渠道设计是指建立以前从未存在过的分销渠道或对已经存在的渠道进行变更的营销活动。生产企业在选择分销渠道时，必须对以下因素进行分析：

（一）顾客需求

渠道设计深受顾客人数、地理分布、购买频率、平均购买数量以及对不同促销方式的敏感性等因素的影响。当顾客人数多时，生产者倾向于利用每一层次都有许多中间商的长渠道。但购买者人数的重要性又受到地理分布的修正。例如，生产者直接销售给集中于同一地区的500个顾客所花的费用，远比销售给分散在500个地区的500个顾客少。而购买者的购买方式又修正购买者人数及其地理分布的因素。如果顾客经常小批量购买，则需采用较长的分销渠道为其供货。因此，少量而频繁的订货，常使得五金器具、烟草、药品等产品的制造商依赖批发商为其销货。同时，这些相同的制造商也可能越过批发商而直接向那些订货量大且订货次数少的大顾客供货。此外，购买者对不同促销方式的敏感性也会影响渠道选择。例如，越来越多的家具零售商喜欢在产品展销会上选购，从而使得这种渠道迅速发展。

（二）产品特性

例如，易腐烂的产品为了避免拖延时间及重复处理增加腐烂的风险，通常需要直接营销。那些与其价值相比体积较大的产品（如建筑材料、软性材料等），需要通过生产者到最终用户搬运距离最短、搬运次数最少的渠道来分销。非标准化产品（如顾客订制的机器和专业化商业表格），通常由企业推销员直接销售，这主要是由于不易找到具有该类知识的中间商。需要安装、维修的产品经常由企业自己或授权独家专售特许商来负责销售和保养。单位价值高的产品则应由企业推销人员而不通过中间商销售。

（三）中间商特性

设计渠道时，还必须考虑执行不同任务的市场营销中间机构的优缺点。例如，由制造商代表与顾客接触，花在每一顾客身上的成本比较低，因为总成本由若干个顾客共同分摊。但制造商代表对顾客所付出的努力则不如中间商的推销员。一般来讲，中间商在执行运输、广告、储存及接纳顾客等职能方面，以及在信用条件、退货特权、人员训练和送货频率方面，都有不同的特点和要求。

（四）竞争特性

生产者的渠道设计，还受到竞争者所使用的渠道的影响，因为某些行业的生产者希望在与竞争者相同或相近的经销处与竞争者的产品抗衡。例如，食品生产者就希望其品牌和竞争品牌摆在一起销售。有时，竞争者所使用的分销渠道反倒成为生产者所避免使用的渠道。

（五）企业特性

企业特性在渠道选择中扮演着十分重要的角色，主要体现在：

1. 总体规模

企业的总体规模决定了其市场范围、较大客户的规模以及强制中间商合作的能力。

大企业的实力使得它们能对渠道进行强有力的管理，也使它们在选择渠道结构时比小企业有更多的余地

2. 财务能力

企业的财务能力决定了哪些市场营销职能可由自己执行，哪些应交给中间商执行。财务薄弱的企业，一般都采用“佣金制”的分销方法，并且尽力利用愿意并且能够吸收部分储存、运输以及融资等成本费用的中间商。

3. 产品组合

企业的产品组合也会影响其渠道类型。企业产品组合的宽度越大，则与顾客直接交易的能力越大；产品组合的深度越大，则使用独家专售或选择性代理商就越有利；产品组合的关联性越强，则越应使用性质相同或相似的市场营销渠道。

4. 渠道经验

企业过去的渠道经验也会影响渠道的设计。曾通过某种特定类型的中间商销售产品的企业，会逐渐形成渠道偏好。例如许多直接销售给零售食品店的老式厨房用具制造商，就曾拒绝将控制权交给批发商。

5. 营销政策

现行的市场营销政策也会影响渠道的设计。例如，对最后购买者提供快速交货服务的政策，会影响到生产者对中间商所执行的职能、最终经销商的数目与存货水平以及所采用的运输系统的要求。

（六）环境特性

例如，当经济萧条时，生产者都希望采用能使最后顾客以廉价购买的方式将其产品送到市场。这也意味着使用较短的渠道，并免除那些会提高产品最终售价但并不必要的服务。

二、分销渠道的管理

分销渠道的有效利用，得益于它的管理，由四方面组成：（1）选择渠道成员；（2）培训渠道成员；（3）评价渠道成员；（4）改进渠道设计和安排。

（一）选择渠道成员

总的来说，知名度高的、实力雄厚的生产者很容易找到适合的中间商，而知名度低的、新的、中小生产者较难找到适合的中间商。无论难易，生产者选择渠道成员应注意以下条件：能否接近企业的目标市场；地理位置是否有利；市场覆盖有多大；中间商对产品的销售对象和使用对象是否熟悉；中间商经营的商品大类中，是否有相互促进的产品或竞争产品；资金大小，信誉高低，营业历史的长短及经验是否丰富；拥有的业务设施，如交通运输、仓储条件、样品陈列设备等情况如何；从业人员的数量多少，素质的高低；销售能力和售后服务能力的强弱；管理能力和信息反馈能力的强弱等。

（二）激励渠道成员

生产者不仅要选择中间商，而且要经常激励中间商使之尽职。促使经销商进入渠道的因素和条件已经构成部分激励因素，但生产者要注意对中间商的批评，批评应设身处地为别人着想，而不仅从自己的观点出发。同时，生产者必须尽量避免激励过分（如

给中间商的条件过于优惠）和激励不足（如给中间商的条件过于苛刻）两种情况。

（三）评价渠道成员

生产者除了选择和激励渠道成员外，还必须定期地、客观地评估他们的绩效。如果某一渠道成员的绩效过分低于既定标准，则需找出主要原因，同时还应考虑可能的补救方法。当放弃或更换中间商将导致更坏的结果时，生产者只好容忍这种令人不满的局面；当不致出现更坏的结果时，生产者应要求工作成绩欠佳的中间商在一定时期内有所改进，否则就要取消它的资格。

（四）改进渠道设计和安排

制造商常定期检测渠道成员的业绩，改进渠道的设计和安排。出现以下情况时，分销渠道常需要重新进行设计和安排：（1）不能按计划执行；（2）购买方式变化；（3）市场扩大；（4）新竞争者增多；（5）创新的渠道方式出现；（6）产品进入成熟后期接近衰退期时。分销渠道经过一段时期的洗礼，常会变得陈旧，与当时的经营情况不相符了，此时一定要能从相关的指标体系中看出端倪，与时俱进地进行调整，适合的才是最好的，才能实现价值网络的利益最大化。

营销实践

顺丰的物流体系

1. 配送反应时间

“最后一公里”是众多快递企业的死穴，高成本、低效率、弱管理，大量包裹卡在了末端环节。顺丰在产业链的末端也未能寻找到一种行之有效的创新配送方式。想用高于竞争对手的收费，在四通一达与淘宝商家的亲密无间中寻求更大的利润，必须拥有长于其他快递的地方。

物流配送环节中有一个“时间窗口”的概念，即消费者预定了明天上午10—12点取货，快递则必须安排快递员在10—12点上门配送，而这两个小时就是此次配送的“时间窗口”。随着服务水平的提升，消费者所要求的时间窗口会越来越短、越来越精准。

随之而来的就是配送车辆的路径问题、快递公司与员工之间的统筹安排问题，以及如何在一次配送中尽可能多地收发包裹的问题。对于快递，特别是顺丰这样“收一派二”高要求的企业，配送的“时间窗口”对造成重复配送有很大影响（特别是要直达消费者手中，不允许寄存小区物业）。设定配送时间的消费者很多，会有不同的时间窗口设定，因为大部分客户的工作时间比较统一，所以很多时间窗口是相互覆盖重叠的，这样快递企业就必须设计配送线路。设立一个面对周边小区的配送点（便利店）就能很好地解决这一系列的问题。面对愿意接受自提包裹服务的消费点，只需要提早一个时间段将可配送包裹运送到相应的便利店，消费者便可以在最合适的时间去提取包裹。一次无效派送便是成倍的成本增加，避免了重复运输的问题，自然极大地节省了人力、物力成本。

物流交付期意味着完成一次订单配送所需要的最短时间，消费者订货周期意味着消费者愿意为一次物流服务花费多久的等待时间。将交付期控制在订货期以内，才能算一次成功的物流配送服务。面对日益提高的消费者预期，缩短物流服务交付期，延长消费者订货周期，建立依托于便利店的快递配送站，无疑会大大提高物流服务水平。

2. 连通线上线下的 O2O

现在之所以很多快递企业还没有对终端配送引起足够的重视，是因为形式还不够紧迫。对比欧洲的最后一公里配送环节，中国最大的不同是出现了小区物业或者是大院传达室这样的代收环节，他们免费代替快递企业完成了包裹存取这一服务。在瑞典斯德哥尔摩，极少有专职的物业存在，快递包裹基本是发到最近的邮政存储点。

随着国内电商的不断发展，包裹的数量和种类都会大大增加，物业并没有承担该项服务的义务。现在一些网购包裹很多的小区，已经开始出现拒收快递的现象，一些物业开始进行有偿服务，比如按件收取代收费用，费用由快递公司支付。而擅长零售的便利店，了解消费者所需的服务模式，他们占据了为消费者服务的最适宜的地理位置，能在一定的门店密度下获得最高的业务覆盖范围。

2013 年 12 月，武汉中百超市和好邦便利店与顺丰签订协议，可以收发顺丰快递，武汉中百超市有 600 多家门店，而且 80%以上分布在社区，好邦便利店则可提供 24 小时的服务时长。顺丰的自营便利店虽然未再进行扩张，但之前布局在北京、广州、深圳、东莞厦门等地的便利店依然存活，与其他便利店的合作也在加强。

顺丰是否想在与便利店的合作中找到自营便利店的门道？这些便利店布局和顺丰优选的长远发展是否有关？虽然因为不是直接相关人而无从而知，但我们不妨进行一些相关猜测和分析。

顺丰与电商的切入点很巧妙，也很大气。选择对物流水平要求最高的生鲜 B2C、高端食物等需冷链物流的品类。顺丰自己的物流能力也有保证，安排货到付款（COD）也完全可以实现。也许顺丰想说的是“中国物流发展已经过了拼价格，抢运单量的时代，现在要拼的是技术和运输能力”。

做生鲜宅配最终都会对物流系统提出很高的要求，而顺丰又是为数不多拥有高质量物流服务能力的企业，在这个大蛋糕还没有被切掉的时候，顺丰依托自己的物流能力切入电商行业也是很好理解的。一旦消费习惯被培养起来，生鲜宅配业务会具有很大的消费者粘度，而且预定的频次也很高，回过头来反哺快递配送行业，越大的订单量催生越大的消费人群，雪球滚动之下，将是越来越大的规模效应，越来越小的运送成本。

马云曾就电商能否占有整个零售业份额 50%而定下赌约，这也是电商能否取代传统店铺经营的赌。现在，最难被电商取代的就是生鲜食品类产品，而顺丰积极搭建的便利店收发网络是否为了配合其生鲜宅配的电商大发展呢？是否将来除了制造业和消费者，中间只剩下电子商务和物流服务了呢？这个猜想太遥远，但顺丰提前为这样的消费模式搭建基础，并不意外。冷链物流，新鲜 B2C，顺丰优选搭配顺丰的高品质物流水准，能够成为顺丰的核心竞争力，做他人所不能。中国作为发展速度最快，且消费者密度最高的新型经济体，最新的消费模式也最有可能在中国出现，以后在网上预订第二天所需的食品，下班回家时在小区的便利店直接提取昨天就已买好的产品回家，这样的消费模式难道不够吸引人吗？

资料来源：丁哲．顺丰便利店去往何处？[J]．商界评论，2014.

第五节 物流策略

一件商品实际上是产品实体与相应的服务的结合体，实体产品受销售和研发的影响，服务主要受物流的影响。

物流是一个巨大的挑战，物流模型围绕三个主要因素构建供应网络：物料流、信息流和从资源供应到响应需求所占用的时间。供应链是由一群合作伙伴构成的网状系统，它们共同把基本商品（上游）转化为最终客户需要的最终产品（下游），并且对各阶段的利润进行管理。

物流提供的最关键的竞争优势是，以低成本提供市场上所需要的产品。物流通过支持供应链作为一个整体竞争：在顾客需要的时间，以有竞争力的成本，按规定的形式提供产品来满足最终客户需求。

一、物流的定义

2001 年中国国家科委、国家技术监督局、中国物资物流协会给物流下了个定义，被我国普遍采用。

物流（Logistics），是从供应地向接收地的实体流动中，根据实际需要，将运输、储存、装卸、搬运、包装、流通加工、配送、信息处理等功能有机结合起来实现客户要求的过程。

图 9-3 直观反映了商品流通中，商流、物流、信息流、资金流四流的统一。

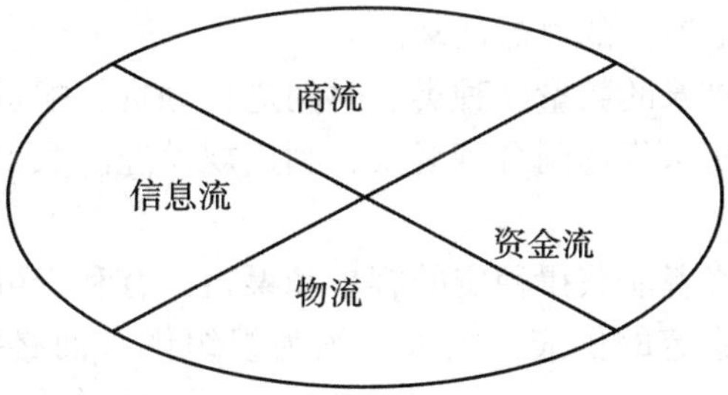

图 9-3 商品流通过程中四流统一

物品具有的二重属性：（1）自然属性，反映它是物质实体；（2）社会属性，反映它具有一定的价值，如所有权性。

物流反映物质实体的流动；通过运输、储存等实现物质实体的转移；它关系到准确送货的平均水平。商流反映社会实体的流动；通过交易实现社会实体（所有权）的转移。如何打造高效率的物流体系，让它能为提高商流的高效率运转而服务，是每个企业家不懈努力的方向。现代企业家都明白一个道理，通过物流参与竞争。

其中，涉及商品流通领域，最主要的有这三个方面的管理工作要做好，就能提高商流的效率。一是库存；二是配送；三是运输方式。下面就这三个方面着重介绍。

二、零库存策略

过量的库存是管理中的万恶之首，库存占用企业大量的现金流，要想提高效率，找到合理的库存是非常重要的。每个成功的企业家都在追逐库存管理的最高界境，它就是零库存。

零库存的两层意思：一是库存对象物的数量趋于零或等于零，即近乎零库存物资；二是库存设施、设备的数量及库存劳动消耗同时趋于零，即不存在库存活动。

零库存实际上是社会库存结构的合理调整，集中化的表现。

零库存的四个优点：（1）库存占用资金减少；（2）优化应收、应付账款，加快周转；（3）库存管理成本降低；（4）规避市场风险（如，产品的生命周期缩短，更新换代频繁，这种情况下，凭借自身的优势，把这种风险转嫁给其他企业，自身实现零库存，就能规避这种经营风险）。如，DELL 用直销实现产成品零库存。

为了满足最终客户的需要，供应链设计始于销售点，向后到生产过程，直到在准确的时间、按要求的质量将正确的产品配送到正确的地点。

三、合理的配送

物流配送是随着社会的发展而发展的，取得了高经济效益，配送增强了服务的主动性，成为企业有力竞争的手段。配送体系有力地支撑商流。

穿着睡袍，慵懒地打开自家房门，就能收到你昨天购买的商品，对上代人来说，可能还是梦，但是对今天的顾客来说，已是现实，这一切的享受，得益于配送。

配送（Distribution），指根据客户要求对物品进行拣选、加工、包装、分割、组配等作业，并按时送达指定地点的物流活动。

配送完全按照客户要求的数量、种类、时间进行分货、配货和配装，利用有效的分拣、配货等理货作业，使送货达到合理规模，利用规模经济取得较低送货成本，从而降低企业经营成本。

采用配送方式，销售者能获得稳定的客户和渠道，有利于可持续发展，扩大销售业绩。同时，客户能获得稳定的供应，大大节约为组织供应而必须消耗的人力、物力和财力。

配送不仅让供应者和需求者降低了物流成本，享受优质服务，还为社会节省了运输车次，缓解了交通压力，减少了运输污染，很好地保护了生态环境。

配送有六种常见的服务方式：（1）定量配送；（2）定时配送；（3）定时定量配送；（4）定时定量定点配送；（5）即时配送；（6）共同配送。

合理的配送需要达到五个指标：(1) 库存标志；(2) 资金标志；(3) 供应保证标志；(4) 社会节约标志；(5) 物流合理化标志。

配送是将费力低效的活动，转变为刻意追求、容易接受且省力高效的活动，其中有一个很重要的环节需要好好设计，它就是运输。

四、合理的运输

运输是国民经济的命脉，任何跨越空间的物质实体的流动，都可称为运输。它虽然不创造产品，不增加社会产品的数量和使用价值，但它通过提供运输劳务，使商品产生位置移动，把商品运送到需求存在的地方，把商品从供应过剩的地方运送到供应短缺的地方，创造了地点效用，使消费得以满足，增加了产品的价值。合理的运输可提高物流体系的运行效率。

运输（Transport），是指物品借助于运力在空间上所发生的位置移动。它是通过各种运输手段（如，飞机、轮船、火车、汽车），使货物在物流节点（如，仓库、配送中心、卖场）间流动，以改变物的空间位置为目的的活动，包括集货、分配、搬运、中转、装入、卸下、分散等系列操作。

运输费在物流总成本费用中的占比大，节省运费对降低物流费意义重大。运输是物流系统功能的核心，它是实现物流合理化的关键，它是整个物流系统中有增值效应的环节，它是企业的“第三利润源”的重要来源。

运输提供两大功能：(1) 物品移动；(2) 物品储存。

合理化的运输，是指按照货物流通的规律，用最少的劳动消耗达到最大的经济效益，来组织货物调运。它有利于市场供应，有利于节约流通费、劳动力、运力，它使货物走最短的里程，经最少的环节，用最快的时间，以最小的损耗，花最省的费用。

合理的运输的五环节：(1) 运输距离；(2) 运输环节；(3) 运输工具；(4) 运输时间；(5) 运输费用。五项指标都达到才能成为合理的运输。企业应权衡利弊，选择合理的运输方式，不合理，就会影响物品的正常流通。

思考题：

1. 菲利普·科特勒定义的分销渠道是什么？
2. 代理商交易有什么特点？
3. 批发商交易有什么特点？
4. 代理商与批发商有什么区别？
5. 如何理解和运用零库存策略？

课后案例

恒安国际与维达集团不同的分销渠道策略：直销到镇 VS 工厂先行

恒安拥有傲视整个行业的庞大销售网络，300 多个销售办事处，3000 多支稳定的一级分销商队伍让对手望尘莫及。这得益于许连捷从2001年开始的渠道改革。

在进入生活用纸行业后的两三年里，恒安的营收并没有多大提高，据当时数据显示，从1998年到2002年期间，销售额一直徘徊在十多亿元。为此许连捷专门请来咨询公司，重新梳理了销售渠道，把所有品类的渠道独立出来，并统一放到“发展部”。这样一来，以前全国各个分公司销售政策之间的冲突不复存在，集团内部可以顺利协同指挥政策和经营。

在目前的恒安，5—10个业务员组成一个办事处，其管辖的范围一般是一个地级市，比较大的地级市设立财务、人事、场地独立的经营部，若干办事处和经营部形成一个省区，而不同省区隶属于全国9个销售大区。

依靠这层层架构，恒安在国内建立了一张令人生畏的销售网络，有大约15000位业务员，直接或间接管理了超过70万个销售终端。他们做好拜访的每一个细节，都有助于恒安的产品牢牢占据货架，为后进者筑起难以逾越的一道壁垒。

渠道建设方面，恒安通过实行“网络到县，直销到镇”的营销战略措施，在全国范围建立传统渠道、特通渠道、现代渠道、直销渠道等，可控门面达到80万家以上。此外，恒安还在各行政省区均设立省级销售部，对辖区经营部、办事处进行直接市场规划及经营管控，建立了一套标准化管理体系。

有了集团层面统一的协调指挥，加上这种下沉到底的渠道，恒安在推新品的过程中，能最大限度地发挥强大的品牌影响力和卫生巾、纸尿裤等原有产品高额利润的号召力，让经销商趋之若鹜。许连捷自言最自豪的就是“在全国布局了可控（销售）网络，这个网络谁也抢不去!”

在电商渠道方面，虽然目前恒安已经有了专门的独立部门和线上专供产品，但对待电商渠道的态度仍然很谨慎。许连捷6月份曾表示：“如果电子商务的成本高，物流配送的成本高，就不是我们的首要选择。”他说，“我们在网上做了几年，几乎还是没有盈利的，物流包裹的配送成本太高了，我们（的产品）不是高价值的，都是百元以内，但是一个包裹就要付出最基本的十块钱，一公斤又要五块钱，我们很多产品承受不起”。

不过许连捷最后也表示，恒安不会离开电商，会寻找打造一个成本够低的、能充分利用自己百万个终端的电商渠道。

根据相关数据，恒安2012年首次参加天猫双十一大促，销售额是720万元，而去年双十一成绩提高了一倍，为1534万元。相关负责人对外表示，在今后恒安还将在移动端尝试SNS营销以及PC端CRM工具的整合。

而在O2O便利店摸索阶段，恒安选择系统较具代表性、地缘及商业形态优势明显的厦门见福作为试点，上线产品有二十多款，以纸品为主，进入便利店的消费者只要扫描展板、海报等介质上的二维码就可以参与互动，并能以极低的价格购买到恒安的产品。恒安表示，前期试点更多的是吸收粉丝和培养用户体验及消费习惯，真正的销售将在今后逐步推广。

做生活用纸出身的维达，在渠道拓展模式上与恒安截然不同，采取的是“工厂先行”的策略，即“工厂建到哪儿，市场铺到哪儿”。具体的模式是以工厂为轴心向半径

500 千米的范围进行市场覆盖。

很明显，这种模式在速度上落后于恒安，但维达有着自己的逻辑。CEO 张东方说，维达的销售网络之所以围绕生产基地进行拓展，是认为生产基地都还没有搭建好，就投放新产品是一种不成熟的做法。

而在她这段话背后，也体现了生活用纸行业产品的特殊性，即单品体积大、价格低，物流成本高昂，所以维达只能采用这样的方式。不过虽然速度相对慢，但经过 20 多年的深耕，目前维达已建造了 7 个战略性生产基地，在全国范围内形成“米字型”版图。而围绕这些基地，维达在 2014 年上半年，已经拥有销售办事处 216 个、经销商 1231 家，基本做到了覆盖全国大部分市场。

从渠道类型来看，维达也在努力尝试电商渠道。

2014 年上半年，维达来自传统经销商、现代超市大卖场、商用客户及电子商务客户的营业额占比分别为 49.0%，33.3%，12.6%及 5.1%。

从 2009 年开始，维达实施了稳健的渠道改革方案。首先，对传统经销渠道实行了改革，先后成立了 KA 总部和地方 KA 部，把原来由经销商操作的一些大系统收归由公司 KA 部操作，逐年加大 KA 的管控力度，使公司的操作步伐跟上现代超市大卖场。

其次，近年来维达还加大了商用渠道和电子商务的投入力度，使得线上和线下互动发展。在广东地区，维达的商用纸品占有市场份额 70%以上，这是一个相当可观的数字；而电商方面，维达的相关营收也从去年的 2.6%上升了 2.5 个百分点。

恒安前期细化到乡镇的渠道布局，有力地支撑了它的集团化作战；维达以工厂定渠道，虽然稳健，但在抢占市场方面会慢于恒安。至于电商，目前对这个行业的所有人来说都还是块烫嘴的豆腐，还急不得。

资料来源：张若夫．而立巨人的台阶与坎［J］．商界评论，2014.

讨论题：

1. 恒安国际的分销渠道策略是什么？
2. 维达集团的分销渠道策略是什么？
3. 为什么会出现这种差异？
4. 企业设计的分销渠道策略与其采用的 STP 策略之间的关系如何？

课后实践

1. 目的

理解分销渠道策略与 STP 策略相互之间的关系。

2. 任务

调查分析你所处商圈它们各自所采取的渠道策略与各自确立的 STP 策略是如何吻合的？

3. 内容与步骤

（1）建立学习小组（5—6 人为宜），并选出小组组长，由组长带领其他同学共同完成课外作业。

（2）以小组为单位，整理、调查某个商圈，认真讨论它们各自所采取的分销渠道策略与各自确立的 STP 策略，写出书面报告及制作 PPT。

（3）各小组依次推选出发言人就本小组收集的资料和讨论情况在课堂上进行陈述，同时鼓励其他小组成员进行提问，并作出回答。

第十章 促销策略

☞【学习目标】

1. 定义传播顾客价值的五种促销组合工具
2. 掌握人员推销的含义、基本形式和特点
3. 解释销售促进活动是怎样制定并加以实施的
4. 描述和讨论开发广告项目过程中的主要决策
5. 解释企业是如何利用公共关系来与公众进行沟通的

☞【核心概念】

促销；促销组合；人员推销；广告；广告媒体；营业推广；公共关系

案例引入

雅诗兰黛的推销策略

在曼哈顿梅西百货公司大型旗舰商店的一层，雅诗兰黛的美容顾问费瑞尔看到一对母女走了过来。身着无懈可击的藏青色公司制服、头发往后梳着的费瑞尔微笑着问候道：“你们好！”

玛丽莲·斯拜科特和她21岁的女儿艾瑞卡看起来似乎真想买点什么。母亲说，她想买粉底。费瑞尔招呼她在摆放着口红架的柜台旁的凳子上就座，为她做了皮肤分析并据此向其推荐了合适的雅诗兰黛粉底。

正在把玩着口红试用品的艾瑞卡说，口红涂在她嘴上总是显得太红。“我也有同样的问题。”费瑞尔表示有同感。“你用唇线笔吗?”艾瑞卡答，没有。

20分钟后，费瑞尔共向母女二人推销出82.27美元的化妆品，其中包括唇线笔。拎着预料之外的一大包东西，艾瑞卡说：“你明知道中了圈套，却觉得这个圈套还挺不错。”

雅诗兰黛公司将推销术发展成了一门艺术。对全球销售额达400亿美元的化妆品业来说，美容顾问就是推销员，是赢取市场份额的关键。“好的美容顾问可以带来不同的效果。”雅诗兰黛公司的总裁丹尼尔·布莱斯托说，“你可以看到，在同一个市场上推销相同的产品，有两家商店做得好，而有一家却做不好，原因就在美容顾问。”

在美国经济增长放缓的形势下，如何将浏览者变成购物者，美容顾问在这方面发挥的作用较以往更为重要。

费瑞尔在推销中运用了雅诗兰黛典型的推销技巧。这些推销技巧写在长达150页的基础培训手册中，通过100小时的培训讲座印在了她的心里。30岁的费瑞尔从不将双臂交叉放在胸前，因为这种姿势是冷淡的表示。她还尽量避免使用售货员标准的问候语“我可以帮你吗?”雅诗兰黛认为，这会令购物者本能地拒绝，然后空着手离开商店。相反，公司推荐使用的打招呼语包括“我喜欢你今天穿的这身衣服”以及“外面的天气还那么好吗?”

商店的化妆品区通常会令人产生畏惧感，感到压抑。如何能让顾客感觉舒服是美容顾问职责的一部分。为此，雅诗兰黛教导美容顾问将自己假定为聚会的女主人。

根据公司培训手册的介绍，事实上，只是简单地让斯拜科特太太坐下来，费瑞尔售出两三件产品，而不是一件产品的机会就已经增加了65%。举例而言，她建议艾瑞卡使用唇线笔是“联系推销”，即向顾客推荐可与其已打算购买的商品搭配使用的其他商品。公司指导销售人员要不停地向顾客发问并提出建议。当艾瑞卡提到口红时，费瑞尔在自己的一只手背上涂上深浅不同的几道灰褐色的口红，而在另一只手背上用褐色唇线笔画出一小块，然后用口红涂色，以便艾瑞卡参照对比。费瑞尔特意先在自己的手上展示口红的效果，而不在顾客的手上，目的是不让顾客产生受侵犯的感觉。

最后，艾瑞卡选购了一支烟黄色的口红和一支栗色唇线笔。她的母亲则挑选了黄棕色的口红，但没买唇线笔，因为觉得太贵了。尽管如此，费瑞尔还是将那支唇线笔的颜色整整齐齐地写在一张名片上递给了她。这种做法既不过分热情，保持了雅诗兰黛的形象，同时又增加了顾客最终回头购买产品的可能性。

1946年，雅诗兰黛公司的创始人Estee Lauder发誓“一天要接触50张脸”。自那时起，公司一直以其出色的销售队伍著称。雅诗兰黛公司经营众多不同品牌，在全美大多数百货公司的一层都可以找到该公司的产品，其销售额达44亿美元。除Estee Lauder(雅诗兰黛)外，公司还拥有包括Clinique、Bobbi Brown、Mac、Stila、Prescriptives、Aveda以及Origins在内的其他品牌。每一品牌都有自己独特的形象，在销售人员、产品包装以及柜台陈设等方面各具特色。各品牌销售培训手册的内容也不尽相同，其中的对话和推销技巧都是根据品牌特点度身定制的。例如，为配合Clinique的皮肤专家形象，该品牌的销售人员被称作“咨询顾问”；Mac的销售人员是“化妆艺术家”以凸显其与众不同；而Origins的销售人员则是“导购”，听起来自然、不做作。

在梅西百货公司，雅诗兰黛的美容顾问不会像隔壁兰寇的销售人员那样往过往的购物者身上喷香水。这类促销手段被视为具侵犯性。

据行业顾问估计，雅诗兰黛8800名美容顾问的个人年薪约为3万—3.5万美元。雅诗兰黛的总裁布莱斯托表示，虽然目前人力市场处于供不应求的状态，而本公司提供的薪水并不丰厚，但美容顾问却不难招募到。因为这份工作本身的魅力、公司提供的在职培训及个人发展的机会对许多女性颇具吸引力。美容顾问每人每年还能得到价值1800美元的免费化妆品。公司每年的人员调整占40%—50%，好于一般零售商的57%。

布莱斯托每月要和美容顾问们共进一次早餐，搜集改进产品的建议。她们的许多建议都已付诸实施。他还积极鼓励公司所有雇员每人每年至少到店里工作一天。不少公司经理当年都曾是柜台销售人员，其中包括雅诗兰黛美、加地区销售高级副经理珍尼特·

库克。

库克女士1970年加入雅诗兰黛做美容顾问。现在她有一半时间在外东奔西跑，到各个商店检查工作，与美容顾问们交谈，让她们认识到像她这样青云直上并非遥不可及的事情。她说，自己的存在有助于激励美容顾问们不断进取。

费瑞尔是在加利福尼亚的一个杏园里长大的。当她还是个年轻姑娘的时候，姨妈每年圣诞节都送她一个化妆盒。从那时起，费瑞尔就对雅诗兰黛心驰神往。她应聘的第一份工作就是在加州Modesto市梅西百货公司雅诗兰黛专柜做美容顾问，那时她毫无这方面的工作经验。一年前，她同另一位同事一起要求调来纽约工作。第二年3月，费瑞尔被提升为培训主任。目前，她除了售货外，还负责培训在梅西工作的其他美容顾问，确保她们能完成每天的销售额。费瑞尔说，她的目标就是最终能升迁到雅诗兰黛公司的办公室里工作。

费瑞尔的杀手锏是一个活页工作日记本，上面记录着顾客的购物情况及喜好，每人占一页。公司要求销售人员在为顾客提供服务后询问其电话号码，并在顾客购物10天后打电话追踪了解其使用情况。销售人员还要记录下顾客当时试过但没买的产品，以便在有特价活动时打电话通知顾客。

费瑞尔的工作日记记录得井井有条，排在首位的是30位“密友顾客”，主要是那些每月都来购物一次的顾客。离开加州的时候，她同其中的不少人聚餐告别，最近还给她们分别寄了圣诞贺卡。排在第二位的是100位好顾客。她每年会给其中一些人打三四次电话，告诉她们新出了一款眼影或通知她们特别的促销活动，如购物可获免费赠品等。即使这通电话没能让顾客前来购物，但却是与顾客建立关系的重要环节。

费瑞尔负责检查其他美容顾问的工作日记，监督她们记下售后电话的情况以及每位顾客的生日。生日也是非常重要的促销时机。

玛丽·布什，38岁，加入雅诗兰黛公司后在加州Costa Mesa市Robinsons-May商店的专柜工作。她的目标是第一年要记录下150位顾客的情况。然而，在开始工作的一个月后，她就意识到这样工作下去根本不可能达到自己设定的销售目标。布什说，有一天，她只卖出去400美元的货品，远未达到600元的目标。通过检查工作日记，她和她的培训主任发现，布什在劝说顾客购买多样产品方面成绩不菲，问题是每天接待的顾客数目却不够多。“我同每个人交谈的时间过长”布什说。现在她在争取接待更多顾客上下功夫。

销售人员很难掌握应该在什么时候放弃一位无意购买的顾客。在梅西百货公司，费瑞尔正向两位红头发的顾客推销几支口红。当其中一位顾客抱怨涂在嘴上的口红显得“太偏橙色”时，费瑞尔即刻递上了几支唇线笔和口红刷。“就这样吧，过一个小时看看再说。”顾客说完扬长而去。费瑞尔仍未放弃，作出最后的努力：“让我把这种颜色写给你，好不好?”在接待两位顾客30分钟后，费瑞尔只递上了一张写有口红颜色的名片。

她这么做还是有道理的。在那些提出要离开考虑一段时间的顾客中，有30%最终会返回来购买。费瑞尔说：“针对不同的顾客，你要成为不同的推销员。”

费瑞尔只有在一种情况下才会对顾客说不，那就是当顾客要求达到雅诗兰黛封面模特伊丽莎白·赫莉那样的妆容效果。费瑞尔会向顾客推荐一些与其外貌“协调”的色彩，同时承认赫莉的形象“得益于摄影技术”。

资料来源：第一营销网 http：//www. cmmo. cn/article-108549-1. html。

☞【营销启示】

企业应该充分意识到：要建立良好的顾客关系，必然要通过卖方和买方之间的信息沟通，从而实现促销的过程，也就是营销传播的过程。这就要求企业在制定营销组合过程中，必须向顾客传播其价值主张，并且不应该浪费任何一次进行传播的机会，从而形成整合营销传播计划。

第一节 促销与促销组合

一、促销的内涵

1. 促销的含义

促销（Sales Promotion）是促进销售的简称，是指企业通过各种人员或非人员的方式将产品或服务的信息传递给消费者或用户，帮助、影响或说服其购买某项产品或服务或引起潜在消费者的兴趣，激发起购买欲望，促成顾客购买行为目的的一系列活动。

促销的实质是实现企业与消费者双方之间的信息沟通。一方面，企业作为产品或服务的供给方，想尽办法把有关企业自身及所生产的产品信息广泛地传递给顾客；另一方面，作为需求方的消费者，也需要把对产品或服务的认知和需求反馈给卖方，以便卖方根据消费者需求生产适销对路的产品，从而实现有效的信息沟通并排除信息沟通障碍。

2. 促销的作用

促销的最终目的在于引发和刺激消费者产生购买行为，是企业营销活动中不可缺少的部分。促销的主要作用有以下几个方面：

（1）传递信息，沟通情报。企业在营销过程中，需要及时向中间商和消费者提供有关商品的信息，引起社会公众的广泛注意，通过他们对产品或服务的信息反馈促使生产者改进商品结构或形态，以适应市场需求，扩大商品销路。

（2）突出特点，诱导需求。企业通过不同的促销方式，向广大消费者和中间商凸显出产品的性能和特点，或者显示产品消费给顾客带来的利益，诱导或激发消费者某一方面的需求，才能扩大产品的销售力，从而使市场需求朝着有利于企业销售的方向发展。

（3）增加销售，扩大市场。企业必须利用顾客反馈的市场信息，加强促销的目的性，发现新的销售市场，使更多的消费者对企业及品牌由熟悉到偏爱，形成回顾动机，从而增大销售力。

（4）优化竞争，倍增利润。企业通过有效的促销活动，宣传相对于竞争对手产品来说本企业产品的不同特点，以及给消费者带来的特殊利益，并不断加强产品的核心竞争力，以明确本企业的竞争优势，进而扩大产品的销售及市场份额，巩固企业的市场地位，从而提高企业营销的经济效益。

营销实践

泽登信子的推销之术

日本东京淑女企划公司董事长泽登信子发现了一项新生意：大百货公司的豪华店面免费给租户经营一个星期。而泽登信子则跟东京西武百货公司订约50个星期，无偿借用每间3平方米的店面10间，再让有意当老板、想过老板瘾的小姐、太太们亲自经营。售卖的产品以手工艺品、手制衣服、手制装饰品等为主，兼卖其他商品。另外，泽登所提供的这种店面是不需付押金的，但要缴销售金额30%给百货公司，10%给淑女企划公司。因为手制品的售价往往卖到成本的5倍左右，因此付出40%，尚有为数可观的利润可赚。

如果谁来经营后，即使卖不出去货物，也不必付一文钱，因为费用是卖多少按比例付多少。所以，对为期一个星期的经营者而言，他们并没有精神负担，用不着发愁经商亏本，而能在日本最繁华的地点实地练习做生意、当老板，这份感觉自然不错。因此，淑女企划公司头一次将这项消息刊登出去时，在3天内应征者就超过700人。就百货公司而言，可多一个排满新奇手工艺品的店面，自然增加了百货公司的号召力和新奇感；这个店面每星期换新人、换商品，可给人面目一新的感觉，这是颇有吸引力的经商法；同时不是店方经营，毫不费力。为期一星期的经营者可以带来很多亲朋好友前来光顾，这些新顾客自然就会顺便在百货公司内买些其他东西。从促销的观点来看，这种轮流经营的方式比租给固定的商人有百倍的好处，能不断带来大批新顾客。

再说，有一个星期换一个经营者的店面，也会唤起广大社会人士对百货公司的亲切感，并对百货公司更加注意，产生更浓厚的兴趣。因此，也是替百货公司做宣传，提高百货公司的知名度。淑女企划公司新创的“给你经营一个星期”店面，平均一个星期可卖30万日元，销售额比百货店内别的店面多出许多。

资料来源：新浪网 http：//finance. sina. com. cn/leadership/jygl/20050816/1418267171. shtml。

二、促销组合

企业的促销组合（Promotion Mix），也称为营销传播组合（Marketing Communications Mix）。是一种组织促销活动的策略思路，有广告、公共关系、人员销售、销售促进和直接营销工具组成。企业利用这些工具来吸引顾客，诱导其产生需求并建立顾客关系。上述五种促销组合工具的定义如下：

人员销售（Personal Selling）：企业销售队伍为了销售产品或建立顾客关系而进行的人员展示。

销售促进（Sales Promotion）：利用多种工具如优惠券、折扣等吸引顾客的注意，强力刺激购买并增强产品吸引力的方式。

广告（Advertising）：有特定的赞助商以付费方式进行的创意、产品和服务的非人员展示和促销活动。

公共关系（Public Relations）：通过引起消费者的正面注意，树立良好的企业形象，处理或消除不利的传言、事件等，与企业各方公众建立良好的关系。

直接营销（Direct Marketing）简称“直销”和数字营销：为获得及时反馈并培养长期顾客关系而与精心选择的目标顾客进行的直接联系。

总的来说，促销组合就是对各种促销手段有计划、有目的地综合运用，以便各种促销手段相辅相成，取长补短，实现整体最佳效能。

1. 影响促销组合的因素

（1）促销目标。促销目标是影响促销组合决策的首要因素。每种促销工具——广告、人员推销、销售促进和人员推广，都有各自独有的特性和成本。营销人员必须根据具体的促销目标选择合适的促销工具组合。

（2）市场特点。除了考虑促销目标外，市场特点也是影响促销组合决策的重要因素。目标市场的特点不同，就需要不同的促销策略。因此，市场特点受每一地区的文化、风俗习惯、经济政治环境等的影响，促销工具在不同类型的市场上所起作用是不同的，所以我们应该综合考虑市场和促销工具的特点，选择合适的促销工具，使他们相匹配，以达到最佳促销效果。

（3）产品性质。由于产品性质的不同，消费者及用户具有不同的购买行为和购买习惯，因而企业所采取的促销组合也会有所差异。一般来说，产业用品的属性强，构造复杂，需要由专业的市场销售人员示范操作及讲解，因此它适合人员推销的方式。而日常消费品销售面广，性能结构简单，所以用广告和销售促进的方式进行促销更经济。

（4）产品生命周期。在产品生命周期的不同阶段，促销工作具有不同效益。在导入期，投入较大的资金用于广告和公共宣传，能产生较高的知名度，促销活动也是有效的。在成长期，广告和公共宣传可以继续加强，促销活动可以减少，因为这时所需的刺激较少。在成熟期，相对广告而言，销售促进又逐渐起着重要作用。购买者已知道这一品牌，仅需要起提醒作用水平的广告。在衰退期，广告仍保持在提醒作用的水平，公共宣传已经消退，销售人员对这一产品仅给予最低限度的关注，然而销售促进要继续加强。

（5）促销费用。企业开展促销活动需要一定的经费支撑，促销的效果也与促销费用的多少密切相关，因此，促销费用因不同的竞争格局、企业和产品而有所不同。企业制定促销预算往往采取按营业额确定一个比例的方法或采取针对竞争对手预算来确定预算额度的方法。

(6) 其他营销因素。影响促销组合的因素是复杂的,除上述五种因素外,本公司的营销风格,销售人员素质,整体发展战略,社会和竞争环境等不同程度地影响着促销组合的决策。营销人员应审时度势,全面考虑才能制定出有效的促销组合决策。

2. 促销组合战略

在企业营销活动中,营销者可以在两类基本的促销组合战略中作出选择,即推动式促销或者拉动式促销。图 10-1 对其运作过程进行了比较。推动式战略(Push Strategy)是指生产企业主要运用人员促销和销售促进方式把产品积极推销给批发商、批发商再积极推销给零售商,零售商再将产品顺着分销渠道推向最终顾客。这一策略需利用大量的推销人员推销产品,它适用于生产者和中间商对产品前景看法一致的产品。推式策略风险小、推销周期短、资金回收快,但其前提条件是须有中间商的共识和配合。推动式策略适合单位价值较高的产品、性能复杂、需要示范讲解的产品,根据用户需要特点设计的产品,市场比较集中的产品等。例如,百思买在线就有一个板块名为"iPad 和 Tablet PCs"。它们的位置很独特,而且都是单独摆放的。苹果公司喜欢零售商把他们的产品作为独特的种类来销售,而不是把他们的产品肩并肩地和竞争对手的产品放在一起,无论在商店货架还是在线商店都是如此,而且商家也非常愿意这样做。

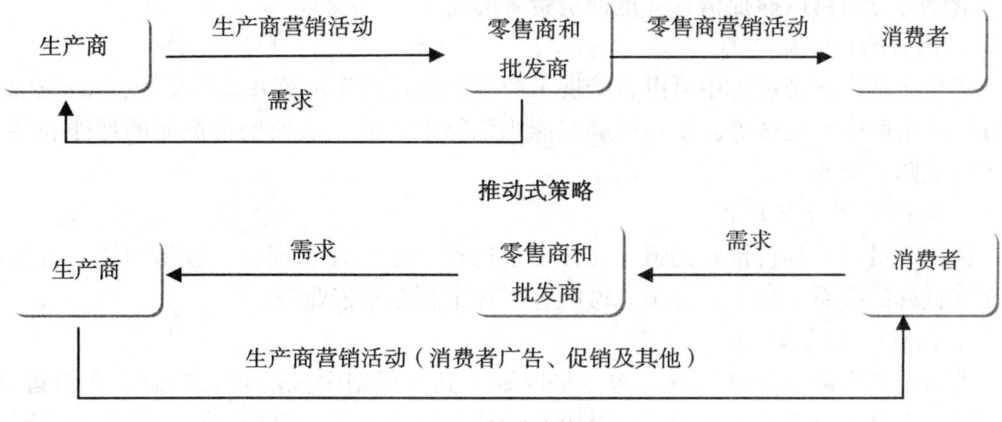

图 10-1 推动式战略和拉动式战略

采用拉动式策略(Pull Strategy)的话,生产企业首先要依靠广告、公共关系等促销方式,引起潜在顾客对该产品的注意,刺激他们产生购买的欲望和行动。因此采用拉动式战略时,消费者的需求拉动着产品沿着渠道流动。一般情况下,对单位价值低的日常用品,流通环节多,市场范围较广的产品常采用拉式战略。

促销组合较大程度上受公司选择"推动"或"拉引"策略的影响。推动策略要求使用销售队伍和贸易促销,通过销售渠道推出产品。而拉引策略则要求在广告和消费者促销方面投入较多,以建立消费者的需求欲望。

第二节　人员推销

一、人员推销的定义及特点

人员推销是世界上最古老的职业之一。从事销售职业的人员有很多的叫法：销售人员、销售代表、代理商、地区经理、客户经理、销售顾问等。人们对销售人员有很多的刻板印象，其中还包括一些负面的，比如“销售员”在人们的印象中，是一个既没有理论知识又缺乏技巧的这一类人群。

人员推销（Personal Selling）是通过推销人员深入中间商或消费者进行直接的宣传介绍活动，是中间商或消费者采取购买行为的促销方式。与非人员推销（Non-personal Selling）相比，人员推销的最大优点是具有直接性。人员推销的特点主要表现在以下几个方面：

1. 销售的针对性强

与顾客的直接沟通是人员推销的主要特征。由于是双方直接接触，相互间在形态语言、情感等方面可以捕捉信息并把握消费者的需求。

2. 销售的作业弹性大

销售人员在促销过程中可以直接展示商品，进行操作示范并解答质疑，指导产品使用方法或帮助安装调试等，使目标顾客能当面接触产品，从而确信产品的性能和特点，易于达成购买行为。

3. 巩固买卖双方关系

销售人员与顾客直接打交道，交往中会逐渐产生信任和理解，容易加深双方感情，建立起良好的关系，从而培育出忠诚顾客，稳定企业销售业务。

4. 信息传递的双向性

人员推销有助于信息的双向沟通是区别于其他促销手段的重要标志。在销售过程中，销售人员一方面要把企业信息及时、准确地传递给目标顾客，另一方面要把市场信息动态及顾客的需求、意见等反馈给企业，为企业调整营销策略提供依据。

当市场广阔而又分散时，推销成本较高，而且销售人员直接接触顾客有限，也增大了产品销售成本。加之人员推销对推销人员的要求比较高，随着科技的发展，新产品层出不穷，优秀的推销人员也不容易获得。

二、管理销售队伍

销售队伍管理（Sales Force Management）定义为对销售人员活动进行分析、规划、实施和控制的过程。包括设计销售队伍的战略和结构，对企业的销售人员进行招聘、甄选和培训。

（一）设计销售队伍的战略和结构

1. 销售队伍的结构

一家企业可以按照产品线种类将销售队伍的职责进行划分，如果企业在不同的区域对同一个行业的顾客销售同一产品线，可以采用区域销售队伍结构（Territorial Sales Force Structure），每个销售人员都被指派到一个特定地理区域并向这个区域内的所有顾客销售企业的所有种类的产品和服务。企业明确定义了每个销售人员的工作和固定的职责，这样的安排同时也激发了销售人员同本地顾客建立长期的商业关系并提升销售绩效的热情。

如果企业有多且复杂的产品，那么它可以采取产品式销售队伍结构（Product Sales Force Structure），将销售人员按照产品线进行分配。或采用顾客（市场）式销售队伍结构（Customer or Market Sales Force Structure），将销售人员按照顾客或行业进行划分。对于不同行业顾客、现有顾客和潜在顾客、大顾客和普通顾客等，企业都会组建独立的销售队伍。

2. 销售队伍的规模

企业建立起销售队伍结构之后，就应该考虑并确定其销售队伍的规模。销售队伍可能从几个人到成千上万人规模不等。许多企业按照工作量来确定销售团队的规模。首先将企业的顾客按照规模、现状或其他的与维系顾客所需的工作量相关的因素分类，然后确定对每一类的顾客完成目标的拜访次数需要多少销售人员。

（二）销售人员的招聘与甄选

对于任何销售团队的成功，招聘与筛选好的销售人员都是最为核心的问题。一个平庸的销售人员和一个销售高手在绩效上有着天壤之别。而推销人员素质的高低对实现企业目标、开拓市场、扩大销售的营销举足轻重。在通常的团队销售中，60%以上的销售额是由30%的优秀人员创造的。因此，仔细选择销售人员将有助于大大提高整体的销售业绩。除了绩效上的差异之外，选聘不当还将导致很高的人员流动率，从而带来巨大的成本损失。

企业在招聘的时候，应该分析销售工作本身的需要和那些在企业中最成功的销售人员的特点，从而确定企业所在的产业中一个成功的销售人员需要具有哪些特质。一般来说，推销人员的来源有两个方面：一是来自企业内部。就是把本企业内德才兼备、热爱并适合推销工作的人选拔到推销部门工作；二是从企业外部招聘。即企业从就业市场或大学院校的毕业生或其他企业等群体中物色合格人选。

甄选推销人员有很多方法，为准确地选出优秀的推销人才，应根据推销人员素质的要求，采用简历初选、笔试和面试相结合的方法。通过简历掌握报名者的性别、年龄、受教育程度、工作经历等基本信息；通过笔试和面试了解申请者的仪表风度、工作态度、价值观、语言表达能力、理解能力及处理问题的能力等。

（三）销售人员的培训

对于当选的推销人员，还需经过培训才能上岗，使他们学习和掌握有关知识与技能。新的销售人员可以在任何地方接受培训，培训时间从几周到几个月不等。同时，还要对在岗推销人员，每隔一段时间进行培训，使其了解企业的新产品、新的营销方案和策略，进一步提高素质。培训推销人员的方法很多，常被采用的方法有3种：课堂教学培训、模拟培训和实践培训。课堂教学培训一般是通过举办短期培训班或进修等形式，聘请专业、教授或有经验的优秀推销员来讲授基础理论和专业知识，介绍推销方法和技巧；模拟培训要求受训人员亲自参与的有一定真实感的培训方法；实践培训则类似与岗位练兵。当选的推销人员直接上岗，与有经验的推销人员建立师徒关系，通过传送知识经验、帮助新员工解决难题，使之逐渐熟悉业务，成为合格的推销人员。

三、人员推销的步骤和策略

（一）人员推销的步骤

企业从设计和管理销售队伍转到人员销售过程，必须掌握销售步骤。这些步骤的主要目的是开发新顾客并从他们那里获得订单。不过，大多数销售人员会将大部分时间用于维系现有顾客并同他们保持长期合作关系。如图 10-2 所示，销售的步骤包括以下六个方面：

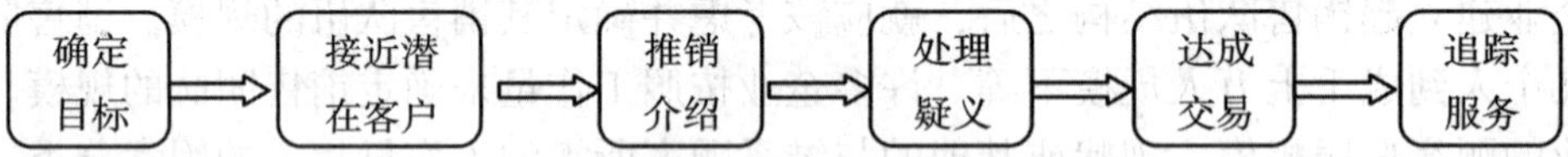

图 10-2 人员推销的步骤

1. 确定目标

销售过程的第一步是确定企业目标即寻找和识别符合资格的潜在顾客。尽管企业可能会向销售人员提供一些销售线索，但销售人员还是需要自己发现顾客的技能。销售人员可以请忠实顾客介绍新顾客或者培养其他的介绍者来源，比如供应商、经销商、没有竞争关系的销售人员以及网络或其他关系。他们还可以通过电话通讯录或互联网来搜寻潜在客户，并通过电话、E-mail 等进行联络与追踪。

2. 接近潜在客户

在接近潜在顾客的过程中，销售人员应该知道约见的方式、方法、合适的时间、地点以及大方得体的礼仪，以使双方关系有一个良好的开始。接触顾客的过程可能发生在线上或线下，以面谈、多媒体会议或社交媒体的形式实现。

3. 推销介绍

在推销介绍这个步骤中，销售人员着重演示与说明产品的功能和效用，比如向顾客讲解产品的“价值故事”，借此说明本企业的产品可以如何帮助顾客解决问题。销售人员必须清楚购买者想要的不仅仅是产品本身，而有可能是潜在产品价值。

4. 处理疑义

销售人员在向顾客演示产品或要求订购过程中，顾客总是有这样或那样的问题和疑义。这些问题可能是逻辑上的，也可能是心理上的，而且顾客经常并不把反对意见直接提出来。因此在处理疑义的过程中，销售人员应该积极应对，使顾客能清楚地表达出自己的意愿。

5. 达成交易

在成功处理了潜在顾客的疑义之后，销售人员就要尽力达成交易。所有的交易在最后时刻都面临 3 种结果：拒绝、拖延和成交。因此，销售人员必须懂得如何从顾客那里识别可以达成交易的信号，包括顾客的肢体动作语言、评论或提出的问题。

6. 追踪服务

如果销售人员希望达到让顾客满意且重复购买的目标，那么销售过程的最后一个步骤追踪服务是必不可少的。当交易成交后，销售人员应立即着手安排所有细节，包括交货日期、运输、安装和保修等等后续服务。

趣味阅读

善听与善辩

乔伊·吉拉德是美国首屈一指的汽车推销员，他曾在一年内推销出 1425 辆汽车。然而，这么一位出色的推销员，却有一次难忘的失败教训。一次，一位顾客来找乔伊商谈购车事宜。乔伊向他推荐一种新型车，一切进展顺利，眼看就要成效，但对方突然决定不要了。

夜已深，乔伊辗转反侧，百思不得其解，这位顾客明明很中意这款新车，为何又突然变卦了呢？他忍不住给对方拨了电话——

“您好！今天我向您推销那辆新车，眼看你就要签字了，为什么却突然走了呢？”

“喂，你知道现在几点钟了？”

“真抱歉，我知道是晚上 11 点钟了，但我检讨了一整天，实在想不出自己到底错在哪里，因此，冒昧地打个电话来请教您。”

“真的？”

“肺腑之言。”

“可是，今天下午你并没有用心听我说话。就在签字之前，我提到我的儿子即将进入密西根大学就读，我还跟你说到他的运动成绩和将来的抱负，我以他为荣，可你根本没有听我说这些话！”

听得出，对方似乎余怒未消。但乔伊对这件事却毫无印象，因为当时他确实没有注意听。话筒继续响着：“你宁愿听另一名推销员说笑话，根本不在乎我说什么，我不愿意从一个不尊重我的人手里买东西！”

从这件事，乔伊得到两条教训：第一，倾听顾客的话实在太重要了。因为自己没注意听对方的话，没有对那位顾客有一位值得骄傲的儿子表示高兴，显得对顾客不尊重，所以触怒了顾客，失去了一笔生意。第二，推销商品之前，要把自己推销出去。顾客虽然喜欢你的商品，但是他如果不喜欢这个售货的人，他也很可能不买你的商品。

资料来源：维普网 http：//www.cqvip.com。

（二）人员推销的策略

1. 探测性策略

探测性推销也称“刺激—反应”策略，该策略用于销售人员不是十分了解顾客的需求，诉求重点不明确的情况。对初次接触的顾客，根据“刺激—反应”的模式，与顾客进行渗透性交谈，根据顾客反应来调整谈话内容，促成购买行为。

2. 针对性策略

针对性推销也称“配方—成交”策略，这种策略的应用是建立在原有的调查、经验基础上的，它无须在耗费资源上对顾客进行了解，而是对已掌握的潜在顾客，根据产品特性进行有目的的推销，用充分的数据和事实宣传引起顾客的重视，促成交易的实现。

3. 诱导性策略

诱导性推销又称“诱发—满足”策略，即销售人员运用能激起顾客某种需求的说服方法，诱导顾客产生购买欲望最终实施购买行动的策略。诱导性策略也称创造性推销，直接将产品的某些特性有效地对顾客进行宣传，使其产生兴趣，诱发潜在需求，促使顾客购买行为发生。

第三节 销售促进

一、销售促进的含义及作用

（一）销售促进的含义

销售促进（Sales Promotion，SP）又称营业推广，是指企业运用各种短期诱导因素鼓励消费者和中间商购买、经销或代理企业产品或服务的促销活动。简单来说，营业推广就是鼓励顾客购买产品或者服务的短期刺激工具。在市场营销理论中，促销与销售促进是有区别的。促销概念有广义和狭义之分。狭义的促销禁止销售促进，而广义的促销则包括销售促进、广告、人员推销和公共关系。销售促进是促销组合的一个重要方面，与其他促销方式不同，销售促进是一种辅助性促销方式，经常使用会让消费者产生贬低产品的感觉所以，销售促进多用于一定时期、一定任务的短期特别推销。

（二）销售促进的作用

1. 吸引消费者购买

销售促进的首要目的就是想尽办法吸引消费的购买，尤其是在推出新产品或吸引新顾客方面，由于销售促进的刺激比较强，较易吸引顾客的注意力，事后可在了解产品的基础上采取购买行为。

2. 有助提高品牌忠诚度

销售促进的很多手段，比如销售奖励、赠券、折扣等通常都附带价格的让步，会大量吸引本品牌的忠实顾客，从而带动绩效并巩固市场占有率，并最终实现企业的营销目标。

3. 提高核心竞争力

当竞争对手进行大规模的促销活动时，销售促进有助于在市场竞争中抵御和反击对方，如减价、试用、赠品等，不仅可以加强同类产品对顾客的吸引力，从而稳定目标顾客群借此提高企业核心竞争力。

二、销售促进的形式

实现销售促进的方式有很多，本章主要讨论三种销售促进工具：消费者促销、中间商促销及推销人员促销。

（一）消费者促销

1. 赠送样品

样品是免费提供给消费者试用的使用品。派送样品的方式在引进新产品或为现有产品创造新卖点时最有效。消费者通过亲身试用以领略到产品的好处和实际利益，从而迅速接受新产品，成为新产品的购买者。

2. 优惠券

优惠券是一种让持有者在购买某种特定产品时可以省钱的凭证。大多数消费者都喜欢优惠券的方式。优惠券可以促进新品牌的早期尝试，也可以刺激一个成熟品牌的销售。但由于市场受越来越多的优惠券干扰，大多数主流的消费品企业发放优惠券的数量在慢慢变少，并且发放时更具有针对性。营销人员也在发展新的途径来发放优惠券，数字化优惠券是如今增长最为快速的优惠券种类。比如就餐时使用支付宝买单，可以减免一定的金额。

3. 廉价包装

廉价包装或降价交易向消费者提供低于常规价格的产品。生产厂家直接把下降的价格标注在标签或包装上。包装上注明该包装是加大容量的包装或购买时另赠小容量包装的商品。

4. 赠品印花

赠品印花也称为交易印花。消费者购买商品时，赠送消费者印花，当消费者的印花积累到一定数量时，可以兑换商品或折现。比如，麦德龙推出买满 200 元获赠一枚印花，集满 10 个印花可以兑换一套意大利产的道具或相同金额的其他产品。

5. 抽奖

此种促销方式向消费者提供了依赖运气或额外的努力来赢取现金或者其他物品等东西的机会。很多企业都是用抽奖的方式来提升品牌关注度和消费者参与度。

6. 售点促销

售点促销是指在商品销售现场进行商品陈列和展示，使顾客亲身感受到产品的效果，甚至让顾客亲自操作、使用，从而达成交易目的。

（二）中间商促销

中间商促销可以劝说批发商和零售商进货、提供货架、进行广告促销和向消费者推广产品。劝诱中间商更多地定货的最有效办法可能是给予价格折扣和免费赠送产品。同时，制造商还可能为中间培训推销人员、维修服务人员，使中间商能更好地向顾客示范介绍产品，提高服务质量，从而提高品牌知名度。针对以上推广目标，有以下几种常见的销售促进方式：

1. 购买折扣

制造商可以在某段规定时间内为中间商购买的每箱产品提供一个直接的折扣（也称价格折扣），具体形式有批量折扣、季节折扣、现金折扣或非季节进货折扣等。

2. 推广补贴

制造商可以在零售商同意以某种方式着力推广自己产品时为其提供补贴。比如广告补贴、商品陈列补贴、经销新产品补贴，以鼓励经销商开展促销活动和积极经销本企业的产品。

3. 免费样品

制造商还以向购买达到一定数量，或对某种口味、型号购买突出的中间商赠送免费商品。制造商可以提高推广奖励，比如为经销商或销售队伍提供现金或礼物，用来奖励那些表现突出的中间商。除此之外，制造商还可以给零售商印有制造商 logo 或名字的免费广告礼品，如钢笔、笔记本、日历牌或 T 恤衫等。

（三）销售人员促销

1. 推销竞赛

推销竞赛的目的在于激励销售人员在某一段时期内增加销售额，对推销业绩好的人员或销售额领先的推销员给予奖励，比如旅游券、现金折扣券或其他礼物。一些企业会为参赛者奖励积分，积分可以兑换不同的奖品。

2. 销售红利

企业事先规定推销人员的销售指标，对超指标的推销人员按一定比例提成一定的红利，以鼓励推销人员多推销商品。

3. 精神鼓励

有些企业会为超额完成业绩的推销员准备一些荣誉证书，以给予精神鼓励，激发干劲。

营销实践

借势造势　整合传播有滋有味

围绕着“彩 e”冰箱，荣事达公司展开了轰轰烈烈的推广传播活动。

首先，新闻媒体造势。荣事达彩 e 冰箱整个包装完成后，如何以低成本有效进入市场成为一个重要课题。有效的新闻传播是最佳的途径。开“新闻发布会”这是一个屡试不爽的方法，邀请中央、地方媒体参加荣事达冰箱上市新闻发布会，会前准备好了《荣事达在国内率先推出一系列款彩色冰箱》、《荣事达掀起冰箱革命》等新闻通稿，在和新闻媒体进行良好沟通后，新闻媒体给予了荣事达“彩 e”上市较大的关注，北京的《中国经营报》、《北京青年报》、《消费日报》等近百家杂志和媒体给予刊登了消息或者文章。因此荣事达“彩 e”冰箱上市推广传播费用远远低于竞争对手，而造成的轰动效应绝不逊色。在冰箱上市之后的相当一段时间，给一些友好新闻记者发了由荣事达编写的《冰箱，迎接色彩的革命》、《冰箱，悄悄换彩装》等系列关于彩色冰箱和彩色家电的软性新闻，这些新闻媒体都给予了刊发，大大降低了传播费用。除了新闻的操作以外，在全国近三十多个城市不断地采用软文和软性广告进行“轰炸”，做到了平面媒体传播的持久性和延续性。

其次，互联网、终端的传播紧紧把E时代联系起来。主要有以下两个活动：

活动一：

活动主题：E彩缤纷网上行

活动目的：利用TARGET生活方式接近的网络，增加品牌接触机会，扩大信息范围，同时使TARGET产生科技与时尚的品牌联想

活动时间：产品上市期间

活动配合：随礼品赠送DM单及产品资料

活动二：

活动主题：E彩纷呈欢乐颂

活动目的：利用IMAC的品牌影响，以及产品属性之间的连接，扩大产品在目标消费群心目中科技时尚的品牌气势

活动内容：在产品上市后15天内，购买者每天均可参加抽奖，奖品为不同颜色的IMAC

活动地点：一线城市大型百货售点店头

活动时间：视售点彩E产品到货时间

活动配合：售点海报/报纸广告

紧接着，公司跟跨国公司出手，联合促销，提升品牌形象。在长达三个月的荣事达和柯达活动期间，荣事达和柯达联合促销活动把“彩e”冰箱上市搞得有声有色。消费者在荣事达所属的销售终端购买“彩e”和“都市丽人”冰箱，即可获得“荣事达—柯达”精美礼品套餐——柯达相机+柯达200度金胶卷+柯达·荣事达相册。而柯达方面则在其所属各冲洗店张贴两品牌的联合促销海报，并向顾客赠送荣事达·柯达台历。与此同时，荣事达与柯达公司将借助双方强大的品牌优势在全国开展规模宏大的联合广告演示和现场推广促销活动。和跨国巨头在一起做联合促销不但有提升品牌形象，而且还具有相当的新闻价值，媒体又一次给做了免费的广告。

另外，公关展示，使消费者真切体验“彩e”。荣事达“彩e”冰箱上市后，深圳、上海、沈阳、南京等地先举办以“触摸e彩生活”为主题的“荣事达电器夏季巡展”，向消费者展示了荣事达集时尚、色彩、科技于一身的系列精品电器。“邀请您加入e彩一族”，荣事达在展示推介产品的同时，在各大商场同时开展冰箱以旧换新，洗衣机、热水器夏日特卖活动，并在周末的活动现场组织了丰富的娱乐、抽奖活动，让消费者乐在其中，这一系列的公关活动不但深化了品牌形象，更极大地促进了消费者的购买欲望。

与此配合，电视广告，组合出击，在冰箱广告中耳目一新：“彩e”冰箱（油漆篇）广告是为了配合荣事达“彩e”冰箱和“都市丽人”冰箱的市场推广而制作的体现轻松、时尚和品位感，倡导“轻松好生活”的生活理念。广告仅仅抓住“美丽与新鲜同步”为主题，既宣传了荣事达“彩e”的冰箱应有的保鲜，又诉求自身特色“美

丽”。广告在冰箱旺季到来之际，在中央媒体的操作上利用冠名《娱乐现场》的机会，在全国200多家电视台同时播出15秒和30秒的广告，《娱乐现场》的受众群体与“彩e”冰箱的消费群体基本一致，这可谓有的放矢。同时在中央电视台CCTV-1、CCTV-2、CCTV-3等多个频道的黄金时段轮流播出。在地方电视的传播上，利用安徽卫视的覆盖面和合肥有线台的重点性，进行“地毯式”轰炸。

7月，第八届中国广告节组委会传来认定，由广州新意境广告公司创意制作的《荣事达彩e冰箱（油漆篇）》广告，在参加“全国优秀广告作品展”时受到组委会的一致好评，获得广告节入围奖。荣事达借机又在全国一些报纸、杂志等媒体进行了宣传。

周密的策划，有效的宣传取得了明显的效果。在辽宁丹东，三位消费者争抢一台荣事达“彩e”智能温控冰箱样机；在安庆、芜湖，所有荣事达“都市丽人”冰箱、“彩e”智能温控冰箱一上柜就被抢购一空；在南京、上海、重庆等城市，由于供货不足，许多消费者主动先付款预约购买，非荣事达彩色冰箱不要！

一位在重庆做家电生意10多年的人士谈到：前一阵彩电业纷纷打出“数字”、“数码”等“新概念”，希望以此为突破口，激活升级换代新的购买市场，但广告做了不少，消费者却不愿涌入彩电的“数字化时代”。相反，还得寻求价格战这种导致技术退步的方式保住市场份额。

而荣事达冰箱色彩的变化则不同，这是可以立刻让人耳目一新的变化。比如彩电，在黑色机壳变成银色机壳后，立即风行，以致于黑色机立即滞销，在彩电其他技术严重同质化的情况下，色彩的变化更显得抢眼：赤、橙、黄、绿、青、蓝、紫。“你家的冰箱和我家的冰箱不一样。”荣事达在全国掀起电冰箱彩色化的狂飙。无论是开朗大方的天蓝、崇尚自然的木纹、柔情似水的雪青还是热情奔放的明黄，消费者的真我个性，都会在荣事达彩色冰箱的完美色彩中得到诠释。“都市丽人”冰箱、“彩e”智能温控两大系列冰箱投放市场后，带动了荣事达冰箱销量的迅猛增长，根据国家统计局中怡康调查公司统计，仅6月与去年同期相比增长283%！彩色冰箱在全国各大商场更是全面告急，严重供不应求，车间工人在加班加点满负荷生产。年底盘点，荣事达彩E冰箱的上市，给荣事达冰箱全年的销量增加了10万台，市场占有率有因此增加了一个点。

资料来源：http://www.njliaohua.com/lhd_8yrrk111ji4vbt01g9uo_1.html。

思考题：荣事达针对目标市场采取了哪些有效推广策略？

第四节 广　　告

一、广告的概念和作用

（一）广告的含义

广告一词，源于拉丁文“Advertere”，其意为注意、诱导及传播。中古英语时代

（约公元1300—1475年），演变为“Advertise”，其含义衍化为“使某人注意到某件事”，或“通知别人某件事，以引起他人的注意”。直到17世纪末，英国开始进行大规模的商业活动。这时，广告一词便广泛地流行并被使用。此时的“广告”，已不单指一则广告，而指一系列的广告活动。早期的广告仅仅指某一个图片或标志，广告的定义也随着时代的发展而变迁。广告发展到今天，人们已无法回避它无处不在的影响，在电视上、广播上、地铁车站上甚至街头巷尾……

广告是由广告主以付费形式通过特定的媒体传播商品或劳务的信息给目标受众的一种促销手段。在市场营销活动中，通过广告的介绍不仅可以帮助消费者认识新产品的质量、性能、用途、使用方法和购买程序，还可以通过广告的认知让消费者对企业和产品产生良好印象，诱发消费者的感情，从而产生购买欲望，促成购买行为。

（二）广告的作用

1. 沟通产销信息，促进商品销售

今天的市场经济体系是建立在全球范围内社会化大生产的基础上的，信息是企业生存与发展的必要条件，企业必须使消费者了解有关商品信息，才能获得被选择的机会。广告通过信息传播，沟通生产与生产、生产与流通、生产与消费、流通与消费之间的联系，成为企业必不可少的信息通道。

2. 塑造品牌个性，增加产品的价值

为什么多明戈只喝法国原装的依云矿泉水？依云矿泉水是最好喝的水吗？未必，但无疑依云矿泉水是通过做广告而成为最具有知名度的水。广告本身不能改变产品的品质，但是却能通过塑造独一无二的品牌个性在消费者心目中提升产品的价值。

市场竞争日趋激烈、产品高度同质化的今天，品牌日渐成为商家重要的竞争手段，而广告是塑造品牌个性最有力的手段。它使相同的商品具有与众不同的特性和品牌形象。

3. 降低营销成本，激发竞争活力

首先，广告促进了企业间的竞争，支持大规模生产。广告大师大卫·奥格威在《一个广告人的自白》中曾引用利弗兄弟公司前董事长海沃斯·勋爵的话：“随着广告的实施，带来的是节省的效果。在销售方面，它使资金周转加速，因而使零售价得以降低而不致影响零售商人的利润。在生产方面，这是使大规模生产得以实现的一种因素，谁又能不承认大生产导致成本下降呢？”

趣味阅读

让人印象深刻的广告语言

1. Good to the last drop. 滴滴香浓，意犹未尽。（麦斯威尔咖啡）
2. Obey your thirst. 服从你的渴望。（雪碧）
3. Take time to indulge. 尽情享受吧！（雀巢冰激凌）
4. The relentless pursuit of perfection. 不懈追求完美。（凌志轿车）

5. Come to where the flavour is Marlboro Country. 光临风韵之境——万宝路世界。（万宝路香烟）

6. The taste is great. 味道好极了。（雀巢咖啡）

资料来源：李晨耘．市场营销学实用教程［M］．北京：北京大学出版社，2012：263.

二、广告决策

（一）广告的目标

广告的第一步就是设定广告目标。广告目标应该基于之前的目标市场、定位和营销组合决策，这些决策决定了广告在整个营销方案中必须执行的任务。广告的总体目标是通过传播顾客价值，帮助建立顾客关系。广告目标是指拟在特定时间内向特定目标群体完成的具体沟通任务。广告可以基于主要作用分类为告知、说服或是提醒。如表 10-1 所示。

表 10-1　**可能的广告目标**

告知性广告	
传播客户价值 树立企业和品牌形象 向市场告知新产品信息	提出某种产品的若干用途 通知市场有关价格变化的情况 描述企业提供的各种服务
说服性广告	
建立品牌偏好 改变消费者对产品价值的感知 吸引潜在消费者	说服顾客马上购买 让忠实顾客将品牌推荐给他人 说服顾客接受一次推销访问
提醒性广告	
保持顾客关系 激发消费者的潜在需求	提醒消费者在何处购买该产品 让顾客在淡季也能记住这种产品

告知性广告主要用于新产品的导入时期，其目的在于建立初级需求，并通过广告告知消费者关于产品质量、性能、便利性等方面的利益。随着竞争加剧，说服性广告变得越来越重要。此时，企业营销的目的在于建立选择性需求。一些说服性广告属于对比性广告（又称攻击性广告），企业直接或间接地把自己的品牌跟其他品牌相比较。但广告主应谨慎使用对比性广告。这类广告通常会引起竞争对手作出反应，引发对双方都不利的广告战。

（二）确定广告预算

对于不同情况的考虑构成了对广告的不同选择，企业通常采取的广告预算有以下四种：

1. 销售百分比法

销售百分比法是指以一定期间内销售额或盈余额的一定比率，计算出广告经费，或以销售额为标准时，可根据上年度或过去数年间的平均销售总额，再根据次年度的预测销售总额计算。以盈余额为标准时，根据上年度或过去数年度的平均毛利额，再根据次年度一年间的预定利额计算法。销售百分比法有很多优势，它使用简单，并能促使管理层考虑促销成本、销售价格及单位利润之间的关系。它的缺点是颠倒了促销与销售之间的因果关系。

2. 量入为出法

一些企业用量入为出法来确定广告预算，根据管理层认为的企业支付能力确定促销预算。小企业通常采用此种方法，原因在于企业在广告的花费不能超出企业现有的资金。它们用总收入减去运营费用以及资本费用，然后将剩下资金中的某个比例投入广告。这种方法计算非常简单，但容易忽视促销对销量的影响。

3. 竞争对等法

竞争对等法是指企业根据竞争对手的费用来确定自己的促销预算。他们监视竞争对手广告，或者从公共出版物或商业行会获得行业的促销成本估算，并根据行业平均水平确定自己的预算。但是，竞争对手的促销预算并不一定合理、有效，因为企业与其竞争对手之间在商誉、资源、机会和目标等方面都存在着不同程度的差异。

4. 目的完成法

符合逻辑的预算编制方法是目标任务法，企业先树立一定的销售目标，决定达到这一目标所必需要的广告活动和范围，然后可以算定充分的广告经费。广告预算编制一定要由公司的财力来决定，同时要充分控制，详细列表，总预算、各类预算要确实而详尽。此种方法可促使管理人员将促销费用与促销目标直接联系起来，便于进行成本—效益分析，但是，促销目标不合适，那么，据此所作出的促销预算也就必然失误。

（三）选择广告媒体

广告发出的各种信息，必须通过一定的媒介载体才能传到消费者那里。广告媒体是在广告主与广告接受者之间起媒介作用的物体。选择广告媒体的主要步骤如下：

1. 目标顾客接受媒体的习惯

人们总依其个人品味来选择适合的媒体，不同教育或职业的消费者，对媒体的接触习惯都不相同。一般地说，教育程度较高者，偏重于印刷媒体；教育程度较低者，偏重于电波媒体，因此要配合消费者的性别、年龄、教育程度、职业及地域性等来决定应用何种媒体。

2. 选择主要的媒体类型

企业的广告策划人员在选择广告媒体时必须了解各种媒体的特性（如表 10-2）。广告可以选择的传播体有电视、报纸、广播、杂志、互联网、户外广告和社交媒体等。每种媒介都有其优势和限制。媒体策划者想要向公众传达正确的信息，要考虑媒体影响力、信息有效性和成本。

媒体组合必须要定期重新审核。长期以来，电视、报纸、广播和杂志这四大传统媒介在国内广告人的媒体组合中占主要地位，而其他媒体，例如直邮、户外广告等常被忽视。随着大众媒体的费用上升和观众减少，新数字媒体的出现给人们带来了更多的选择。除了网络、移动和社交媒体的扩张，卫星电视系统也正在兴起。企业在追求成本更低、针对性更强的接触消费者的方法过程中，广告者发现了很多替代性的媒体。无论现在，我们要去哪里，在做什么都可能碰到一些新形式的广告。

表 10-2　**各种主要的媒体特点**

媒　体	优　点	缺　点
电视	市场覆盖面大，画面生动逼真、艺术感强，富有感染力	制作复杂，绝对成本高，观众选择少
报纸	本地市场覆盖面大，能被广泛接受，可信度高	保存性差，复制质量低，相互传递者少
杂志	针对性强，保存时间长，传阅者众多，画面印刷效果好	成本高，发行量不如报纸，版面无保证
广播	本地接受性强，地理和人口统计特征方面选择强，低成本	只有声音，转瞬即逝，听众零散
互联网	高选择性，低成本，及时性，互动能力强，信息数据庞大	影响力较低，观众可以控制展露
户外广告	重现率高，成本低，信息竞争少，位置选择性高，灵活	观众没有选择，缺乏创新

3. 选择具体的媒介载体

媒体规划者要选择一个最好的媒介载体，也就是每个媒体大类中的特定媒体。同时，媒体策划人员还必须要考虑为不同的媒体设计广告的成本。为报纸设计广告的成本可能很少，而酷炫的电视广告的设计可能很昂贵。许多线上和社交媒体广告制作成本较低，担当制作成网络视频和广告系列时成本则会上升。因此，在选择媒介载体时，媒体规划者必须要平衡媒体成本和几个媒体效度因素的关系。

4. 决定媒体时间安排

广告人还必须决定如何安排全年的广告。如果某种产品在 6 月是旺季，而在 12 月则是淡季（比如夏季护肤品及服饰），企业可以根据季节安排广告，也可以反季节安排广告，或者对广告进行全年无差异化安排。

趣味阅读

小黄人后 ofo 和皮卡丘联名

隔壁摩拜的《正义联盟》还在请你“拯救城市”，这边的 ofo 小黄车又找来了一个新伙伴皮卡丘。印着黄色皮卡丘图案的车轮，看上去和 ofo 的“黄色”“小清新”调性倒是十分符合。除了定制的单车之外，一只“真的”皮卡丘居然带你游览了一番ofo北京办公室。上海的活动更强调和用户的互动，疯狂骑车可以把动能转化为电能，用来榨果汁，还能让后轮显示出“精灵球”的图案。和之前的小黄人定制车的套路一样，这次的皮卡丘也是为了在11月11日上映的《精灵宝可梦》大电影做宣传。按照小黄车这种喜欢找黄色卡通人物的习惯，我们不妨开个脑洞，接下来合作的动画IP会是辛普森一家、海绵宝宝还是小熊维尼？不过首先，它们最近得有类似电影上映的商业宣传。

对于共享单车和IP合作推出定制车的玩法你已经很熟悉了，“符合调性的IP合作+定制车+拍照发社交媒体”的营销套路也越来越成熟。在设计上，除了车轮上的图案，多数合作会根据IP的不同特色做细节上的定制，比如小黄人车上的“大眼睛”车灯、皮卡丘的“发电”后轮、摩拜适合凹造型却看上去不太好骑的“超级蝙蝠车”等，当然想要吸引你拍照，颜值高是最基本的要求。

无论是摩拜还是ofo，这种创意本质上都是在塑造一种品牌符号和差异化的新鲜感：看，这辆车和旁边那一大排不一样。

资料来源：http：//www. jiemian. com。

三、评估广告效果

广告效果是广告活动或广告作品对消费者所产生的影响。狭义的广告效果指的是广告取得的经济效果，即广告达到既定目标的程度，就是通常所包括的传播效果和销售效果。从广义上说，广告效果还包含了心理效果和社会效果。心理效果是广告对受众心理认知、情感和意志的影响程度，是广告的传播功能、经济功能、教育功能、社会功能等的集中体现。广告的社会效果是广告对社会道德、文化教育、伦理、环境的影响。良好的社会效果也能给企业带来良好的经济效益。广告效果的评估一般是指广告经济效果的评估。广告效果的评估，就是调查消费者对于各种媒体，如报纸、杂志、电台、电视、户外广告等的接触情形。

广告人应该定期评估广告的两种效果：传播效果和销售效果。传播效果的衡量告诉人们广告或媒体有没有很好的传播广告信息，包括事前测定、事中测定、事后测定。广告人对如何衡量广告或广告活动的传播效果已经非常娴熟，但销售盈利效果通常要难以衡量得多。企业普遍采用历史分析和实验分析两种方法来测量广告的促销效果。历史分析法即运用回归分析的方法，将历史上企业的销售与广告支出联系起来，进行相关分析，借以测量广告支出对产品销售的影响。实验分析法是指在不同的地区投放不同支出水平的广告，观察不同广告支出对促进产品销售的影响。比如，脑白金广告，在每个地区都有不同的效果，同样一种东西可以换一种作法，城市人拿100元送礼没什么问题，但农村人拿100元送礼，经济就很紧张，由此可见，在不同地区做出好的广告很难。

营销实践

农夫山泉：以攻代守

1. 井水要犯河水

如果说，目前的水市场中天然水和纯净水之争已偃旗息鼓，而这样一种相安无事的结局，不正是以天然水盟主自居的农夫山泉的预想吗？在“水战”爆发之前，面对纯净水企业娃哈哈和乐百氏在水市场上的逼人攻势，以及法国达能在中国市场合纵连横的庞大手笔，位居瓶装水市场第三的农夫山泉事实上已被逼到了角落。单纯防守已无济于事，唯有主动进攻。井水要开始犯河水了。现在看来，农夫山泉奥运期间的电视广告已生动地表明了这个企业的气质。当喝下农夫山泉水的运动员蹬地起跑的时候，他蹬出的竟然是一团团火焰。

2. 五大策略

这场“水战”的起步手法大家已非常熟悉。有人总结出其 5 大策略：

(1) 紧跟策略。农夫山泉采取了一种类似“王朔骂鲁迅”的做法，借船出海，借势成名。它先推出一组纯净水和天然水的对比实验，再郑重指出：为了人类的健康，我们不生产纯净水了，只生产天然水。这样一来，在纯净水占了绝对优势的中国水市场，它就显得卓而不群。借力打人是武术中的最高境界，也是商战中的必修科目之一。

(2) 轰动效应。能不断制造一些新闻是企业提高知名度的重要方法之一，农夫山泉也是这样。这次单方面停止生产纯净水是新闻，推出“小小科学家”，让小学生养金鱼那是“科普”新闻，不断召开新闻发布会、恳谈会那是新闻中的新闻。甚至致函国家部门（全国食品工业标准化委员会），限其 7 日内对天然水的问题给予答复，否则要“自动进入法律程序”，被标委会斥为“嚣张、狂妄”，这更是爆炸新闻。其老总公开宣称，尽管商业炒作至今仍是一个为国人所反感的话题，但作为商品经济社会细胞的企业，其所作所为首先都应是一种商业行为，也可以说是一种炒作。如果一个企业不懂成功地炒作自身，决不能认为它是一个好的企业。而董事长钟睒睒出身《浙江日报》，其得力的副手是原新华社浙江分社记者郑波。这都使农夫山泉的新闻策划得心应手。

(3) 广告战。农夫山泉的运作被称为三高模式——“高定价、高广告、高利润”。全年算下来，仅广告费投入就达 8000 万元人民币。

(4) 概念战。这应该是一种较为巧妙的战术，其高明之处在于开辟了“新战线”，而在这个新领域里又没有人能与之竞争。据统计，在天然水（矿泉水）的排名中，农夫山泉已居第 2 位。

(5) 暗示效应。农夫山泉在这方面表现出天才般的水准，它的广告词是“有点甜”。真的甜吗？其实这是心理暗示在起作用。

从 2000 年 4 月 24 日宣布不再生产纯净水，5 月 26 日在成都拉开全国性对比试验的序幕，到 6 月份与纯净水企业联盟的正面较量，8 月份的全面降价，再到 9 月奥运赞助战略的展开，农夫山泉一气呵成，牢牢站稳了瓶装水市场老三的位置。虽然它对纯净水市场的猛烈攻击使得它彻底“自绝”于绝大多数瓶装水企业（6 月份进京告状的 6 家主流企业就代表着60多家水企业)，但市场的决定力量毕竟是消费者，而非同行。更何况，养生堂终于能使农夫山泉实现企业转型了。

3. 攻守之道

虽然在农夫山泉挑起争论之前，已经有许多科学家对纯净水问题提出过尖锐的质疑，但最后都不了了之。专家们“说话不算数”是因为没有钱。据说，国家有关部门用于饮用水的科研经费只有区区10万元，专家们不可能做出什么像样的实验，缺乏严谨的实验和充足的证据，使得专家们的意见每次都变成了空谈。农夫山泉清楚地看到了这一点，它相信以巨资开路，这次的争论将会彻底让纯净水阵营从攻势变为守势。只要纯净水对自己的挤压减轻，它就将和天然水市场一起成为瓶装水市场最大的赢家。

事实上，当“水战”在成都正式打响后，虽然遭遇了成都纯净水企业预料之中的抵抗，但“水仗”毕竟开始使当地矿泉水销势大幅上升，且市面上突然新增至少30个品牌的矿泉水。而一些所谓新品牌矿泉水的开发商，居然就是一直与矿泉水“势不两立”的纯净水生产商。

资料来源：买购网 http：//www. maigoo. com/zq/178600. html。

思考题：

1. 农夫山泉关于矿泉水与纯净水的比较广告是否属于不正当竞争？

2. 如果你是乐百氏公司的总经理，面对农夫山泉的比较广告策略打算采取何种对策？

第五节　公共关系

一、公共关系的含义与特点

（一）公共关系的含义

另一个主要的大众促销工具是公共关系，包括与企业多种多样的公众建立互动和良好关系的活动。公共关系（Public Relations）简称公关或公众关系，是指社会组织运用沟通手段使自己与公众相互了解和相互适应，以争取公众的理解、支持和协作的一系列管理活动。

公共关系可用于推广产品、人员、景点、创意、活动甚至国家，企业通过公共关系与消费者、投资者、媒体和行业团队建立良好关系。在市场营销学体系中，公关关系是企业机构唯一一项用来建立公众信任度的工具。

（二）公共关系的特点

1. 公共关系注重长期效应

由于公共关系是通过协调沟通、树立组织形象、建立互惠互利关系的过程，这个过程既包括向公众传递信息的过程，也包括影响并改变公众态度的过程，甚至还包括组织转型，如改变现有形象、塑造新形象的过程。所有这一切，都不是一朝一夕就能完成的，必须经过长期艰苦的努力。因此，在公共关系工作中，公共关系组织和公关人员不应计较一城一池之得失，而要着眼于长远利益，只要持续不断地努力，付出总有回报。

2. 公共关系注重双向沟通

在现代社会，社会组织与公众打交道，实际上是通过信息双向交流和沟通来实现的。正是通过这种双向交流和信息共享过程，才形成了组织与公众之间的共同利益和互动关系。这是公共关系区别于法律、道德和制度等意识形态的地方。在这里，组织和公众之间可以进行平等自愿的、充分的信息交流和反馈，没有任何强制力量，双方都可畅所欲言，因而能最大程度地降低不良的副作用。

3. 公共关系注重间接促销

公共关系的最终目的是促进商品销售，提高市场占有率。表面上看，企业公共关系仅仅是为了建立良好的形象，与其他促销方式相比，企业公共关系活动的促销似乎不存在。但从本质上看，企业作为社会经济活动基本的经济组织形式，盈利性是它的基本特性。

营销实践

顾客争座时，肯德基怎么办?

2000年8月，江西第一家肯德基餐厅落户南昌，开张数周，一直人如蜂拥，非常火爆。不想一月未到，即有顾客因争座被殴打而向报社投诉肯德基，造成一场不小的风波。事件经过大致如下：一位女顾客用所携带物品占座位后去排队购买套餐时，座位被一位男顾客坐住而发生争执。先是两位顾客因争座发生口角，尽管已引起其他顾客的注意，但都未太在意，此时餐厅的员工未能及时平息两人的争端。接着两人争吵上升到大声争吵，店内所有顾客则都开始关注事态，邻座的顾客则停止用餐，离座回避，带小孩的家长担心事态危险和小孩受到粗话影响，开始领着小孩离店。最后两人争吵上升到斗殴，男顾客大打出手，殴伤女顾客后离店，别的顾客也纷纷离座外逃和远远地看热闹。女顾客非常气愤，当即要求肯德基餐厅对此事负责，并加以赔偿。到此时，其影响面还局限于人际范围，如果餐厅经理能满足顾客的要求，女顾客就不至于向报社投诉。但餐厅经理表示“这是顾客之间的事情，肯德基不应该负责”，拒绝了女顾客的要求。女顾客马上打电话向《南昌晚报》和《江西都市报》两报投诉。两报立即派出记者到场采访。女顾客陈述了事件的经过并坚持自己的要求，而餐厅经理在接受采访时对女顾客被殴表示同情和遗憾，但是认为餐厅没有责任，不能做出道歉和赔偿。两报很快对此事作了报道，结果引起众多市民的议论和有关法律专家的关注。事后，根据《消费者权益保护法》，肯德基被认为对此事负有部分责任，向女顾客公开道歉，并赔偿了部分医药费，两报对此也都作了后续报道。

资料来源：根据百度文库文字整理 https：//wenku. baidu. com/view/c931aa2669eae009581bec9a. html。

思考题：

1. 从公共关系角度来看，顾客争座，肯德基到底该不该管？
2. 通过这一事件，我们应该吸取哪些教训？

二、公共关系的活动方式

公共关系活动（Public Relations Activities）是指一个组织为创造良好的社会环境，争取公众舆论支持而采取的政策，行动和活动，主要使用协调传播沟通等手段，即以创造良好的公共关系状态为目的的一种信息沟通活动。

按照公共关系的功能不同，公共关系的活动方式可以分为以下五种：

1. 宣传性公关

宣传性公关是运用报纸、杂志、广播、电视等各种传播媒介，采用撰写新闻稿、演讲稿、报告等形式，向社会各界传播企业有关信息，以形成有利于企业形象的社会舆论导向。企业公关人员要善于发现和创造对组织及其产品有利的新闻，以吸引新闻界和公众的注意，增加新闻报道的频率，扩大企业及其产品的影响和知名度。

2. 征询性公关

征询性公关主要是通过开办各种咨询业务、制定调查问卷、进行民意测验、举办信息交流会等各种形式，逐步形成效果良好的信息网络，再将获取的信息进行分析研究，为经营管理者提供依据，为社会公众服务。

3. 交际性公关

这种公关形式是通过语言、文字的沟通，为企业广结良缘，巩固传播效果，可采用座谈会、招待会、谈判、访问、电话、信函等形式。也可以通过新闻发布会、研讨会、展览会、庆典活动等，与公众沟通信息、交流感情。

4. 服务性公关

服务性公关是通过各种实惠性服务，以行动去获取公众的了解、信任和好评，以实现既有利于促销，又有利于树立和维护企业形象与声誉的活动。企业可通过免费消费咨询与培训、免费维修等形式，以提高公众对企业的信赖借以提高企业美誉度。

5. 赞助性公关

赞助性公关是通过赞助和参与文体娱乐活动以及办学、扶贫、救灾或支持社区福利事业等形式来塑造企业的社会形象，展示企业良好的精神风貌。这种公关方式的公益心更强，影响力大，但成本较高。企业的赞助活动可以是独家赞助，也可以是联合赞助。

知识拓展

促销的新方式

1. 直接和数字营销

直接和数字营销（Direct and Digital Marketing）是指企业直接与个人消费者或者顾客群体建立密切联系，从而既能获得及时的反馈，也能建立长久的顾客关系。企业是用直销的方式为顾客量身定制产品和内容。通过这种方式，企业能够实现顾客互动，建立品牌社区并提升销量。数字营销之前曾被看作是特殊领域的独立营销形式，但是，由于它提供了相同的受众沟通方式（只不过是以数字形式而已），2003 年开始已经经常被看作是能够涉及绝大多数的传统营销领域（如直复营销）的营销形式。

2. 数字和社交媒体营销

数字和社交媒体营销（Digital and Social Media Marketing）已经成为增长速度最快的直销形式。它可以通过消费者的电脑、职能手机、平板电脑、互联网电视以及其他数字设备，借助网站、社交媒体（微信、Facebook 等）、手机 APP 和广告、在线视频、E-mail、博客等数字营销工具，随时随地吸引消费者。

3. 移动营销

移动营销（Mobile Marketing）指面向移动终端（手机或平板电脑）用户，在移动终端上直接向分众目标受众定向和精确地传递个性化即时信息，通过与消费者的信息互动达到市场营销目标的行为。移动营销早期称作手机互动营销或无线营销。移动营销是在强大的云端服务支持下，利用移动终端获取云端营销内容，实现把个性化即时信息精确有效地传递给消费者个人，达到“一对一”的互动营销目的。移动营销是互联网营销的一部分，它融合了现代网络经济中的“网络营销”（Online Marketing）和“数据库营销”（Database Marketing）理论，亦为经典市场营销的派生，为各种营销方法中最具潜力的部分，但其理论体系才刚刚开始建立。

4. 口碑营销

口碑（Word of Mouth）源于传播学，由于被市场营销广泛地应用，所以有了口碑营销。口碑营销又称病毒式营销，其核心内容就是能“感染”目标受众的病毒体——事件，病毒体威力的强弱则直接影响营销传播的效果。通过用户的口碑宣传网络，信息像病毒一样传播和扩散，利用快速复制的方式传向数以千计的、数以万计的受众。也就是说，通过提供有价值的产品或服务，“让大家告诉大家”，通过别人为你宣传，起到“营销杠杆”的作用。在互联网上，这种“口碑传播”更为方便。由于这种传播是用户之间自发进行的，因此几乎是不需要费用的网络营销手段。在今天这个信息爆炸，媒体泛滥的时代里，消费者对广告，甚至新闻，都具有极强的免疫能力，只有制造新颖的口碑传播内容才能吸引大众关注。

例如苹果公司很好地利用了其忠实“粉丝”对其新产品资料的强烈需求作为新产品营销活动的带动者，iMac 和 iPod 已经为苹果攒了足够的“粉丝”基础，从而带动潜在消费者的关注热情。iPhone 推出是这样的，iPad 的出现也同样如此。苹果具有如此高的品牌忠诚度，也是竞争对手难以望其项背的。

5. 体验式营销

体验式营销通过看（See）、听（Hear）、用（Use）、参与（Participate）的手段，充分刺激和调动消费者的感官（Sense）、情感（Feel）、思考（Think）、行动（Act）、联想（Relate）等感性因素和理性因素，重新定义、设计的一种思考方式的营销方法。比如当咖啡被当成“货物”贩卖时，一斤卖 100 元；当咖啡被包装为商品时，一包就可以卖 1.5 元；当其加入了服务，在咖啡店中贩卖，一杯最小要 10—35 元；但如能让顾客体验咖啡的香醇与生活方式，一杯就可以卖到 50 元甚至好几百元。星巴克(Starbucks)真正的利润所在就是“体验”。

6. 饥饿营销

“饥饿营销”是指商品提供者有意降低产量，以期达到调控供求关系、制造供不应求的假象、维持商品较高的售价和利润率的目的。还有苹果公司每次推出新产品时总会大势宣传，使人渴望和期待着新产品的问世。

例如 iPhone 手机身上，苹果把其在 iMac 电脑和 iPod 音乐播放器上修炼已久的“饥饿营销”推向了一个新的高度。苹果公司就采用了严密的保密制度，这样就控制了饥饿的强度。苹果让消费者和媒体对其信息极度渴望——从对于新产品外观工业设计的臆想和猜想到其商业模式的实施。当新品推出后，由于用户的饥饿感被引爆，iPhone 在开始销售的一周内已启用了 100 万部。这是苹果公司制定的年度销售计划，实际上只用了 6 天时间就实现了这个目标。在销售渠道上也“饥饿”不堪，而用户一次次上演了排队等待的盛况。没有哪一个品牌、哪一个型号的电子产品会得到如此高密度的关注。

资料来源：[美]加里·阿姆斯特朗，菲利普·科特勒．市场营销学（第 12 版）[M]．赵占波等译．北京：机械工业出版社，2016：328-345.

思考题：

1. 定义促销组合并描述促销的手段有哪些。
2. 讨论人员销售如何成为公司和顾客之间的重要纽带。
3. 定义销售促进，企业进行销售促进时应考虑哪些因素？
4. 什么是广告？企业如何进行选择广告媒体？
5. 公共关系的活动方式有哪几种？你认为一家食品加工厂应该运用哪几种公共关系建立企业的市场形象？

课后案例

丝芙兰如何用社会化渠道推广品牌

丝芙兰（SEPHORA），是全球领先的化妆品零售商。在品牌营销和推广方面，也被公认为数字营销的典范，它已成功地将数字营销纳入公司的整体战略。丝芙兰的 CMO 和 CDO（首席数字官）朱莉·伯恩斯坦在接受《哈佛商业评论》的采访时，就分享了丝芙兰如何开展线上线下营销策略的一系列观点——“我们试着像消费者一样思考，探索如何实现与消费者互动”“我们相信科技使购物更有效率”。那么，丝芙兰这一全球知名连锁化妆品是如何运用社会化营销手段做到这些的？

一、以粉色为中心的主题事件推广

丝芙兰本身的品牌含义即为时尚和创意，在其品牌推广的过程中，自然也不乏以创意为重的营销手段，以强化其本身的品牌影响力与潮流领导者的形象。2014年8月至9月，丝芙兰开展了以色彩为中心的主题推广活动，借用粉色这一象征甜美、公主和童话的色彩，通过线上与线下两个渠道，吸引网友的关注并进行消费，其主要推广的产品也同样围绕着粉色包装。本次推广活动，通过塑造丝芙兰推出的最新萌物代言人“粉红暖熊先生”，并结合“男闺蜜”热点话题，围绕Pink Star的话题点，制作相关内容，集中配合大量微博微信KOL的传播扩散，通过事件营销的方式成功为整个活动预热，并为后期的线上活动以及线下店内活动做铺垫。

1. 线上部分主要通过官方微博制造话题事件

针对粉红暖熊先生粉色乖萌的特点制作以闺蜜为主题的生活化场景，通过微博进行扩散曝光，对该话题的炒作成功吸引大量网友对于丝芙兰粉红熊的关注与询问，为活动期线下店内活动带来更多关注度，同时更加提升丝芙兰网络声量及品牌知名度。

2. 线下联动线上，并为线上内容营销提供素材

由丝芙兰专业美妆师打造微博活动获奖者为SEPHORA PINK STAR，通过官方微博曝光扩散整个打造过程，进一步增加门店粉色布置及粉红暖熊的曝光，并植入主推产品，吸引网友对于丝芙兰的关注，并强化丝芙兰时尚潮流领导者的形象地位。

二、话题营销快速提升明星产品知名度——博倩叶（Boscia）的品牌推广策略

博倩叶是一个在丝芙兰独家售卖的高级植物科技护肤品牌，总部位于美国加州南部，常年晴朗灿烂，处处洋溢的阳光健康之美是博倩叶品牌从未间断的灵感源泉。博倩叶于2014年年初正式在丝芙兰上市，为推广博倩叶这一全新品牌，加强消费者的品牌认知，丝芙兰运用了官方微博、KOL、BBS等多渠道的整合营销策略，结合颇具传播性的“自黑”话题快速提升明星产品知名度，再以明星产品带动其他产品的模式，使品牌产品曝光得到明显提升，初步建立了粉丝及消费者对博倩叶品牌的认知，同时也为其积累一定的忠实用户。

1. “自黑”微博话题榜活动，提升明星产品网络声量

博倩叶亮肤黑色面膜是博倩叶主打的一款明星产品，先从这款明星产品出发并结合面膜的颜色，以“自黑”为话题打造微博活动，引导网友主动在微博上晒出黑色面膜的使用照片。话题有趣且传播性较强，从而快速地被新浪收入热门话题榜，极大了提升了产品的关注度和好感度。

2. 网友自发UGC进一步引发口碑传播

“自黑”话题引发了网友的热烈参与，也为品牌带来了更多的UGC，进一步引发口碑效应。一方面这种“晒照”的方式更容易获取网友的信任，使得更多网友产生兴趣进而进店尝试；另一方面通过丝芙兰官方微博的转发扩散，快速提升了博倩叶亮肤黑色系列的网络声量。

话题营销作为Social Media的一大传播策略早已不新鲜，但找到真正具有传播性的话题才能展现话题营销的传播魔力。丝芙兰针对博倩叶的明星产品——亮肤黑色面膜，从其黑色质地和功效着手，在新浪微博上通过“自黑”话题榜活动，实现与粉丝积极

互动，为品牌带来了极大的曝光和关注度，也进一步促进品牌产品的销量。

资料来源：http：//socialbeta. com/t/sephora-social-media-case-study. html。

讨论题：

1. 丝芙兰如何运用社会化营销手段进行市场推广的？这一手段能否用在任何一种新产品的推广上？

2. 丝芙兰的推广策略及其成功经验给了我国企业哪些启示？

课后实践

1. 目的

掌握促销组合的几种方式，运用实例分析促销工具。

2. 任务

如果你是一家百货公司的高层决策者，应该如何运用促销工具建立企业形象并提高企业知名度？

3. 内容与步骤

（1）以小组为单位，定位你所在地区的百货公司进行调研、了解行业背景。

（2）对选定的百货公司分析它所采取的促销方式，写出书面报告及制作 PPT。

（3）各小组依次推选出发言人就本小组收集的资料和讨论情况在课堂上进行陈述，同时鼓励其他小组成员进行提问，并作出回答。

（4）任课教师选出评委团点评、总结。

参考文献

1. ［美］加里·阿姆斯特朗，菲利普·科特勒．市场营销学（第12版）［M］．赵占波等，译．北京：机械工业出版社，2016.
2. ［美］菲利普·科特勒等．市场营销原理（亚洲版．第3版）［M］．李季等，译．北京：机械工业出版社，2014.
3. ［美］菲利普·科特勒，凯文·莱恩·凯勒．市场营销管理（第14版）［M］．王永贵等，译．上海：格致出版社，上海人民出版社，2012.
4. ［美］卡尔·麦克丹尼尔，等．市场营销学案例与实践［M］．时启亮等，译．上海：格致出版社，上海人民出版社，2010.
5. ［美］查尔斯·拉姆等．市场营销学（第3版）［M］．徐岚等，译．北京：机械工业出版社，2010.
6. ［美］迈克尔·R. 钦科陶．营销管理［M］．北京：机械工业出版社，2002.
7. ［美］加里·阿姆斯特朗，菲利普·科特勒．市场营销学（英文版，第11版）［M］．北京：中国人民大学出版社，2016.
8. 吴建安等．市场营销学［M］．北京：清华大学出版社，2016.
9. 黄金火．市场营销学［M］．上海：上海财经大学出版社，2016.
10. 吴建安．市场营销学（第5版）［M］．北京：高等教育出版社，2014.
11. 郭国庆，陈凯．市场营销学［M］．北京：中国人民大学出版社，2015.
12. 王学东．营销策划——方法与实务［M］．北京：清华大学出版社，2010.
13. 廖为建．公共关系学［M］．北京：机械工业出版社，2011.
14. 姚丹，鲍丽娜．市场营销实训教程［M］．大连：东北财经大学出版社，2009.
15. 甘碧群．消费者行为学［M］．武汉：武汉大学出版社，2005.
16. 方光罗．市场营销学概论［M］．大连：东北财经大学出版社，2002.
17. 杨楠．市场营销学［M］．北京：北京大学出版社，2012.
18. 秦陇一．市场营销学［M］．北京：清华大学出版社，2014.
19. 曹垣．市场营销学［M］．北京：机械工业出版社，2013.
20. 刘同利．销售物流管理［M］．北京：中国物资出版社，2011.
21. 李晨耘．市场营销学实用教程［M］．北京：北京大学出版社 2012.
22. 吴建安等．市场营销学［M］．北京：清华大学出版社 2012.
23. ［美］迈克尔·波特．竞争战略［M］．陈丽芳，译．北京：中信出版集团股份有限公司．2014.
24. 梁士伦，李懋．市场营销学［M］．武汉：武汉理工大学出版社，2006.

25. 惠亚爱. 市场营销策划实务［M］. 北京：人民邮电出版社，2012.
26. 袁连升，成颖 . 市场营销学：理论、案例与实训［M］. 北京：北京大学出版社，2012.
27. 孟韬，毕克贵. 营销策划——方法、技巧与文案［M］. 北京：机械工业出版社，2016.